Les Messagers de Gaïa

Tome 2 : Les tablettes de Mitrinos

Les Messagers de Gaïa

Tome 2 : Les tablettes de Mitrinos

FREDRICK D'ANTERNY

ÉDITIONS
MICHEL
QUINTIN

Catalogage avant publication de Bibliothèque et Archives nationales du Québec et Bibliothèque et Archives Canada

D'Anterny, Fredrick

Les messagers de Gaïa

Sommaire: t. 1. La pierre du destin -- t. 2. Les tablettes de Mitrinos.

ISBN 978-2-89435-384-4 (v. 1)
ISBN 978-2-89435-392-9 (v. 2)

I. Titre. II. Titre: La pierre du destin. III. Titre: Les tablettes de Mitrinos.

PS8557.A576M47 2008 C843'.54 C2008-941262-1
PS9557.A576M47 2008

Infographie : Marie-Ève Boisvert, Éd. Michel Quintin
Illustration de la couverture : Boris Stoilov
Illustration des cartes : William Hamiau
Révision linguistique : Sylvie Lallier, Louise Melançon

Le Conseil des Arts du Canada
The Canada Council for the Arts
SODEC Québec
Patrimoine canadien Canadian Heritage

La publication de cet ouvrage a été réalisée grâce au soutien financier du Conseil des Arts du Canada et de la SODEC.

De plus, les Éditions Michel Quintin bénéficient de l'aide financière du gouvernement du Canada par l'entremise du Programme d'aide au développement de l'industrie de l'édition (PADIÉ) pour leurs activités d'édition.

Gouvernement du Québec – Programme de crédit d'impôt pour l'édition de livres – Gestion SODEC

ISBN 978-2-89435-392-9

Dépôt légal - Bibliothèque et Archives nationales du Québec, 2008
Dépôt légal - Bibliothèque et Archives Canada, 2008

Éditions Michel Quintin
C.P. 340, Waterloo (Québec)
Canada J0E 2N0
Tél.: 450 539-3774
Téléc.: 450 539-4905
www.editionsmichelquintin.ca

0 8 - G A - 1

Imprimé au Canada

Cryptorum

« Les âmes choisies, enchaînées par leur destin respectif, devront réparer leurs manques et leurs échecs passés. Pour servir le Grand Œuvre, elles connaîtront successivement la morsure des quatre éléments, le vertige innommable du bas, de l'intérieur et des hauteurs, et seront initiées par eux. Couleront ainsi, de leurs âmes immortelles dans leur ego fait de terre et de poussière, le souvenir du Plan ainsi que les doutes, les peurs et les remords qui y sont rattachés. L'œil prophétique du Vénérable sera sur elles de jour comme de nuit et durant les heures diaphanes qui n'existent que pour l'Esprit. »

Extrait des versets prophétiques du Grand Œuvre annoncés aux peuples par les Servants du Mage errant.

Sphère de Gaïa
En 585 de la chronologie goréenne

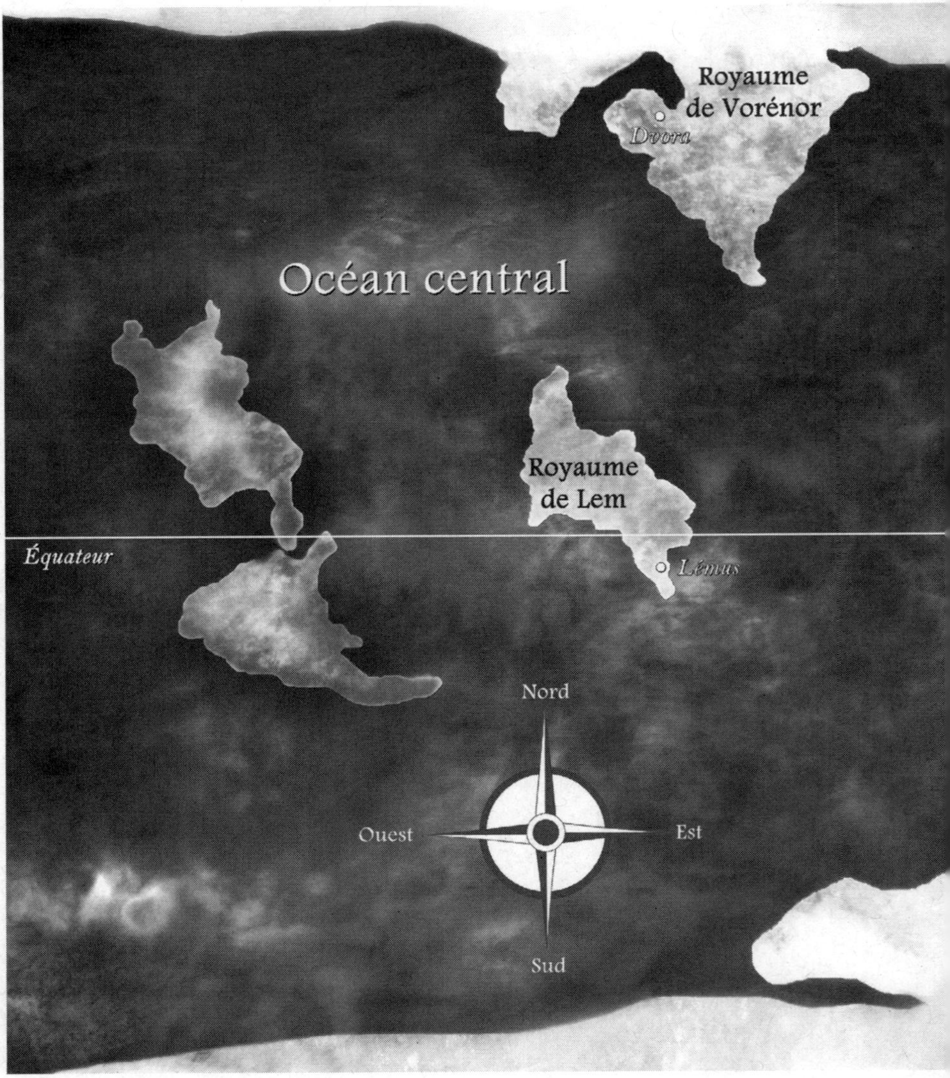

Manteau de glace
Royaume de Reddrah
Reddrinor
Goromée
Algarancia
Royaume de
Gorée
Mer de l'Est
Véronia
Royaume
d'Élorîm
Éloria
oyaume
e Milosia
Mer
d'Élorîm
Nivène
Midon
Royaume
d'Atinox
Royaume
d'Ormédon
Atinor
Pélos
Royaume
d'Élissandre
Royaume
d'Orvilé
Midris
Lysandra
Ornia
garuk
Îles de
Midrika
e de glace
varonia
au de glace

CONTINENT CENTRAL

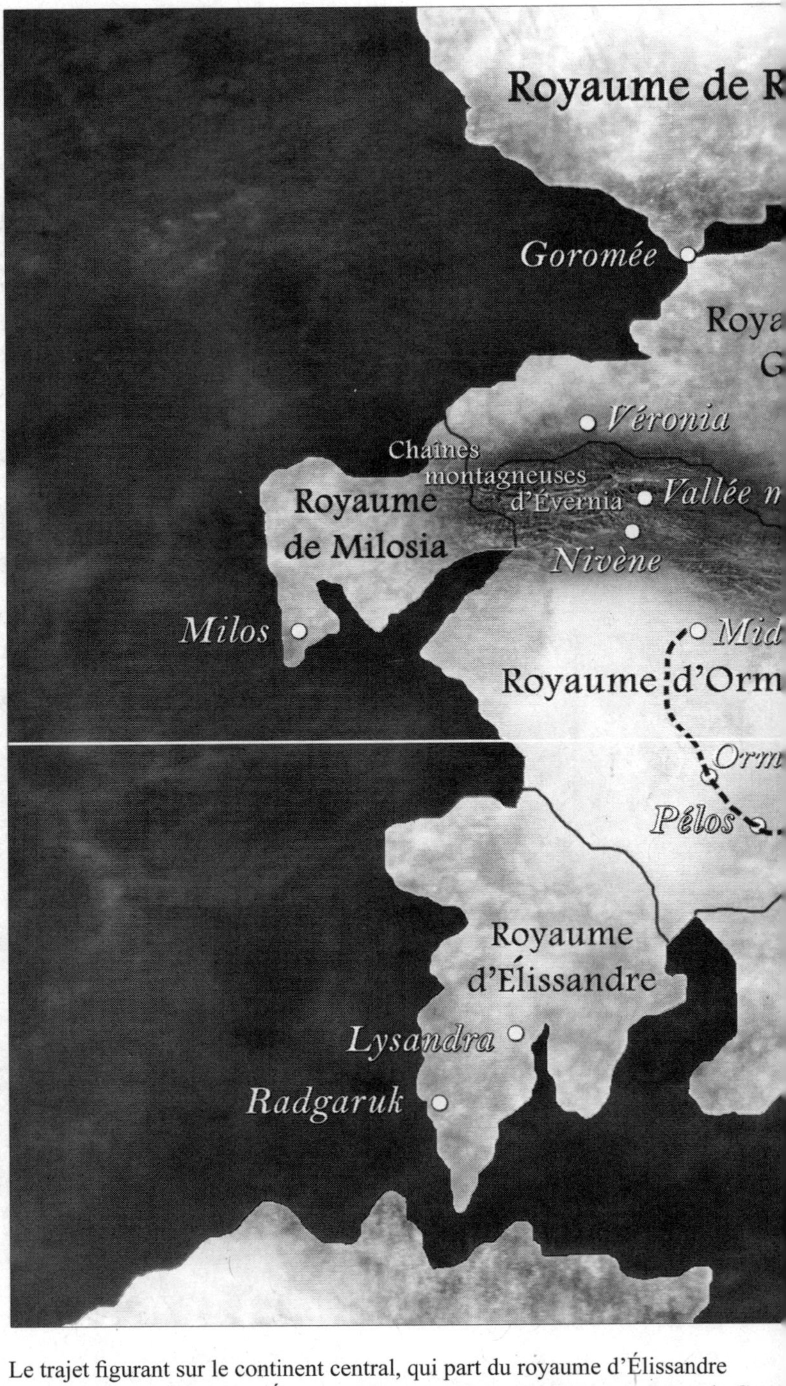

Le trajet figurant sur le continent central, qui part du royaume d'Élissandre pour arriver au royaume d'Élorîm, représente le parcours des messagers de Gaïa.

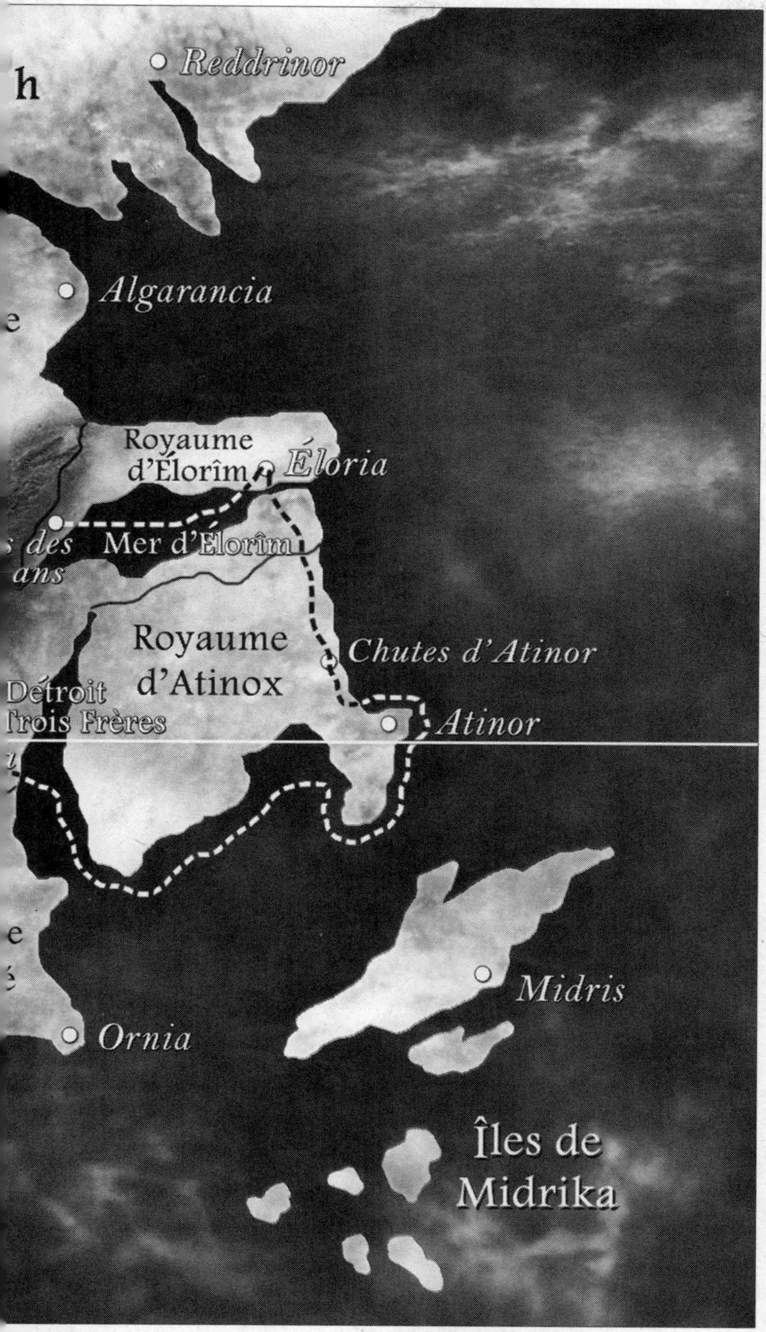

Reddrinor
h
Algarancia
e
Royaume
d'Élorîm
Éloria
s des
ans
Mer d'Élorîm
Royaume
d'Atinox
Chutes d'Atinor
Détroit
Trois Frères
Atinor
e
Midris
Ornia
Îles de
Midrika

Résumé du tome 1

Les messagers de Gaïa

La pierre du destin

Ayant fui leur foyer respectif, Torance et Shanandra se réveillent un matin sur une grève perdue du royaume d'Élissandre, à l'endroit exact indiqué par les prophéties. Le mystérieux Mage errant, délégué par les sages de la vallée d'Évernia, les guide dans leur quête qui doit commencer avec la délivrance de la pierre que Torance porte cousue sur le thorax.

Mais l'ambitieux roi Sarcolem veille également. Il a lancé à leurs trousses son meilleur limier : Astarée, la cristalomancienne, dont la mission est de capturer les deux messagers avant que la nouvelle de leur retour ne réjouisse les peuples.

Capturés par Astarée, Torance, Shanandra et leurs compagnons se rendent dans la vallée maudite qui s'étend à l'est de Nivène. Après avoir échappé à la cristalomancienne et traversé les montagnes, ils sont de nouveau rattrapés.

Pour surmonter l'épreuve, Torance doit maîtriser les serpents de lumière qu'il est le seul à voir évoluer autour de lui. Shanandra, qui possède de son côté le merveilleux don de compassion, doit apprendre à faire confiance à son compagnon ainsi qu'à croire en leur quête.

Ayant franchi l'abîme de glace et semé leurs poursuivants, les messagers font maintenant route vers le royaume d'Élorîm, le pays d'origine du prince Torance. Le lieu où, d'après les énigmes qu'ils ont pu déchiffrer durant leurs transes et leurs précédentes aventures, se trouvent cachées les précieuses tablettes de Mitrinos…

Prologue

Rivages de la mer intérieure d'Élorîm, an 585 de la chronologie goréenne.

Mérinock d'Évernia, le Mage errant, observait le chariot, péniblement tiré sur la sente rocailleuse par un vieux hongre gris et un palefroi rétif aux naseaux écumants. Les bâches de l'attelage claquaient au vent. Une pluie glacée et visqueuse fouettait le visage du jeune cocher. Les sabots des chevaux n'étaient plus qu'à dix pas de distance du Mage, et celui-ci se tenait encore immobile, la tête aussi droite que s'il avait vingt ans – lui qui en comptait pourtant trente fois plus!

La nuit avait surpris les voyageurs alors qu'ils franchissaient le dernier col. Ils roulaient vers l'est et les rivages enchanteurs de la mer d'Élorîm. Mais pour l'heure, la pénombre et les giboulées transformaient le plateau rocheux en paysage de fin du monde.

Sept pas. Le chariot continuait d'avancer. Torance avait hâte de mettre sous ses roues un sol sur lequel il n'y aurait aucun risque de glisser à chaque instant. Le jeune homme ne sentait plus ses doigts. Le froid des dernières semaines avait réduit sa voix à un filet douloureux. Aucun endroit de son corps, songeait-il, ne devait être au sec, et les violentes rafales lui jetaient dans les yeux non pas des gouttes d'eau, mais de véritables aiguilles acérées.

Quatre pas.

Plus que deux.

Le Vénérable leva les bras au-dessus de sa tête, non pas pour attirer l'attention du prince, mais pour le saluer. Il savait que Torance ne le verrait pas. Il savait aussi que la noirceur, le vent et la pluie n'y seraient pour rien. Le vieil homme sourit sous le tissu aux reflets argentés de sa longue *quiba.* Il serra dans son poing le *cyclamèdre,* le symbole de pouvoir qu'il portait autour du cou en médaillon.

Le chariot lui passa sur le corps sans le blesser.

Bien. Les événements se déroulent selon le Grand Œuvre, se dit le Vénérable tandis que les essieux grinçaient à ses oreilles, que les roues geignaient en attaquant le chemin, que le ciel était éclaboussé d'éclairs couleur de sang.

Le Mage errant s'éleva du sol et plana autour du chariot. Aussi immatériel que lui, son long *kaftang* de laine ne souffrit ni des vents ni de la pluie, et se déploya telle une cape dont les rebords auraient été auréolés d'une douce lumière.

Il assista en esprit à l'installation du camp de fortune. Des cinq jeunes, il n'eut aucune peine à savoir lequel d'entre eux mettrait la main à la pâte le premier.

Torance sauta de son banc, s'accroupit au sol et prit dans sa main un peu de cette terre noire et poisseuse qu'il était tout surpris et heureux de découvrir sous ses pieds.

Une longue chevelure brune foncée sortit à moitié de sous la bâche.

— Tu la sens ou tu la manges? s'enquit Shanandra avec aigreur.

— Nous installerons la tente ici! décida le prince.

Cristin sauta à son tour. Le jeune scribe était toujours volontaire. Depuis le piège qui avait failli les jeter dans les griffes d'Astarée, la *cristalomancienne*, un fin duvet repoussait sur son crâne chauve. Ces poils drus le gênaient atrocement, car cela faisait des années qu'il se rasait avec soin.

Un nouveau grondement de tonnerre fit vibrer le massif. L'éclair qui suivit plaqua sur le ciel la silhouette des hauts sommets enneigés. Le prince frissonna en voyant éclater la blancheur de cette neige qu'ils tentaient de fuir, ainsi que le souvenir des épreuves qui y étaient associées.

— Inutile de monter la tente! lança Shanandra en secouant son épaisse crinière. Le temps est trop mauvais. Dételle les chevaux et dormons plutôt dans le chariot!

Fâché que la montagnarde puisse contester sa décision, le jeune homme se mit au travail en clignant plusieurs fois des paupières; ce tic lui était devenu familier depuis peu lorsque la colère ou la frustration nouaient sa gorge. Il voulut parler à Cristin, mais celui-ci inspectait les essieux couverts de boue.

Le prince fit le tour du chariot.

Cristin attrapa la torche que lui tendait Lolène et donna de la lumière à son compagnon. Il montra la flamme du doigt.

— Vite, avant qu'elle ne s'éteigne!

Le bras muni de la torche tendu au-dessus de sa tête, il tendit le pan gauche de son *pello,* une longue pièce de laine rectangulaire nouée aux épaules ou sur le côté par des attaches de cuir, et protégea Torance de la pluie.

Le prince ne se sentait pas offusqué par ce *vite!* prononcé un peu cavalièrement par Cristin. Par contre, il restait encore sous le coup de la remarque acerbe de Shanandra. L'érudit s'en rendit compte, car Torance s'empêtrait, pestait et ahanait sous l'effort.

— Elle a raison, tu sais... murmura Cristin en rapprochant la torche des grosses cordes mouillées.

Torance ne l'ignorait pas. Cependant, il répliqua avec autant d'agacement que de rage :

— De toute manière, elle a toujours raison!

Quelques secondes plus tard, le jeune homme libérait l'hongre et le palefroi tandis que la torche rendait l'âme.

— Installons la bâche pour les chevaux, à présent! s'écria-t-il en lançant un regard noir en direction du chariot.

Cristin comprit et dit aussitôt :

— Je t'approuve sans réserve.

Ils songeaient tous deux à Paléas, ce voleur et ancien détrousseur de cadavres qui ne faisait jamais rien, ne participait à rien. Une folle envie démangeait Torance d'aller tirer ce misérable profiteur des couvertures dans lesquelles il était emmitouflé.

Cristin posa une main apaisante sur l'épaule du prince.

— Je vais chercher la bâche.

Lorsque tout fut monté et que les chevaux eurent été placés devant une botte de foin sèche, les deux garçons retournèrent s'abriter à l'intérieur du chariot. Lolène avait préparé sa fameuse soupe de légumes, obtenus en échange des longues heures de travail effectuées dans les villages de montagne.

Le Mage errant atterrit doucement et contempla le petit groupe de jeunes, composé de trois garçons et de deux filles. L'espoir des peuples opprimés des Douze Royaumes de Gaïa était tout entier réuni dans cet attelage de fortune!

De combien de temps les messagers disposaient-ils pour mener leur mission à bien? Cette inconnue dans l'équation du Grand Œuvre ne lassait pas d'inquiéter Mérinock.

Leur initiation doit commencer au plus tôt!

Le Vénérable plana au milieu des cinq adolescents. En les effleurant, il perçut leurs pensées dominantes. Et parce qu'il avait choisi chacun d'eux avec soin et qu'il les aimait, il leur sourit. Cristin descendit prendre le premier tour de garde.

Après que la lampe à huile d'évrok eut été soufflée dans son creuset en pierre, Torance, Shanandra, Lolène et Paléas s'enroulèrent dans leurs couvertures. Le Mage attendit encore quelques minutes.

Puis, les sentant au bord d'un sommeil profond, il pénétra sans vergogne dans leurs rêves…

I

Le duel

Torance entendait ricaner les singes de pierre. Des effluves d'orangers et de *barbousiers* stagnaient dans la nuit encore chaude et humide. Une tunique déchirée sur le dos, il avait les genoux en sang et le bras gauche noué dans le dos par une sangle de cuir. Le sable de l'arène s'incrustait entre ses orteils. La lumière des torchères montait du sol, éclairant de lueurs tremblotantes le socle des statues. Une odeur d'huile animale se mêlait à celle des fruits. Mais le vide effrayant que le prince lisait dans les pupilles de la fille contre laquelle il était obligé de se battre l'inquiétait bien davantage.

Je fais vraiment un drôle de rêve! songea-t-il.

L'instant d'après, le choc du *kaïbo* qui frappait le sien lui parut encore plus réel que le rire sardonique des énormes statues. D'autres moqueries que celles des babouins de granite s'élevèrent des gradins.

Rasséréné par le contact lisse du long bâton, Torance voulut le faire tournoyer. Mais il s'aperçut avec horreur que ses doigts ne répondaient plus à ses ordres.

Le jeune homme se plaça face à son adversaire. La fille était de taille moyenne. Elle avait des cheveux sombres et un visage taillé en triangle. Sa tunique était blanche, mais sale et déchirée en maints endroits. Se laissant distraire par un carré de peau nue au niveau des clavicules, il reçut un coup au front. Aussitôt, un liquide chaud et visqueux coula sur l'arête de son nez.

Les pupilles hagardes de la fille s'allumèrent de reflets fauves. Elle fit vrombir le bois de son kaïbo au-dessus de sa tête, puis chercha à l'égorger avec les lames fixées aux deux extrémités du bâton.

Torance connaissait cette technique. Pourtant, il était incapable de se rappeler la parade adéquate. Déséquilibré, il lâcha son kaïbo et tomba à la renverse. Il entendit le crissement du sable et hurla quand les os de son bras ligoté se fracturèrent sous son poids.

Des rires humains résonnaient maintenant dans l'arène. Des hommes, des femmes et des vieillards assistaient au combat. Un mélange incroyable de tissus se mouvait sous la lumière lugubre des torches. Fines soieries rouges ou dorées dans les premiers rangs; étoffes de vulgaire coton blanc ou brun pour les spectateurs installés plus haut sur les gradins.

La fille tomba sur lui. Maintenu au sol, Torance sentit son souffle brûlant sur son front. Deux seins ronds et fermes pointaient hors de la tunique et frôlaient ses joues.

Tout à coup, il sembla au jeune homme que le temps suspendait son vol. Shanandra – ce ne pouvait être qu'elle! – pressait ses hanches sur son bassin. Leurs os et leurs muscles s'imbriquaient à la perfection. La voix des spectateurs formait une sorte de bouillie sonore dans son crâne.

La montagnarde posa un instant sa gorge contre la sienne. Le prince savoura l'onde de plaisir et de douleur mêlés qui monta en lui. Il poussa un râle, ses nerfs se tendirent.

— Tue! Tue! hurlait la foule.

— Tue! insista une voix grave et impérieuse.

Shanandra se redressa. Torance tourna la tête et aperçut la silhouette d'un homme, assis sur un des premiers gradins. Il portait une longue quiba; un gros médaillon brillait sur sa poitrine. Deux indigènes vêtus de fourrures d'animaux, mats de peau et noirs de chevelure l'encadraient. L'un d'eux arborait une coiffe faite d'un assemblage d'os et de lianes tressées.

— Mérinock! s'indigna le prince en reconnaissant le Mage errant.

Torance fut surpris par la puissance de son cri. Après tout, n'était-il pas épuisé, en sang, vaincu? Mais les rêves ne sont jamais très logiques. Bien qu'il fût dégoûté par la présence du Vénérable d'Évernia, il profitait du contact des cuisses de la jeune fille appuyées contre les siennes.

— Tue-le! reprirent les spectateurs.

Une main refermée sur le manche de son kaïbo, Shanandra ne bougeait toujours pas. Il ne suffisait que de quelques centimètres, pourtant, pour que sa lame ne transperce la tempe du prince.

— Mérinock! fulmina Torance en crachant du sang.

Il dévisagea Shanandra et fut étonné de constater que la jeune fille ne possédait plus ni ses longs yeux en amande ni sa bouche aux lèvres pleines et sensuelles. La foule leur jetait des pelures de légumes et des fruits mûrs.

— Tu as été droguée, murmura Torance.

— Tu m'as trahie, répondit la fille, il ne fallait pas.

Elle lui donna un nom qui n'était pas le sien.

— Tu délires, s'offusqua le prince.

La foule tapait des mains. Des centaines de pieds battaient les dalles de pierre. Les cris, la nuit froide, les lueurs diaprées – vives et sourdes – des torches, les injures de ce peuple fruste et violent, la poignante odeur de chair qui émanait de la poitrine tendue de Shanandra, la petite fleur rouge plantée dans ses cheveux…

La fille empoigna le manche de son kaïbo. La fleur glissa le long d'une mèche rebelle. La lame étincela au-dessus de la gorge du jeune homme. La pointe pesa sur sa veine gonflée de sang.

— Tu n'aurais pas dû, répéta Shanandra.

Le prince déglutit. Pouvait-il mourir quand il éprouvait une aussi féroce envie de vivre et d'aimer?

La petite fleur rouge tomba sur ses paupières.

La lame trancha sa veine.

✶

Torance se réveilla en sursaut et tâta sa gorge à l'endroit où battait douloureusement sa veine jugulaire. Son second réflexe fut de soulever sa cuisse gauche qui reposait sur celle de Shanandra.

Il se leva. Sa tête heurta l'entrecroisement fait de lattes en bois. S'habituant à l'obscurité, il constata que ce n'était pas contre Shanandra qu'il avait dormi, mais contre la jeune et blonde Lolène. Cette découverte, quoique dérangeante, le rassurait à moitié. Au moins, il s'agissait d'une des filles, et non pas de Cristin ou de Paléas! Un coup d'œil au voleur roulé en boule près de Lolène le dégoûta. Puisque lui avait conduit le chariot dix heures d'affilée, Paléas n'aurait-il pas été censé prendre son tour de garde, après Cristin, et protéger leur sommeil?

Il s'enroula sans un bruit dans son pello et souleva la bâche.

Sortir. S'extirper de ce cocon bruissant de respirations, de ronflements et d'odeurs mêlées. Il inspira profondément l'air froid et vif du petit matin, chaussa ses *galvas* de corde, noua les sangles à ses chevilles, flatta les deux chevaux qui avaient mangé toute l'avoine servie la veille.

Son bas-ventre était tendu. Il chercha un fourré, inspecta les alentours, soulagea sa vessie. Il repensait à la série de rêves qu'il avait faits, dernièrement, en compagnie de Shanandra. Il tenta de s'en rappeler quelques bribes ou images. Ces rêves avaient-ils un dénominateur commun?

Ce qu'il appréciait de ces rêves était l'impression intime qu'il *vivait* avec Shanandra. Avec elle seulement et non pas, comme dans la réalité, avec une autre fille et deux garçons.

Son estomac gargouilla. Que restait-il à manger dans les sacs suspendus sous l'essieu du chariot?

— As-tu perdu quelque chose, noble prince? s'enquit une voix grave et sensuelle derrière lui.

La jeune montagnarde apparut, debout sur le marchepied de l'attelage, enveloppée dans son pello de laine blanche.

La jeune fille était belle. Même décoiffée en ces instants où le soleil faisait tressaillir l'air froid et bleuissait les arêtes escarpées des sommets environnants. Même avec les paupières à demi collées par le sommeil, la bouche pâteuse, les traits hagards ou absents.

Elle passa pieds nus devant lui. Shanandra venait des montagnes d'Évernia. Elle avait vécu dans la neige et les vents glacés. Pourtant, la voir marcher ainsi donnait au prince des frissons dans tout le corps.

Non seulement elle n'a ni froid ni peur, mais elle aime jouer avec moi.

Un jeu de séduction inconscient auquel il se livrait volontiers lui-même, autrefois, avec les esclaves peu farouches du corral des princes.

Il songea à *Élorîm*, son pays natal, qu'il avait quitté une nuit après avoir écouté les promesses d'aventures et de gloire que lui avait faites le Mage errant.

« Tu n'es pas destiné à devenir roi de ce pays, Torance, mais à demeurer immortel dans la mémoire des hommes du futur. »

Qu'est-ce que cela voulait dire? Le jeune homme se l'était souvent demandé au long de ces mois passés aux côtés de ceux qui, il devait bien se l'avouer, étaient devenus sa nouvelle famille.

Shanandra plissait ses yeux brun-noir, ou plutôt brun clair comme en ce moment précis où un rayon de soleil se posait dans ses pupilles. La montagnarde exhiba dans sa main la petite pierre aux reflets tantôt glauques, tantôt azurés; ce joyau soi-disant magique qui les avait réunis dans ce périple à travers les royaumes de la Terre de Gaïa.

— Tu l'as portée durant plus de neuf ans tatouée dans la chair, et tu l'oublies dans le chariot quand tu te lèves!

Le ton était volontairement léger et moqueur.

— Tu l'as délivrée, rétorqua le prince. Garde-la.

Elle contempla cette « pierre du destin » qui était directement liée – mais de quelle manière au juste? – à leur mission de retrouver les légendaires tablettes de Mitrinos. Puis elle la rangea dans un écrin de cuir qu'elle portait depuis peu autour du cou.

— Que regardes-tu? ronchonna Torance en remarquant que Shanandra détaillait les plis de sa toge au niveau du plexus.

— Et toi?

Le jeune homme n'avait pas à se justifier alors qu'il avait posé la question le premier. À son tour, il scruta les contours du corps de la montagnarde. Elle portait un paréo de coton fendu sur le côté droit qu'elle nouait savamment, car jamais il ne glissait. Son pello ainsi que sa courte tunique rouge et ses bottes fourrées lui venaient, ainsi que tous leurs vêtements, à lui et à ses compagnons, des villages traversés durant leur voyage pour fuir les montagnes.

— Tu rêves, ma parole? gloussa Shanandra.

La jeune fille était décidément d'humeur joyeuse, ce matin!

— C'est vrai, j'ai fait un rêve…

L'aube virait au rouge, au rose tendre. L'air vif était peu à peu réchauffé par le soleil. Une tache de lumière alluma la tunique rouge de la montagnarde. Torance réprima un sourire furtif à l'idée des rondeurs tièdes qu'abritait cet ample vêtement de femme.

— Tu es courageux! approuva Shanandra.

Torance crut qu'elle avait deviné ses pensées. Il avait presque dix-sept ans. Pourtant, son visage s'empourpra comme celui d'un enfant. Il se reprit :

— Dis-tu cela parce que tes yeux ont le pouvoir de tuer?

Elle faillit lâcher un commentaire acide car, à son avis, ce don transmis par le Mage errant devait surtout servir à de plus nobles causes.

— J'ai fait un rêve, moi aussi, dit-elle.

— Regardez ce merveilleux lever de soleil, interrompit Cristin, assis sur une grosse roche. Après l'orage d'hier, cette aube est une bénédiction. Ce serait insulter la déesse que de se disputer maintenant.

D'abord interloqués, Torance et Shanandra éclatèrent de rire. Cristin avait une âme religieuse, ce qui seyait parfaitement à sa personnalité.

Torance leur proposa de faire le point sur la situation.

Remarquant la plaque de *kénoab* noir et les feuilles d'*ogrove* que tenait le jeune érudit, la montagnarde lui demanda ce qu'il pouvait bien écrire de si bon matin.

— Le récit détaillé de votre quête, avoua simplement Cristin.

Les doigts du garçon étaient tachés d'encre – un mélange de craie en poudre et d'huile. Shanandra se rappela que les jours précédents, entre le feu à entretenir, les bâches à étendre et les chevaux à nourrir, Cristin avait taillé une branche de roseau.

— Notre quête? s'étonna-t-elle.

Le bruit d'une peau que l'on secoue leur parvint du chariot. Paléas bâillait à s'en décrocher la mâchoire. Lolène se profila dans son ombre, toute frissonnante, ses cheveux blonds négligemment dénoués sur ses fines épaules. En quelques bonds, le voleur fut près d'eux.

Le visage ingrat, des mèches noires et grasses balayant un front bombé et des pupilles étonnement vives et bleues, tel était l'ancien pêcheur devenu détrousseur de cadavres par nécessité. Ni grand, ni fort, ni bronzé, le garçon avait une allure de rongeur sous la tunique de coton froissée et le pello à capuchon qui avaient remplacé ses anciens vêtements.

Pragmatique avant tout, Paléas aimait les réponses claires.

— Sommes-nous encore menacés?

Cette question prit Torance par surprise. Le prince s'était attendu à ce qu'ils discutent de la façon dont ils allaient s'y prendre, une fois le rivage atteint, pour construire une embarcation. *Éloria*, où ils devaient se rendre pour récupérer les tablettes de Mitrinos, se trouvait à l'autre extrémité de la mer intérieure.

— Alors? insista Paléas.

Le prince cligna des paupières pour marquer son agacement. Il rajusta les lanières de son pello sur son côté gauche qui ne cessait de lui faire mal depuis son dernier rêve.

— Astarée est sans doute encore loin dans les montagnes, assura-t-il, en sentant confusément que ses compagnons avaient, eux aussi, besoin de certitudes.

Il se pencha, posa la paume de sa main sur la terre couverte de givre, inspecta le sol…De curieuses traces y étaient imprimées.

Il va encore prendre une poignée et la sentir! se dit Shanandra, amusée par cette habitude qu'avait le jeune homme.

Cristin évoqua les villages traversés et prétendit qu'aucun homme n'avait jamais entendu parler d'une cristalomancienne de *Gorée* accompagnée par des soldats et des hommes de silex.

— Je dirais que nous avons plusieurs jours d'avance sur eux.

— Même après toutes ces journées perdues à travailler sans arrêt! se plaignit Paléas.

Torance faillit rétorquer que le voleur n'avait pas fait grand-chose à part surveiller quelques bêtes de somme, alors qu'eux avaient aidé à réparer des toitures et des chariots ou fait la vaisselle. Mais, décidément, ces traces – des griffes d'animaux – éveillaient trop sa curiosité, voire sa méfiance.

Autour de lui, Shanandra et Lolène se mêlaient à présent à la conversation. Devaient-ils lever le camp immédiatement? Trouver un passage sur une des crêtes et gagner les oasis dont Cristin le sage leur avait parlé? Non, il fallait se sustenter d'abord. Lolène demanda s'ils avaient mal aux pieds ou au dos, auquel cas elle pourrait les masser.

— Silence! ordonna soudain le prince.

Shanandra commençait à reconnaître ce ton péremptoire. Au lieu de contrarier le jeune homme, elle détailla les entablements de roche qui constellaient le plateau. À moitié aveuglée par la lumière piquante, elle songea à Torance et à ce qu'il nommait parfois avec un orgueil mal placé « ses serpents lumineux » : ces ondulations ou rubans d'énergies qu'il était le seul à voir et à manipuler à sa guise.

— Tout a l'air calme, pourtant! ironisa Paléas sur un ton bon enfant.

— Entends-tu tes voix? demanda Shanandra, les traits tendus.

Ces murmures indistincts étaïent un autre don que possédait le prince. L'ennui, c'est qu'il ne parvenait toujours pas à saisir le sens de ce que ses voix lui disaient.

— Quelque chose a bougé, là! s'effraya Lolène en se blottissant contre Cristin.

— Elle a raison, approuva le jeune chauve en triturant nerveusement sa repousse de cheveux bruns.

La bande de hyènes noires surgit peu après…

2

Les Baïbans

L'attitude de Torance inquiétait Shanandra. Elle le sentait crispé et hésitant, alors qu'il aurait plutôt dû étendre ses bras de chaque côté de son corps, fléchir les genoux, poser son regard au-delà des silhouettes efflanquées des hyènes qui jaillissaient des entablements rocheux.

— Torance? s'enquit la jeune fille.

Son nom prononcé aussi sèchement permit au jeune homme de reprendre contact avec la réalité. Il battit des paupières, inspira rapidement à plusieurs reprises par le nez – une technique d'oxygénation du cerveau que lui avait autrefois enseignée son maître de kaïbo. Sa vision s'éclaircit, se précisa. Une foule de détails se fixa à la surface de sa conscience.

Les blocs de pierre. Les ombres de ces mêmes roches, étirées jusqu'à ses pieds par le soleil levant. Et, groupées dans cette ombre menaçante, les formes noires, les échines poilues et ébouriffées des animaux.

Où était le chef de meute? Y en avait-il seulement un?

— Torance! répéta la montagnarde, sur un ton plus aigu.

Puisqu'il ne paraissait pas en mesure de les défendre, Shanandra recula vers le chariot et fit signe à Lolène et à Cristin de la suivre.

— Surtout, ne tournez pas le dos à ces bêtes!

Torance avait la gorge plus sèche encore qu'à son réveil. Une peur insidieuse lui donnait envie de vomir. Le souvenir de sa défaite et de sa mort, survenue au cours de son rêve, ne le quittait pas. Il restait figé d'effroi.

Une hyène aux flancs frémissants avança si près de lui que le jeune homme sentit presque l'étau de ses mâchoires se refermer sur sa gorge. Il imagina son sang en train de gicler de sa veine jugulaire.

Le rêve…

L'animal hésitait. Lui aussi avait peur. Le mélange de force et de faiblesse qu'il sentait chez cet humain était inquiétant. Mais la faim et la pression des autres membres de la meute l'étaient tout autant. Il banda ses muscles et bondit.

La gueule inondée de salive, il goûtait par avance à la chair tendre du garçon. Quand soudain, une mâchoire surgit de nulle part le saisit en plein vol entre ses crocs invisibles. Suspendu six pieds au-dessus du sol, l'animal couina de terreur. La serre immatérielle déchirait ses entrailles, écrasait sa carcasse.

— Torance! s'écria de nouveau Shanandra.

Le prince perçut dans sa voix du soulagement et une sorte de fierté sauvage. D'un geste vif, il déchira à distance le cadavre de la hyène et le jeta en pâture aux autres. Il avait craint que les serpents lumineux l'aient abandonné parce qu'il avait cessé de les voir depuis son réveil.

Jambes écartées bien ancrées au sol, il déploya ses bras en de vastes mouvements autour de son bassin. Animés par ses gestes, les rubans d'énergies saisirent d'autres hyènes, les soulevèrent, les projetèrent les uns contre les autres. Les bêtes hurlaient de rage et de frayeur. Leurs os craquaient.

Paléas restait pantelant et hagard. Dès qu'il avait aperçu les bêtes, il avait reculé jusqu'au chariot. À présent, il se sentait stupide avec son vulgaire bâton entre les mains. Les genoux tremblants, il contemplait Torance le magnifique, sa danse acrobatique à la fois fluide et puissante, et l'expression farouche qui baignait son visage de jeune dieu. Shanandra et Lolène avaient l'air fascinées.

Une quinzaine de carcasses jonchaient le sol. Les hyènes survivantes fuyaient de tous côtés dans un état de panique avancée.

Le prince avait la chair de poule. Après être venus à lui, les serpents de lumière tournaient encore alentour, l'effleurant, le caressant, le remplissant de douceur et de force après avoir si violemment semé la mort.

La scène suivante attisa un peu plus la jalousie de Paléas. Shanandra et Lolène se hâtèrent pour soutenir Torance qui chancelait. L'une d'elles prit le jeune homme sous les aisselles, l'autre l'aida à s'allonger. La blonde posa la nuque du héros sur son sac de cuir.

Même s'il avait déjà assisté à plusieurs combats de ce genre au long de leurs aventures, Cristin restait également les bras ballants. Il regrettait de n'avoir pas eu le réflexe de fixer sur sa plaquette de kénoab les mots qui lui venaient tout naturellement à l'esprit.

Proprement écœuré par la servilité des deux filles, Paléas jeta son bâton et cracha par terre. Ce qu'il regretta aussitôt. Pour le bâton en tout cas...

Un court instant, le voleur crut qu'Astarée, Gorth et leurs soldats se profilaient à leur tour sur les entablements rocheux. Le visage de la jeune cristalomancienne, qui s'était longtemps fait passer pour un homme, apparut clairement dans sa mémoire : sa chevelure brune sous son postiche de longues mèches blanches, sa peau de nacre sous laquelle palpitaient des veinules bleues, sa bouche dédaigneuse et ce charme ténébreux qu'elle répandait telle une haleine tissée de mystères.

Des hommes à demi nus, à la peau sombre et aux bras peints avec de la poudre de henné rouge et or, se dressaient derrière le cercle des hyènes mortes.

— Ce sont des guerriers *baïbans*, déclara sobrement Cristin comme s'il énonçait une simple définition encyclopédique.

Agenouillée auprès de Torance, Shanandra redressa la tête. Les indigènes arboraient des chevelures tressées, ce qui avait tendance à les faire paraître plus grands. La lumière du soleil les éclairant de dos, les indigènes avaient l'air encore plus noir de peau.

Cristin, polyglotte de formation, contrôla sa peur. Communiquer étant sa passion première, il lui incombait de briser le silence. Il s'approchait du guerrier dont la coiffe – une sorte de panier fait de fibres en osier soutenant des ossements –, le désignait comme le chef ou le sorcier du groupe, quand la voix de Torance le cloua sur place.

— Attends!

Encore faible sur ses jambes, le prince se dégagea des bras des deux filles.

— Tu veux que je m'en occupe? murmura Shanandra.

Torance songea au « regard qui tue » de son amie. En auraient-ils besoin contre ces inconnus?

— J'ai fait un rêve, cette nuit, dit-il. L'indigène aux ossements, je l'ai vu…

— Moi aussi! s'émerveilla Shanandra.

Torance lui sourit brièvement et répéta à Cristin qu'ils devaient tous rester en retrait.

— Je parle le baïbanais, expliqua-t-il.

✶

— Que voyez-vous?

L'homme ne daigna pas répondre. Il continua à observer la scène dans sa lunette optique. Crispé, tendu, il avait conscience de l'impatience de la jeune femme à ses côtés. Celle-ci ne pouvait déceler autre chose que la silhouette du prince et celle de l'indigène gras, à la bedaine nue et distendue, qui lui faisait face. Ces deux-là allaient-ils se battre ou bien négocier?

D'un geste brusque, la cristalomancienne arracha la longue-vue à l'officier.

— J'exige de savoir! cracha Astarée.

Elle colla avidement son œil contre la lentille.

— Ils se parlent. Que savons-nous de ce peuple?

Le capitaine Gorth haussa ses lourdes épaules. Il avait depuis longtemps résolu de ne pas user de violence envers Astarée. Des sentiments mitigés à l'égard de la cristalomancienne royale le retenaient de lui flanquer, comme à une enfant trop gâtée, une raclée magistrale. Sur les fesses! Pourquoi pas? Gorth rougit. Dire qu'il ne connaissait encore rien aux femmes à plus de quarante-deux ans!

Remarquant que les six soldats qui lui restaient souriaient à demi, il les rappela à l'ordre.

— À couvert!

La consigne était inutile, car ils se trouvaient à une bonne verste de distance des cinq jeunes.

Astarée grommela :

— Le chef indigène offre sa coiffe d'os à Torance et se prosterne à ses pieds.

Son ton de voix, lourd et grave, ressemblait à un cri de désespoir contenu.

Nous avons bien besoin de ça! pensa Gorth.

Derrière lui, le soldat Pirius veillait sur les deux derniers hommes de silex survivants. Afin de les empêcher de nuire, ceux-ci étaient étroitement ligotés et bâillonnés. Tous savaient parfaitement pourquoi…

— Les indigènes font demi-tour et invitent Torance et les autres à les suivre, reprit Astarée.

Il est urgent que nous nous reposions enfin. Il nous faut chasser quelques bêtes, manger et dormir un peu, décida Gorth dans le même instant.

— Emmènent-ils le chariot et les chevaux? voulut-il savoir.

Astarée ôta son œil de la lunette, essuya la sueur glacée qui perlait sur son front. Toute la nuit, elle avait fait de la fièvre. Seulement, elle était trop orgueilleuse pour l'avouer et accepter que Gorth lui prodigue des soins.

— Les chevaux, oui. Pas le chariot…

Puisque le capitaine restait de marbre, Astarée fit claquer sa langue d'agacement.

— Pourquoi cette question?

— Peut-être trouverons-nous quelque chose à manger ou d'utilisable dans leur chariot?

Astarée considéra l'officier. L'homme avait une allure pitoyable : toge crottée et détrempée par les averses de la nuit, cotte de mailles maculée de saletés, genouillères cabossées, galvas défoncées, casque posé de travers sur sa grosse tête. Son visage était par ailleurs mal rasé, et la blessure qui labourait sa joue droite, mal cicatrisée, l'enlaidissait encore davantage.

— Vous êtes pathétique! lâcha-t-elle tout en passant sous silence sa tenue qui ne devait guère valoir mieux.

S'adressant à l'ensemble des hommes, elle poursuivit en rendant à Gorth sa lunette en écaille de tortue :

— Où sont passés les fiers soldats du roi de Gorée? Allons, du nerf!

Où veut-elle en venir? se demanda le capitaine.

— Suivons les messagers! Je suis sûre qu'ils nous croient encore loin derrière. Nous les capturerons le moment venu.

Cédant à son tour à la colère, Gorth rugit littéralement :

— Les capturer? Alors que Torance vient de terrasser toute une meute d'hyènes? Alors qu'ils reçoivent un tribut de la part de ces indigènes armés jusqu'aux dents?

Il termina en esquissant un geste désespéré qui les englobait tous.

— Nous sommes affamés, assoiffés, malades, à bout de forces!

Astarée détestait quand Gorth prenait ce ton péremptoire. À croire qu'il estimait le jeune prince d'Élorîm pour ses pouvoirs et son arrogance! Elle frôla le visage de l'officier avec son charmant nez retroussé.

— Pa-thé-ti-que! répéta-t-elle entre ses dents.

Elle ajouta dans un souffle rauque qu'elle allait parler tout de suite avec le roi Sarcolem.

— Avec le roi? ironisa Gorth. Ici, dans ce coin perdu!

La cristalomancienne royale ne s'attendait pas à ce que ce militaire fruste la comprenne. Quoique... Si un léger sentiment de déception crispa ses lèvres minces, il passa inaperçu.

— Restez cachés derrière ces rochers, ordonna-t-elle aux hommes qui l'accompagnaient. Je dois contacter le roi.

Gorth savait qu'Astarée possédait certains pouvoirs effrayants. Pourtant, c'est complètement médusé qu'il la vit s'éloigner.

✶

La jeune cristalomancienne royale choisit une anfractuosité humide entre les rochers coupants, s'enroula dans son long manteau et s'y blottit. Son cœur battait jusque dans ses tempes. Son cristal bleu de communication serré dans ses mains, elle se força au calme.

Elle revit le visage de Pélinor, son vieux domestique, et celui de Sévrinus Polok, son maître. Sachant que ces deux morts devaient se trouver l'un dans les jardins bienheureux de la déesse, l'autre dans les immenses fournaises promises aux méchants, Astarée grimaça.

Décidant de se rappeler la tendresse du premier et le savoir que lui avait transmis le second, elle chercha à se relier au cristal. Au même moment, à des centaines de verstes de ce paysage granitique désolé, Sarcolem de Gorée portait autour du cou un cristal identique.

Entre eux existait un lien télépathique fort qu'Astarée avait mentalement institué avant d'offrir le cristal au roi. La prise de contact fut violente. La jeune femme eut l'impression d'être arrachée de son corps et précipitée dans un abîme. Les dents serrées, elle attendit l'instant où les ténèbres se déchireraient.

Un parfum capiteux et une lourde odeur de chair vinrent chatouiller ses narines. Enfin, une image émergea du néant et prit forme. Elle reconnut la couche royale et les corps nus, enlacés et repus de saine fatigue, de deux personnes. Elle n'eut pas le temps d'éprouver de la gêne qu'un rire impétueux tonna à ses oreilles.

— Majesté, balbutia la jeune cristalomancienne.

Le roi se redressa dans le petit matin goréen et fit doucement glisser sur les draps le visage de la reine qui reposait sur sa poitrine. Puis, uniquement vêtu du cristal fixé en pendentif autour de son cou, il se leva.

Sarcolem était un homme entre deux âges au visage rusé, au regard perçant. Son corps marqué par les guerres était encore ferme et solide. Il s'agenouilla à l'écart de la couche sur une natte en laine tressée et se mit rapidement au diapason de cette vibration grâce à laquelle il pouvait communiquer mentalement avec son cristalomancien.

Astarée avait bien pris soin de lui apparaître grimée en homme. Sachant le monarque avide d'informations, elle lui adressa son rapport avec autant de clarté que de brièveté.

— Ainsi, vous avez échoué et les messagers ont atteint les rivages de la mer intérieure d'Élorîm! gronda le roi.

Sarcolem réfléchit à la situation. Autour de lui se mouvaient des images. Certaines étaient encore à l'état d'ébauche, d'autres achevées et aussi précises que des tableaux de maîtres.

Parmi elles, Astarée reconnut un trône surmonté d'ailes d'aigles en or et en bronze. Aux pieds du roi se déroulait une carte gigantesque représentant tous les royaumes du continent central. En voyant que les frontières de ces États avaient disparu et que l'un des symboles du roi – l'aigle à trois têtes de lion – se trouvait représenté sur chacune des capitales, Astarée retint son souffle.

Sarcolem dut s'apercevoir qu'il révélait malgré lui ses pensées les plus secrètes, car presque aussitôt cette image disparut dans le néant. Un silence de glace tomba entre eux. Heureusement, le roi se fit conciliant.

— Il y aura une place pour vous dans le nouvel ordre que je vais instaurer, dit-il en appuyant sur chaque mot.

Astarée préféra rediriger l'attention du monarque sur les deux messagers. Devait-elle les arrêter immédiatement?

— Avant qu'ils ne mettent la main sur ces maudites tablettes, oui, répondit le roi. Que les commandements de la déesse restent dans les ténèbres. Veillez également à récupérer la pierre du destin.

Astarée restait perplexe.

— Je sens une réticence, jeune cristalomancien!

— Non, Majesté. Il s'agit seulement d'une inquiétude…

— Vous n'avez pas oublié vos projets d'une très longue vie prospère, glorieuse et heureuse?

Astarée sourit : elle s'attendait à cette remarque de Sarcolem, qui n'était rien de moins qu'un rappel du grand secret qu'elle lui avait révélé.

— Je songeais plutôt au moyen de capturer les messagers mon roi, corrigea-t-elle. À chaque initiation, ils deviennent plus forts.

— Oubliez le Mage errant et son Grand Œuvre. Je vous promets des renforts. Vous et le capitaine Gorth ne serez pas seuls.

Alors que ces paroles s'enroulaient insidieusement autour d'Astarée, les images floues et indistinctes des propres craintes du roi l'entouraient également. La jeune femme y discerna des silhouettes de guerriers vêtus de peaux de bêtes, et qui portaient sur le visage des masques en bois peint.

Sarcolem s'aperçut de ce relâchement dans le contrôle de ses pensées.

— Je sais que les Servants du Mage parcourent les royaumes et annoncent l'arrivée des deux messagers, lâcha-t-il sur un ton bourru. L'espoir est dur à tuer dans le cœur des hommes. Ces jeunes doivent être mis hors d'état de nuire au plus vite avant que cet espoir ne se mue en une volonté de se révolter.

Astarée sentait ses forces lui échapper. Le cristal bleu brûlait la paume de ses mains.

— N'oubliez surtout pas la pierre du destin, ordonna Sarcolem.

Ses traits fermes, ses paupières soulignées de khôl, sa bouche sévère retournèrent au néant.

Astarée sortit de sa torpeur et se mit à trembler. Elle aperçut les épaules de Gorth, au-dessus des rochers. Ne pouvant se contenir davantage, elle vomit sans retenue.

3

La cérémonie de Rasdharé

Extrait d'un fragment du manuscrit de Cristin d'Algarancia.

« *Et ils nous conduisirent au bas des plateaux arides, à travers un lacis de sentes connu d'eux seuls, jusqu'aux oasis de fraîcheur et de joie où ils habitaient. Et le sorcier Bouamingué posa sur la tête du Prince-Messager la coiffe faite d'ossements de hyènes noirs. Le chef Bouamid l'appela mon ami, et nous, les amis de son ami. Il recouvrit ses épaules d'une cape faite de peaux de bêtes, tandis que leurs femmes, invisibles entre les grandes palmes vertes, poussaient des hululements de bienvenue avec leurs bouches et que les hommes secouaient frénétiquement leurs têtes et leurs chevelures tressées en nœuds qui sautaient sur leurs fronts telles des grappes de serpents.* »

Le roulement des tambours et les vrilles enfiévrées des sistres et des flûtes de bambou transformaient le rivage lisse et noir en fête. C'était une de ces chaudes et odorantes soirées où l'air, encore empesé de soleil, était chargé de la gomme sucrée des *hémaflores*, de celle des impressionnants *palétuniers* et du vol incessant des moustiques affamés de chair et de sang.

Assis en tailleur, les notables de la tribu encadraient le prince, pendant que les guerriers se tenaient en retrait et que les jeunes novices contemplaient l'étranger avec curiosité. Shanandra et Lolène étaient placées épaule contre épaule sur une natte faite de feuillages de barbousiers séchés et tressés. Accroupi près de Torance et de Paléas, Cristin souffrait en silence, car un flot de mots coulait en lui et il ne pouvait pas les graver pour la postérité sur des feuilles d'ogrove avec une bonne plume de roseau.

Non loin se profilaient les cases sombres, la silhouette des pirogues adossées contre le tronc des arbres pour la nuit, le glissement doux et furtif des vagues nacrées. Une forte odeur de poissons et de crustacés ruisselait des corps serrés les uns contre les autres, tandis que dansaient les jeunes femmes du village.

Le visage de Torance était à demi éclairé par le flamboiement des torches plantées dans le sol meuble. Le prince gardait dans sa main une poignée de sable. Celui-ci s'était transformé en une motte dure, que le prince venait de respirer profondément une nouvelle fois. Joie, légèreté, plaisir, mystère. Voilà ce qu'il pressentait dans cet endroit idyllique.

Les danses saccadées et sensuelles allaient crescendo. D'autres Baïbans, hommes et femmes, surgissaient des fourrés et se déversaient telle de l'eau sur le rivage. Le chef Bouamid, un vieillard maigre au visage creusé de rides profondes et encadré par de longs cheveux blancs soigneusement huilés, oscillait doucement de la tête en frappant la cadence de ses mains sèches et brunes.

— Alors, tu comprends? disait Cristin d'Algarancia.

Torance fixa le jeune chauve une courte seconde – pas davantage, car il avait de la difficulté à s'arracher à la contemplation des danseuses.

— L'échange des coupes sacrées comme pratiqué sur ce rivage, reprit Cristin en essuyant la sueur qui perlait sur son crâne, est un signe de…

Faits de coquillages assemblés, les sistres battaient contre des peaux de chèvre tendues sur des piquets de bois. Le prince sourit au chef qui le dévisageait bizarrement et laissa enfin s'écouler le sable tiède entre ses doigts. Une toute jeune fille remplit sa coupe d'un liquide ambré où flottaient des fruits.

— Bien sûr, ce cérémonial est scellé avec de l'alcool d'*égoyier*, reprit Cristin qui s'était bien gardé d'en goûter lui-même. (Il vit la figure de son ami s'empourprer.) C'est fort, n'est-ce pas?

Torance tenait son gobelet en roseau à deux mains. Assis à sa droite, Paléas agrippait avidement sa propre coupe et scrutait la jeune Baïbanne et l'échancrure de son paréo qui révélait bien plus qu'une demi-cuisse. Devant eux dansaient les adolescentes indigènes. L'espace entre elles et eux se réduisait de seconde en seconde. Installés derrière, vêtus de pagnes multicolores, les bras et le torse peint, les hommes imitaient leur chef et laissaient éclater leur joie.

Au goût du jeune prince, les femmes indigènes n'étaient pas belles. Par contre, elles dansaient divinement. Leurs longs cheveux dénoués étaient piqués de plumes jaunes ou rouges, et leurs corps, enduits d'un mélange d'huile odorante et de paillettes dorées. Paléas et lui contemplaient sans vergogne les paréos sur lesquels étaient fixés des coquillages, les jambes fuselées, les bras fins cerclés de bracelets de bois sculpté, les hanches et le tressautement frénétique des poitrines nues.

Cristin posa sa main sur le bras du prince.

— Donc, poursuivit-il, il y a huit danseuses et vous êtes huit jeunes hommes assis autour du chef.

— Neuf en te comptant, rétorqua malicieusement Torance.

— Je ne m'inclus pas dans votre groupe, se défendit Cristin.

Cette danse était davantage qu'une cérémonie de bienvenue. Mais Torance – Cristin le voyait bien –, était un vrai garçon, c'est-à-dire tout entier concentré sur les danseuses. Il ne l'écoutait qu'à moitié.

L'érudit repensa à leur rencontre avec les indigènes. Le sorcier Bouamingué était donc venu devant le prince après l'attaque des hyènes. Il lui avait remis sa coiffe et s'était prosterné à ses pieds…

Malgré son ivresse grandissante, Torance y pensait également. Les Baïbans étaient une ethnie vivant en marge des autres et jugée sauvage et ignorante par les nobles parfumés soi-disant instruits du royaume d'Élorîm. Si Torance se rappelait bien les propos des fonctionnaires de la reine Calliope, ces tribus étaient seulement tolérées sur les frontières établies à l'ouest du territoire élorien. Le prince avait entendu tant de récits sur leur supposée cruauté et sur leurs pratiques religieuses douteuses et dépravées!

La tête alourdie par les effluves de l'alcool d'égoyier, il se disait que les hommes étaient souvent menteurs et envieux. Il repensait également à Mérinock et aux circonstances qui avaient précédé son départ du palais royal. Ce Mage qui, lui avait dit Bouamingué, s'était glissé la nuit précédente dans ses rêves pour lui annoncer la venue des messagers.

Mon rêve contenait donc des éléments véridiques, se dit Torance en surprenant le regard chaud et lascif que lui lança Shanandra.

Il reprit mentalement, afin de résister le plus longtemps possible aux effets de l'alcool :

Le Mage s'est introduit dans mon rêve avec le chef et le sorcier. Tandis que je me battais contre Shanandra, ils se trouvaient dans les gradins et ils discutaient entre eux!

Pendant que Cristin poursuivait ses explications, Torance était perdu dans ses propres souvenirs. L'alcool commençait à faire son œuvre. Les danseuses étaient si proches de lui qu'en tendant une main Torance pouvait saisir une cheville, caresser un mollet, entrevoir ce que le fin tissu des paréos cachait puis dévoilait sans pudeur.

Les autres hommes et les femmes plus âgées lancèrent ce cri – « Rasdharé! » – qui avait l'air de tant les combler de joie et d'excitation.

Torance fronça les sourcils. Les avait-il entendus appeler Astarée? La cristalomancienne était-elle toute proche, associée aux Baïbans, prête à fondre sur eux? L'ancien scribe expliqua alors que Rasdharé était, jadis, le compagnon de la géante aventurière, Élorîm. Compagnon dont les Baïbans se rappelaient encore l'attitude de bon vivant, la nature fantasque et artiste ainsi que la beauté, la témérité et la fidélité en amitié.

Le chef Bouamid offrit à Torance de tirer encore quelques bouffées sur sa pipe d'herbes épicées.

— En guise de réponse à mon peuple, expliqua-t-il.

— Réponse? s'étonna le prince.

— Ils saluent en toi le vainqueur des hyènes, lui glissa Cristin à l'oreille. Si tu cries « Rasdharé! », tu feras honneur à leur cérémonie.

— Cérémonie? balbutia Torance en clignant des paupières.

Le chef approuva gravement.

— Rasdharé! s'écria alors le prince avant de replonger le nez dans sa coupe.

Autour du cercle, des palmes saupoudrées de racines écrasées brûlaient sur des feux et répandaient une fumée âcre qui prenait à la gorge. Cette fumée tenait à distance les moustiques mangeurs de chair. Sur des broches de bambou tournaient des cochons sauvages.

Torance étouffa soudain un cri de surprise : bondissant de sa natte, Shanandra rejoignait les danseuses. Calquant ses gestes sur les leurs, elle suivit le rythme et parut bientôt aussi déchaînée que les autres filles.

Son audace fut saluée par une ovation. Torance crut que durant un bref battement de cils, Shanandra l'avait dévisagé avant de se lever de sa natte. Mais sans doute était-ce l'effet de son imagination!

Il se rappelait avec précision cette nuit passée au camp de réfugiés en compagnie des *Romanchers*. Ceux-ci, réputés voleurs et menteurs, étaient surtout des nomades sans roi ni pays. Et ils jouaient divinement de leurs instruments. Shanandra n'avait pu résister à l'appel de la musique.

Cristin, qui avait déjà appris quelques mots de baïbanais, continua ses explications à l'oreille de Torance :

— Nous allons bientôt arriver au moment des épousailles.

— Épousailles? hoqueta Paléas en tendant désespérément sa coupe vide vers une jeune servante.

Depuis le début, Cristin, le chef et le sorcier n'en avaient que pour Torance. La pipe même de Bouamid lui était réservée! Puisque Cristin ne daignait lui répondre, le voleur accueillit avec empressement une nouvelle rasade d'alcool. Il coula une œillade à Lolène qui demeurait seule sur la natte. Pourquoi ne s'était-elle pas levée, elle aussi? Shanandra était magnifique. Mais Paléas aurait bien aimé voir Lolène se trémousser.

Elle est trop pudique, trop sérieuse, trop fourrée dans ses crèmes, ses onguents et son étude des maladies! se rappela-t-il avec exaspération.

Shanandra avait accepté de porter le pagne et les bracelets de bois à ses poignets et à ses chevilles, et se déhanchait en éclaboussant les garçons de folles gerbes de sable.

Ses cheveux sombres dénoués, ses épaisses lèvres fardées et sa poitrine – nue sous la tunique de coton qu'elle avait refusé de quitter –, tressautaient au rythme de ses mouvements.

Torance devinait la forme de ses seins et en même temps – était-ce l'effet de l'alcool d'égoyier ou bien la forte impression que lui avait laissée son rêve du matin? –, il n'était plus certain de voir Shanandra danser devant lui, mais plutôt la fille aux lèvres filiformes qui l'avait assassiné?

— Les épousailles, répéta la voix bien timbrée de Cristin. Voilà pourquoi elles viennent à tour de rôle…

Qu'il se taise! implora silencieusement le prince.

Sa gorge était de nouveau sèche. Une fois de plus, les huit jeunes femmes – neuf en comptant Shanandra – s'approchaient des adolescents en se cambrant avant de reculer précipitamment.

— Elles vont revenir, prédit Cristin.

Après quelques instants, ce dernier reprit :

— Dans la journée, les jeunes hommes prêts à prendre une épouse se sont lavés et rasés le corps. Leurs pères leur ont offert le *bourmouq* traditionnel. Il s'agit d'une sorte de turban qui cache le front et tombe sur les épaules et les reins. Ce soir, ils ne vont plus pieds nus. Ils portent des sandales tressées de lianes sur lesquelles leurs futures épouses ont cousu des coquillages et noué des mèches de leurs cheveux.

Instinctivement, Torance se pencha pour vérifier cette dernière information.

— Cristin, tu es si… précis! ânonna-t-il, la langue aussi lourde qu'une rame de pirogue.

— Tu as vraiment découvert tout ça en une journée? s'enquit Paléas. On peut dire, alors, que l'on est bien tombé!

Hasard ou non, se dit Torance, notre présence dans cette oasis est uniquement due au Mage errant. Cet homme habile nous manipule, il nous pousse vers…

Il ne savait pas et ne voulait surtout pas se casser la tête ce soir.

La musique cessa brusquement et les neuf danseuses restèrent figées telles des statues de sel. Un long hululement poussé par les femmes de la tribu monta sous les frondaisons. Le chant nocturne des insectes et des grenouilles, jusqu'alors masqué par la musique, emplit l'espace et devint presque assourdissant tant il avait été oublié.

Devant eux, les jeunes filles se penchaient devant leur promis, leur touchaient le front et la bouche. Cristin nota que l'une d'entre elles s'éclipsa discrètement pour laisser sa place à Shanandra. Torance et Paléas échangèrent un regard circonspect. L'expression de l'ancien détrousseur de cadavres était trouble, son souffle court, ses mains moites.

Torance ne fut pas surpris de voir que les adolescents assis à côté d'eux masquaient à grand-peine leurs érections. Des hommes plus âgés et des femmes indigènes éclataient de rire ou rougissaient.

Après un moment d'hésitation, Shanandra imita ses consœurs. Mais alors qu'elle s'approchait de Torance, celui-ci fut victime d'un étourdissement. Grimaçant de douleur autant que de surprise, il vit la jeune fille se pencher sur lui. Elle tendit une main tremblante. Cette soirée, décidément, était folle, irréelle, diaphane.

Les guerriers offraient leurs gobelets à celle qui les avait choisis. La fille buvait une dernière gorgée pour sonder l'âme de son promis. Les couples ainsi formés s'en allaient dans le sous-bois, main dans la main, sous le hululement joyeux des membres de la tribu.

Torance maudit l'alcool d'égoyier qui l'empêchait de garder la tête froide. Il battit nerveusement des cils et guetta le contact des doigts chauds de la jeune montagnarde sur son front. Une seconde, deux, trois. Le raclement de gorge de Cristin le fit tressaillir.

Revenant à lui, il vit Shanandra se fondre entre les longues feuilles de palmiers.

— Que… commença-t-il, hébété.

Ses amis le dévisageaient.

— Pourquoi est-elle partie? geignit finalement le prince.

Lolène haussa les épaules, se leva et emboîta le pas à Shanandra.

Des rires s'envolaient autour d'eux. Le chef et le sorcier souriaient, un tantinet gênés.

— Quoi? s'offusqua Torance. Qu'est-ce que j'ai fait?

— Qu'est-ce que tu n'as pas fait? le corrigea Paléas.

Le jeune voleur était de meilleure humeur. Il avait cru qu'après avoir reçu tous les honneurs, Torance obtiendrait également Shanandra. Une grimace au mauvais moment avait brisé le plus fragile et le plus tendre des instants. Il se baissa, ramassa une outre d'alcool d'égoyier abandonnée dans le sable, en servit deux bonnes rasades : une pour lui, l'autre pour le prince.

— Allez, bois et oublie!

Cristin devait noter, plus tard, sur sa feuille d'ogrove :

« *Paléas n'était pas aussi charmant, généreux et désintéressé qu'il voulait tant le laisser paraître. Au moment où Shanandra s'enfuyait, je lus en lui le soulagement du jaloux. Et, un peu plus tard, durant cette même soirée, je vis le bleu de ses pupilles virer à l'ambre du conspirateur, puis au vert du traître…* »

Lorsque les derniers feux se changèrent en braises, que Cristin se fut éloigné pour écrire à la lueur d'une mèche de chanvre gorgée d'huile, les indigènes regagnèrent leurs cases.

Torance s'éloigna aussi et tomba tête la première sur la natte que lui avaient offerte les Baïbannes.

Paléas resta seul sur le rivage déserté. Il observa le mouvement tranquille du ressac, écouta son chant monotone qui lui remémorait celui, bien plus fougueux pourtant, de l'océan de l'Ouest devant lequel était érigé le village de son enfance. Le visage de son père lui apparut dans un éblouissement. Le couteau avec lequel il l'avait grièvement blessé également…

Au bout de quelques instants, le garçon lança sa coupe dans les vagues. Sa tête retomba sur son torse.

Cristin, qui ne se tenait pas aussi loin que l'avait cru Paléas, nota son étrange comportement sans pouvoir le comprendre.

« Paléas! clamait la voix dans la tête du jeune voleur. M'entends-tu? Oui, je sais que tu m'entends et que tu te souviens de moi… »

Le garçon voulut aller chercher sa coupe, mais il renonça.

« Te rappelles-tu le cristal ambré? Je l'ai trouvé à l'emplacement exact où tu l'avais caché à mon intention. Rassemble tes esprits, combats la sensation d'ivresse. Je perçois le flot de tes pensées. Mets-y de l'ordre. »

Paléas prit sa tête entre ses mains, la secoua pour en extraire un démon imaginaire. Puis il étouffa un cri rauque.

« J'ai décrypté les images que tu as placées dans le cristal, je suis venue… »

Paléas se revit, les mains gelées, des paquets de neige tourbillonnant autour de lui, en train de cacher le fragment de roche sous une grosse pierre. Lui et ses amis venaient de traverser le pont invisible et d'échapper à…

« Je sais la peine qui alourdit ton cœur, Paléas. Tu possédais un chariot rempli d'objets de valeur que tu t'apprêtais à vendre. Tu aurais pu ainsi devenir libre et riche. Mais Shanandra, Torance et les autres ont dispersé ton trésor. Depuis, tu t'es enfermé dans une prison de solitude, de méfiance et de rage qui te mine l'âme. »

Le garçon laissa échapper un râle de dépit. Installé non loin sous les branches d'un barbousier en fleurs, Cristin hésitait à intervenir. Après tout, pourquoi ne pas laisser Paléas cuver seul son vin?

La voix reprit, insidieuse et sensuelle :

« Si tu guettes toujours le moment idéal pour agir, si tu souhaites encore devenir libre, riche et respecté, écoute mes paroles… »

Paléas redoubla d'attention. Tout à coup, ses traits se figèrent.

— Ce serait trahir! hoqueta-t-il.

« Suivre Torance et Shanandra en feignant n'être qu'un parasite et un paresseux, c'est trahir ton cœur et tu le sais! » rétorqua Astarée.

Sachant qu'elle venait de franchir un pas de plus dans sa tentative d'endoctrinement du garçon, la cristalomancienne lui expliqua ensuite ce qu'elle attendait de lui…

Cristin n'avait retenu qu'un seul mot : trahir. Sa main s'arrêta net d'écrire. L'encre coula de sa plume sur la feuille d'ogrove. L'ancien érudit des sages de Gorum sentit que se nouaient tout autour les maillons d'un piège invisible et implacable…

4

Le cristal noir

L'aube tira Paléas d'un sommeil agité. La case prêtée par les Baïbans exhalait une forte odeur de saumure et de crustacés. Entre les entrecroisements de feuilles de barbousiers et d'égoyiers perçaient les premiers feux du levant. Cristin et Lolène étaient enroulés chacun dans sa couverture. Les nattes de Torance et de Shanandra étaient vides. Où diable ces deux-là avaient-ils passé la nuit? Et comment? Trop pris par ses propres dilemmes de conscience, il refusa de s'attarder à ces questions.

Une fois sorti de la case, le jeune voleur contempla cet endroit mystérieux, situé aux confins du ciel et de la mer, où ces deux éléments se rejoignaient en un doux mélange de mauve, de jaune et de rouge. Ce paysage et ces odeurs lui rappelaient ses souvenirs d'enfance. Résistant à cette remontée d'événements et de sensations, il se concentra sur sa tâche.

Il se dirigea tel un somnambule vers l'endroit où était accrochée la vessie de chèvre utilisée pour le transport de l'eau potable. Ce matin, ce n'était pas son tour. Mais avant de se coucher, il avait demandé d'échanger sa place avec Cristin.

Il contourna l'amoncellement de cases, s'enfonça dans la palmeraie.

Au-dessus de sa tête, l'ombre projetée par les longues palmes invitait encore au sommeil. Cependant, il n'était plus temps de dormir. Un craquement l'avertit d'un danger. L'avait-on suivi? Il fit volte-face : personne.

La gorge sèche, la bouche pâteuse, il avait bien besoin de boire quelques gorgées d'eau fraîche. La cascade qui servait de source aux villageois se trouvait assez loin au cœur de l'oasis. La veille, il avait fait le chemin avec Torance, qui portait la vessie de chèvre.

Paléas n'eut aucun mal à repérer la sente qui conduisait à la cascade. Il retrouvait ses réflexes de l'époque où il vivait encore avec sa famille, sur la côte déchiquetée du royaume d'Élissandre. Son père lui avait appris à chasser et à pêcher. C'était là, du reste, les seuls enseignements que Paléas avait reçus de lui à part des reproches et des taloches. Ces pénibles souvenirs lui revinrent avec une telle force qu'il en ressentit une brûlure dans l'estomac.

Il avait fui son village lors de la révolte des paysans contre le roi Phrisus. Les mercenaires étrangers engagés par ce dernier incendiaient les fermes, tandis que des résistants exhortaient les villageois à prendre les armes. Son père avait réuni les notables. Caché sous la charpente de la grange, Paléas avait assisté à des palabres qui ne menaient à rien. Après une vive altercation avec son père qui s'était terminée par du sang sur ses mains, Paléas avait décidé de tout quitter et de tenter sa chance par lui-même.

Ensuite, il y avait eu l'errance au milieu des réfugiés, les cadavres qu'il avait été obligé de détrousser pour survivre. Peu à peu, il avait accumulé nombre d'objets sur une brouette de fortune : des vêtements, des bijoux, des ustensiles de cuisine, des boucliers arrachés à la boue des champs de bataille, des casques. C'est ensuite qu'il avait croisé le chemin de Torance et de Lolène, lancés sur la piste de Shanandra enlevée par une bande de détrousseurs.

Tout en écartant les palmes rugueuses de son visage et en prenant garde aux racines, le garçon préféra ne pas s'appesantir sur un vol de chevaux et la punition que lui avaient infligée ses acolytes voleurs. Torance avait délivré la montagnarde, des soldats goréens avaient investi le repaire des détrousseurs. Après…

Le bruit assourdissant de la cascade perçait le mur de végétation.

Déjà… songea le garçon, déçu d'être arrivé aussi vite.

Astarée lui avait expliqué où et comment trouver le cristal qu'elle voulait lui remettre. Il reconnut l'entablement rocheux qu'elle lui avait décrit, les bosquets de papayas, cet arbuste aux branches en forme d'éventail qui se greffaient sur le tronc des autres arbres pour survivre.

Malgré son envie de réaliser ses rêves de grandeur, Paléas fut désappointé de sentir, sous ses doigts, le corps dur et ovale du cristal. Il resta atterré devant le fragment de roche comme devant une sorte de fatalité.

Astarée s'était montrée impitoyable.

« Tu rempliras la vessie d'eau. »

Ce qu'il fit mécaniquement, sans même songer à se désaltérer.

« Tu introduiras le cristal dans la vessie et tu attendras une minute. Ne t'inquiète de rien, la pierre a été proprement préparée à sa tâche. »

Qu'est-ce que cela voulait dire? Il repensa à la manière dont lui-même avait conditionné le cristal ambré qui avait permis à Astarée de les suivre jusqu'à la palmeraie des Baïbans.

Le débit d'eau était si assourdissant que Paléas n'entendait plus aucun cri d'oiseau.

« Pourquoi voulez-vous capturer Torance et Shanandra? » avait-il demandé.

La réponse lui était parvenue avec un décalage inquiétant.

« Je dois les emmener devant le roi Sarcolem qui a une proposition à leur faire. »

Paléas se rappela la bourse de pièces d'or promise par Astarée.

« La drogue minérale contenue dans le cristal imbibera l'eau… »

Au moment de plonger le cristal dans l'outre, le garçon scruta les taillis. Les palmes alentour avaient-elles bougé? Un bref instant, il le crut.

L'eau se teinta immédiatement en noir. L'angoisse saisit le voleur au ventre. Avait-il bien retenu les instructions?

Je suivrai les autres jusqu'à Éloria, décida-t-il. Ensuite, je m'achèterai des vêtements, un attelage, des esclaves…

Après tout, quelle affinité se sentait-il avec la quête de Torance et de Shanandra? Il n'était ni un guérisseur comme Lolène, ni un intellectuel rabat-joie comme Cristin!

Ainsi que l'avait annoncé la cristalomancienne, l'eau, trouble un instant auparavant, retrouva presque immédiatement sa pureté cristalline. La pierre empoisonnée s'était complètement dissoute.

Au moment de regagner le camp, il éprouva une nouvelle fois la sensation d'être observé. Mais son cœur battait si fort à l'idée des pièces d'or promises, qu'il fit taire ses remords à l'idée de trahir ses compagnons.

✶

La pirogue mise à l'eau par six Baïbans pouvait facilement transporter douze guerriers adultes. Taillée dans le tronc d'un égoyier centenaire, elle était équipée de flotteurs en bois de kénoab rouge, d'un mât et d'une voile coupée en carré. Deux longues perches servaient de gouvernail, tandis qu'une voile de plus petite envergure, fixée à la proue, était destinée à capter ce que les marins éloriens appelaient « le premier vent ».

— Pour nous? s'émerveilla Torance en baïbanais.

Le chef hocha la tête.

— Pourquoi ne pas gagner Éloria par voie de terre? demanda Paléas qui avait étudié la carte.

Le jeune érudit renifla, puis expliqua qu'au nord la côte s'embourbait dans d'effrayants marécages semés de sables mouvants et que contourner cette zone prendrait plus de temps que de rallier le royaume d'Élorîm par la mer.

— Et tu crois cette embarcation suffisamment résistante? voulut savoir le garçon qui se targuait de quelques connaissances en navigation.

Cristin tapa du pied de colère. Ces indigènes étaient assez bons pour leur offrir le gîte, des vêtements neufs et le couvert, et ce garçon malpoli se permettait encore de critiquer!

Torance entra dans l'eau transparente jusqu'à mi-cuisses et flatta la coque de la pirogue. De temps en temps, il jetait une œillade à Shanandra et à Lolène qui s'étaient acoquinées avec les femmes du village. Lolène apprenait d'elles de nouvelles recettes de poudres, de pâtes et d'onguents. Shanandra s'amusait à faire des grimaces avec les enfants.

Tout en remerciant le chef et en s'extasiant sur les mesures parfaites de l'esquif et sur le savoir-faire des guerriers baïbans, le prince ne pouvait s'empêcher de songer à l'incident qui était survenu la veille à la fin des danses.

« Ce que tu n'as pas fait », l'avait alors repris le jeune voleur.

Paléas semble savoir sur les filles des choses que j'ignore, se dit Torance.

Il embarqua sur la pirogue. Avec ses deux mains, il testa la résistance du bois, celle des cordages savamment tressés, la solidité du mât.

J'étais un peu soûl, c'est vrai. Mais lui aussi!

Il salua les guerriers et regagna leur case en compagnie du chef Bouamid, du sorcier Bouamingué, de ses deux compagnons et d'une ribambelle d'enfants, sans cesser de se triturer les méninges pour comprendre pourquoi Shanandra lui battait froid.

Nous nous serions enfuis tous deux sous les barbousiers. Je l'aurais prise par la main et...

À l'évocation de certains plaisirs partagés jadis avec de jeunes esclaves, Torance frissonna. Pourtant, il sentait que même *ça* – ce qu'un garçon et une fille pouvaient faire seuls ensemble – n'était pas toujours facile à faire.

Des images furtives de son rêve de l'autre matin lui revinrent en mémoire. Shanandra armée du kaïbo. La lueur fauve des torches. Les cris meurtriers de la foule. La lame qui lui tranchait la gorge.

Les compagnons regagnèrent le camp. La touffeur de l'air extérieur était heureusement filtrée par les épaisses palmes dont étaient constitués le toit et les parois de leur case.

— Alors? interrogea Cristin.

— Comment?

— Je disais : à quoi ressemblent ces tablettes que nous devons récupérer dans le palais royal d'Éloria?

— Où sont les filles? s'enquit distraitement le prince au lieu de répondre à la question.

— Elles arrivent, annonça Paléas en manipulant l'outre d'eau fraîche.

— Alors? insista le jeune érudit en se frottant le crâne.

Shanandra et Lolène entrèrent, les bras chargés de présents offerts par les femmes baïbannes.

— Ces gens sont tellement accueillants! s'exclama la montagnarde en essuyant son front moite de sueur.

— Le chef et le sorcier ont rêvé que le Mage errant leur demandait de nous aider, précisa Cristin, et ils s'exécutent. Évernia fait peur dans tous les royaumes de la Terre de Gaïa.

— Tu as le don de transformer l'or en plomb, lui fit remarquer Lolène d'un ton léger.

Nulle insulte ou impolitesse ne semblaient pouvoir franchir les lèvres roses de la jeune blonde. Cependant, conscient d'avoir par ces quelques paroles amoindri la générosité des femmes indigènes, Cristin se tourna vers Torance.

Celui-ci reprenait contact avec la réalité, même si, il le sentait, un froid inexplicable subsistait toujours entre Shanandra et lui.

— Les tablettes sont en argile, répondit finalement le prince, à la fois agacé et malheureux.

— De l'argile! Tu en es sûr? Il me semble, fit Cristin, que les commandements écrits de la main de la déesse devraient plutôt être gravés dans de l'or ou tout au moins dans un support plus résistant, tel le granite.

Torance se souvenait vaguement d'avoir entraperçu des tablettes entassées dans un coin de la crypte souterraine où le Mage errant l'avait attiré, la nuit de son départ.

— Et sais-tu où se trouvent ces tablettes dans le palais royal?

Shanandra ne cessait de s'essuyer le visage. Fille du Nord et des neiges éternelles, elle supportait mal les grosses chaleurs, même si elle en avait rêvé toute sa vie.

Devinant que chacun était sur les nerfs et s'inquiétait de son avenir immédiat, Paléas proposa à boire. Nul n'avait pu suivre ses mouvements tandis que Torance et Cristin parlaient des fameuses tablettes de Mitrinos. Mais le jeune voleur avait rassemblé cinq hanaps de bois dans lesquels il avait versé de l'eau. Il tendit les deux premiers – ceux remplis avec l'eau prélevée ce matin à la cascade dans la vessie de chèvre – à Torance et à Shanandra.

Son cœur battait à tout rompre.

« Quel effet aura cette eau empoisonnée? » avait-il demandé à Astarée.

La cristalomancienne lui avait assuré que ce poison n'en était pas vraiment un. Que les deux adolescents se sentiraient plus faibles, voilà tout. Et que, surtout, les effets ne seraient pas immédiats.

« Nul ne pourra te soupçonner, si c'est ce que tu crains. »

Et comment que Paléas le craignait!

Il n'aimait pas jouer à ces jeux-là. Malgré sa vie d'aventure et ses quelques défauts, il savait qu'il valait mieux que ce qu'il était devenu. Que quelque part en lui palpitaient une force, une envie de vivre, mais aussi une pureté incomparable. Oui, le mot, quoique fort, était bien choisi. « Une pureté incomparable », se répéta-t-il alors que Torance et Shanandra acceptaient les hanaps.

Paléas tendit les autres verres à Lolène et à Cristin, remplis ceux-là avec le restant d'eau de la veille qu'il avait transvidée peu avant dans une cruche en terre cuite.

— Demain, nous ferons voile en direction d'Éloria, déclara Torance.

Il porta le hanap à ses lèvres.

La jeune montagnarde s'apprêtait également à boire quand Cristin eut la mauvaise idée de présenter au prince sa tablette de kénoab noir. Le geste, anodin, fit s'entrechoquer les coudes de Torance et de Shanandra. Les hanaps se heurtèrent l'un l'autre et se renversèrent.

— Oh! Pardon! s'excusa immédiatement le jeune érudit en offrant à Shanandra sa propre coupe.

Il regrettait tant sa maladresse que son pied heurta, toujours aussi malencontreusement, la vessie de chèvre qui se vida presque complètement sur le sol.

— C'est ma faute, s'empressa-t-il d'ajouter. Je vais aller à la cascade chercher de l'eau.

Cristin croisa le regard de Paléas. Ses craintes du matin lui revinrent. Et si son impression d'avoir été suivi n'était pas seulement due à son imagination?

— Ce n'est pas la peine, Cristin, lui assura Shanandra en sortant un flacon de jus d'hémaflore que lui avait offert une vieille Baïbanne. Trinquons avec ce nectar – elle fixa Torance un bref instant et ajouta – qui ne contient aucun alcool!

— À notre voyage sur la mer intérieure! lança joyeusement Cristin en faisant fi du ton réservé qu'il employait d'ordinaire.

Paléas resta sur les nerfs toute la soirée. Que se passerait-il si Cristin révélait à Torance qu'il avait bien failli être empoisonné? Et qu'allait penser Astarée de son échec?

Mais les heures passèrent, la nuit s'installa sans que sa traîtrise ne soit révélée. Au point qu'il crut, sans vraiment s'en persuader, que Cristin avait bel et bien été simplement maladroit.

✶

Installé à plusieurs kilomètres du village baïban, le camp monté à la hâte par Gorth et ses hommes ne payait pas de mine. Il était constitué de nattes crottées en guise de matelas, de quelques couvertures récupérées dans le chariot abandonné par les cinq jeunes, et de la tente de toile offerte à Astarée par le roi montagnard Elrick Falcomier.

Le capitaine et le soldat Pirius accompagnaient l'agonie des derniers hommes de silex depuis presque deux jours. Comment croire que ces silhouettes recroquevillées et solidement ficelées étaient, il n'y a pas si longtemps encore, des guerriers sauvages, sanguinaires et sans pitié?

Sur l'ordre d'Astarée qui tenait par-dessus tout à ne pas se faire repérer par les Baïbans, Gorth avait dû se résoudre à couper la langue de ceux que l'on appelait les « hommes sans âme ».

« Je ne veux pas que leur soif de drogue les fasse crier et geindre! Débrouillez-vous! » avait exigé la cristalomancienne.

Elle avait par ailleurs insisté pour que Gorth égorge purement et simplement ces hommes qui ne lui étaient plus d'aucune utilité. Mais le capitaine s'y était fermement refusé.

Pirius, qui était un blond de dix-huit ans, grand, mince et pâle, se félicitait de l'entêtement de son officier. Poussé à entrer dans l'armée par son père qui manquait d'argent, le jeune homme plutôt artiste de nature ne possédait aucune vocation militaire. C'est par un fâcheux concours de circonstances qu'il avait été entraîné aux côtés de Gorth et d'Astarée dans cette folle chasse à l'homme.

— Plus de drogue, plus d'espoir pour ces malheureux, geignit l'officier.

Pirius observait les mains rudes et couturées d'anciennes cicatrices du capitaine qui humidifiaient patiemment le visage fiévreux d'un malade. Il se rappelait les minuscules fioles que Gorth remettait chaque soir aux mercenaires. La cargaison épuisée, il n'avait plus été possible de maintenir les hommes de silex dans l'état de dépendance et de servilité qui était ordinairement le leur.

Depuis qu'ils avaient quitté le camp du roi Elrick et après le sauvetage, *in extremis*, de quelques hommes de silex lors de la traversée de l'abîme de glace, les fioles de drogue avaient manqué. Cet état de dépendance chronique pouvant conduire les mercenaires à se retourner contre eux, Gorth avait été obligé de les attacher.

« Si vous ne les tuez pas, ils nous assassineront pendant notre sommeil! » avait prédit Astarée.

Mais grâce à la surveillance constante, à la force de caractère et à l'inlassable dévouement du capitaine envers ses anciens condisciples, rien d'aussi dramatique n'était arrivé. Vidés de toute énergie – leur corps avait désespérément besoin de cette drogue pour survivre –, les hommes sans âme étaient morts, tout simplement.

Les mains de Gorth tremblaient. Pirius en comprenait la raison sans que lui et le capitaine aient besoin de se parler.

On dit qu'il a été un des leurs, autrefois! Lui a survécu. Personne ne sait comment. Il veut à son tour les sauver. C'est hélas! impossible.

Sous-alimentés, eux-mêmes n'avaient bu aujourd'hui que du lait de coco et mâché un peu d'écorce d'égoyier. Interdiction avait été promulguée par Astarée de se risquer dans la palmeraie.

De quelle manière, avec seulement quelques soldats, la jeune cristalomancienne comptait-elle capturer les deux messagers qui possédaient de prodigieux pouvoirs?

Pirius savait qu'Astarée aussi était puissante. Mais quel était son plan? Qu'avait-elle voulu dire, en revenant de sa transe, par : « Nous serons très bientôt en mesure d'agir. »

Gorth se prit le visage dans les mains. Ses épaules s'affaissèrent. L'homme de silex à qui il prodiguait tous ses soins depuis plus de douze heures sans prendre le moindre instant de repos venait de s'éteindre à son tour.

Le capitaine feignait d'ignorer l'attitude circonspecte des quatre soldats qui restaient, leur étonnement devant son obsession à sauver les hommes de silex, la compassion même qu'il sentait émaner du jeune Pirius, la plus jeune et la plus inexpérimentée de ses recrues.

Loin par-delà les frondaisons de la palmeraie, il entendait le mugissement régulier du ressac. Combien aurait-il aimé se tenir sur la plage, devant cette mer tranquille, et gratter doucement les cordes de son *tréborêt!*

— Attention! le prévint soudain Pirius.

La cristalomancienne sortait de sa tente.

Elle y a passé les dernières heures, se dit le jeune soldat blond. Qu'a-t-elle bien pu faire, seule, là-dedans?

Elle portait toujours son postiche d'homme, comme si les soldats ignoraient encore qu'elle était en fait une femme... Une sacrée bonne femme, pour certains. Pour d'autres – dont Pirius –, une véritable sorcière qu'il n'aurait jamais eu envie de tenir dans ses bras.

Astarée s'approcha de la natte sur laquelle reposait le cadavre de l'homme de silex. Elle remarqua les paillasses sur lesquelles étaient allongés trois soldats et le dernier homme sans âme, ligoté et bâillonné.

— Celui-là n'en a pas pour longtemps, capitaine, lâcha-t-elle. Je vous conseille de nous en débarrasser avant demain matin.

— Demain matin? répéta Gorth en se relevant avec peine.

Il a le courage de lui tenir tête! se dit Pirius, admiratif.

— Parfaitement, rétorqua Astarée.

Elle s'adressa aux autres soldats :

— Vous autres, prenez un peu de repos, dormez. Nous attaquerons à l'aube…

Elle est folle, poursuivit Pirius. Nous allons mourir jusqu'au dernier, et pour quoi?

Ils devaient capturer les deux messagers envoyés par le Mage errant d'Évernia, certes. Mais au-delà de ce but un peu simpliste, les mobiles de la cristalomancienne étaient vagues et même suspects.

Pourtant, par habitude, par faiblesse ou par manque d'expérience, Pirius n'osa pas désobéir. La touffeur de la nuit faisait sortir des fourrés des myriades de moustiques. Oubliant que les heures passaient inexorablement, il imita ses compagnons et s'enroula dans sa couverture.

5

Quelques piécettes

Ils s'étaient levés dès l'aube; Torance, Cristin et Paléas pour se mêler aux pêcheurs, Lolène et Shanandra pour prêter main-forte aux femmes. La flotte de pirogues avait pris la mer aux premiers rayons du soleil. Une heure plus tard, reliés les uns aux autres par de solides cordages, les bateaux revenaient vers le rivage.

De l'eau jusqu'à la taille, Shanandra claquait des dents. Les femmes indigènes formaient deux haies brunes qui se faisaient face et parlaient entre elles en attendant le retour des hommes. Ceux-ci voguaient à une centaine de mètres au large et se tenaient debout sur leurs pirogues. Frappant la surface de l'eau du plat de leurs rames, ils ahanaient et poussaient des clameurs de joie.

Avec force gestes, une femme baïbanne avait expliqué aux deux filles le but de cette étrange manœuvre. Les poissons étaient ramenés vivants à l'intérieur d'énormes filets. En cognant l'eau de leurs rames, les hommes les forçaient à se diriger vers la plage où les attendaient les femmes. Cette chasse collective était menée une fois par mois par tous les membres valides de la tribu, incluant le chef et le sorcier.

Durant les explications de la femme indigène, Shanandra avait plus que d'habitude songé à Torance. Autant se l'avouer : elle aurait bien aimé l'avoir à ses côtés. Surtout pour comprendre ce que me dit exactement cette femme… se mentit-elle.

D'un commun accord depuis leur arrivée dans ce village, Torance et Shanandra avaient décidé qu'il était normal d'aider les Baïbans pour les remercier de leur générosité. Dans cet esprit, les deux filles avaient participé aux tâches domestiques féminines. Lolène avait confectionné des onguents et pétrit des pâtes odorantes, tandis que Shanandra avait lavé des bols en bois et surveillé les enfants.

Qu'avaient fait les garçons?

La clameur des hommes se rapprochait. Lolène tapota le coude de son amie.

— Regarde, l'eau est plus sombre tout à coup!

Shanandra imagina les centaines de poissons de toute taille et de toute forme prisonniers derrière les mailles de l'énorme filet lesté à partir des pirogues.

Un instant, elle réfléchit à leur propre quête. N'étaient-ils pas, eux aussi, des poissons que le Mage errant conduisait là où il le souhaitait?

Imitant les femmes, la montagnarde saisit le cordage du filet à deux mains et s'arc-bouta sur ses jambes pour anticiper la pression qu'exerceraient les poissons pour tenter d'échapper au piège de corde.

— Toi, lui souffla Lolène, tu es encore contrariée!

Le mot « encore » fit tiquer la montagnarde. Discrète, gentille, souriante, mais très perspicace, l'apprentie guérisseuse avait l'air perturbée par sa supposée bouderie.

Le souvenir des danses, celui de la lueur tremblotante projetée sur son corps par les torches, le parfum de fruits mêlés – celui qu'elle s'était, à l'exemple des autres filles baïbannes, mis dans les cheveux, ne la quittait pas. Le souvenir, également, de son plongeon dans la musique, de sa joie sauvage, de son excitation de savoir, avec une certitude absolue, que Torance ne voyait qu'elle.

Même si j'étais la seule à ne pas m'exhiber les seins nus!

— Tu penses encore à ça! lui reprocha Lolène.

Shanandra feignit d'abord l'innocence. Puis elle rétorqua :

— Je repense à quoi? Attention…

La horde de poissons fondait sur elles. Le cercle des pirogues s'amenuisait. Shanandra repéra Torance qui maniait la rame aussi bien qu'un Baïban, et Cristin qui risquait à tout moment de tomber à l'eau.

Simultanément, Shanandra se revoyait le corps tendu tel un arc, prête à s'offrir au prince. Elle n'avait pas réfléchi. Simplement, elle s'était laissé entraînée par la force d'un désir incontrôlable qui animait toutes les danseuses.

Elle s'était présentée à Torance. Et comment le jeune homme avait-il réagi? Elle revit son expression. Son cœur se serra. Lolène dut s'apercevoir de quelque chose, car tout en résistant au flot des poissons, elle haleta :

— Il ne grimaçait pas à cause de toi. Moi je crois plutôt qu'il était ivre!

Non. Torance l'avait repoussée. La vérité est qu'il ne voulait pas d'elle.

— Et si ça n'avait été qu'un malentendu? reprit Lolène.

De montagne en montagne, de forteresse en forteresse, d'oncle en oncle! se dit Shanandra en repensant à sa vie dans la Confrérie des Falcomier. Partout, je soulevais la même méfiance, la même frayeur. Mon regard les terrorisait.

Après son enlèvement par le Mage errant, la jeune montagnarde avait cru qu'on l'accepterait enfin. Et durant un temps, elle avait connu une forme de fraternité au sein du groupe composé de Torance, de Lolène, de Cristin et de Paléas.

— L'alcool d'égoyier monte à la tête, insista Lolène. Torance a grimacé parce qu'il avait mal.

Cette obstination à défendre le prince tapait sur les nerfs de la montagnarde alors même qu'elle savait, au fond de son cœur, que Lolène avait raison.

Cette dernière ne désarmait pas.

— Vous ressemblez tous les deux à des guerriers qui s'étudient avant de se combattre!

Shanandra retira brusquement de ses lèvres une longue mèche.

— Et toi, ne m'as-tu pas dit que tu trouvais Cristin très gentil et intelligent? lâcha-t-elle brusquement.

Giflée par la soudaineté de cette remarque, Lolène rougit.

La montagnarde poursuivit :

— Est-ce bien Cristin qui t'intéresse, Lolène?

La conversation s'arrêta là et un malaise s'installa entre les deux amies.

Elles participèrent ensuite mécaniquement à la capture des poissons. L'eau devenue presque noire grouillait littéralement. Pour résister à la panique lorsqu'elle sentait les poissons cogner ses jambes derrière le filet, Shanandra se concentra sur ses malheurs.

Après la danse, elle avait été incapable de penser clairement. Respirer, même, était un supplice. Hier matin, pourtant, sa colère était retombée. Elle était parvenue à décanter ses frustrations, à poser le doigt sur le véritable problème.

Ce qui s'est passé m'a replongée dans mon passé. Dans la colère de mon passé. Il y a aussi ce rêve persistant…

Ce rêve dans lequel elle était obligée de se battre contre Torance. Avait-elle vraiment tenu entre ses mains un kaïbo aux lames d'or? Avait-elle vraiment égorgé le jeune homme?

Non, ce n'est qu'un cauchemar. Et puis, nous n'avions ni exactement les mêmes visages ni les mêmes noms.

À ce souvenir, elle avala un peu de salive. Autour d'elle, la clameur des femmes rejoignait celle des hommes. Des empilements de poissons encore frétillants s'élevaient sur la grève.

Shanandra aperçut Torance. Torse nu, ses cheveux noirs veinés de mèches bleues, le prince participait aux réjouissances. À quelques pas de distance, Cristin faisait de son mieux pour l'imiter. Shanandra remarqua le sourire tendre qui fleurissait sur les lèvres de Lolène.

Lequel des deux garçons faisait ainsi la joie de la jeune Élissandrienne? Shanandra choisit de penser que son amie n'oserait jamais se mettre entre elle et Torance.

Pour elle au moins, se dit-elle, l'amour est simple. Cristin est seulement un peu trop studieux et timide…

C'est à ce moment-là qu'elle remarqua l'absence de Paléas.

✶

Le jeune voleur se trouvait au même moment à une verste et demie du village. Blotti entre deux rochers qui dominaient la mer, il assistait à un spectacle à la fois grandiose et effrayant.

Les membres raides, il sortit de sa cachette et se mit à courir. Il jaillissait des fourrés quand une voix sifflante le cloua sur place.

— Ainsi, tu es venu!

La même voix ajouta :

— Je t'attendais.

Des doigts se plantèrent dans la chair de ses épaules. Le garçon fut amené devant Astarée qui l'attendait, effectivement, bras croisés sur sa poitrine.

— Alors?

Paléas eut envie de disparaître sous terre. Pourtant, ce fut plus fort que lui, il redressa la tête et contempla le visage de la cristalomancienne. Celle-ci était de nouveau affublée de son postiche de cheveux blancs qui la vieillissait tout en jetant sur son visage un doute quant à son sexe. Ses joues paraissaient plus sombres, sans doute maquillées au henné brun. Elle portait un long kaftang de laine et, dessous, une tunique serrée à la taille par son éternelle ceinture où étaient accrochées les minuscules sacoches contenant ses redoutables cristaux.

Le voleur repensa à la poitrine de la jeune femme, entrevue une fraction de seconde dans les montagnes alors que les soldats tombaient, victimes du champignon vénéneux. Un coup d'œil sur sa tunique lui rappela qu'elle avait dû s'envelopper les seins de fines bandelettes.

Une claque derrière la tête le ramena à la réalité.

— As-tu mené à bien la mission que je t'ai confiée, Paléas?

Astarée secoua devant son nez une bourse remplie de pièces d'or.

De la berge s'élevaient des bruits étranges : pas de galvas ferrées sur les roches rondes, glissements suspects, cris d'animaux, ahanements d'hommes, cliquetis...

— N'oublie pas que j'ai le don de savoir si tu mens, Paléas! menaça la cristalomancienne.

Le garçon compta rapidement les soldats présents autour d'Astarée. Cinq, neuf, douze, dix-huit. Il en sortait de tous les côtés! Une sueur glacée coulait sur ses tempes. Il ne reconnut ni le capitaine Gorth, ni le soldat Pirius, ce jeune homme affable à qui l'uniforme militaire allait si mal.

— Je, je… balbutia le garçon.
— Le cristal noir, gronda Astarée.
— Je l'ai mis dans l'outre d'eau.
— Torance et Shanandra ont-ils bu?

Paléas avait toujours eu le don de se sortir des situations les plus épineuses grâce à sa morgue naturelle, à un mensonge ou un sourire. Mais Astarée avait réellement le pouvoir de lire dans les pensées. Il sentit combien l'instant était fragile et précieux. Un de ces instants qui compte dans la vie d'un homme. Celui dont peut découler le bonheur et la joie ou bien le drame, la souffrance, la mort. Il déglutit avec peine. Astarée contemplait les hommes en armes qui montaient le talus.

— Oui, affirma Paléas, ils ont bu.

À son grand étonnement, sa voix n'était ni éteinte ni chevrotante. Il mentait décidément comme un vrai détrousseur.

Astarée remit la bourse de cuir à un de ses geôliers.

— Tu seras payé lorsque les deux messagers seront enchaînés à mes pieds, dit-elle.

Un étourdissement saisit le garçon. Il vit tout blanc. Ses jambes devinrent aussi molles que de la guenille. La cristalomancienne tendit sa main ouverte.

— Tiens, reprends le cadeau que je t'avais offert…

Paléas saisit l'éclat de cristal ambré effectivement reçu en cadeau lors de leur première rencontre.

Astarée se planta devant un homme vêtu d'une cotte de mailles, de gantelets en fer et d'un casque pointu. Le garçon n'avait encore jamais vu un tel harnachement.

— Sergent Arménite Lupia à vos ordres, mon Seigneur! clama le soldat.

Astarée fut obligée de lever la tête pour le contempler en entier. Le visage de l'homme, étroit et blafard, était entièrement sanglé dans le heaume et ne laissait voir que des sourcils noirs broussailleux, un long nez droit et une bouche aux lèvres anormalement molles. La cristalomancienne apprécia cependant le titre ronflant qu'il lui donnait. Comme prévu, il la prenait pour un homme. Elle compta les soldats ainsi que les paquets déchargés sur la grève.

— Le roi a envoyé les renforts promis. C'est un homme de parole, approuva-t-elle.

D'un geste machinal, le militaire retira son gantelet gauche pour se masser les doigts. La jeune femme remarqua la grosse chevalière de *galcite* noire qui ornait son annulaire. Elle leva ensuite un bras et ajouta, sentencieuse :

— Pour le roi et la Gorée! Valeureux soldats, prenez vos positions!

Paléas craignit de vomir. Telle une hydre de légende, cette femme poursuivait un but précis et n'hésiterait pas à faire preuve de cruauté pour l'atteindre.

Pourquoi n'ai-je pas plutôt tout raconté à Torance? se lamenta-t-il.

Mais il était trop tard. En y réfléchissant, il se rappela soudain qu'en fait il n'avait rien fait de mal et que c'était justement là le problème!

Astarée va s'apercevoir que je lui ai menti.

Les hommes du sergent Lupia s'engouffraient sous les égoyiers en fleurs. L'air matinal se chargeait de l'humidité du jour à venir.

Une peur panique s'empara de Paléas.

Elle va revenir.

Tout en sachant pertinemment que s'il avait dit la vérité, Astarée l'aurait sans doute fait égorger.

✶

Un Baïban souffla dans un cor pour signifier que la pêche était terminée. Aussitôt, une clameur de joie s'éleva sous les hautes frondaisons.

À bout de forces, Torance donna l'accolade à Cristin. Le jeune érudit sentait que chaque muscle de ses bras et de ses cuisses était sur le point de se rompre. Maniant plus volontiers la plume que la rame – surtout pour frapper des vagues! – il n'était pas mécontent de pouvoir se laisser tomber sur le sol et de souffler un peu.

Une puissante odeur de poisson planait alentour, mais Torance était satisfait. Ses compagnons et lui avaient été aidés par les Baïbans et les avaient aidés en retour. L'honneur et les règles de la bienséance étaient saufs.

Il songea à la pirogue chargée de victuailles et aux cadeaux qu'en tant qu'ambassadeur extraordinaire, il serait chargé d'offrir à la reine Calliope de la part du chef Bouamid en gage d'amitié.

Allaient-ils avoir la force de prendre la mer comme ils se l'étaient promis? interrogea Cristin.

— Oui, mon ami, lui assura le prince, nous le devons.

— Tu as hâte de retrouver ces tablettes, on dirait!

— Presque autant que toi!

Cristin hocha la tête. Il ne s'en cachait pas. Les tablettes dites « de Mitrinos » – à cause de ce héros antique qui avait reçu de la déesse la mission de les confier à un groupe d'érudits pour qu'ils en méditent les commandements avant de les transmettre aux peuples – constituaient pour lui une énigme archéologique et religieuse passionnante.

Torance observait Shanandra et Lolène qui recevaient une cruche d'eau ou de lait des mains de la femme du chef Bouamid. Un coup d'œil au ciel strié de longs nuages blancs le rendit nerveux.

— Shanandra te sourit, lui dit brusquement Cristin.

Torance fixa la jeune fille qui s'empressa de reprendre aussitôt son masque de bouderie hautaine.

— Je t'assure qu'elle t'a souri! l'encouragea Cristin.

Shanandra se laissa tomber à côté du jeune scribe. Lolène leur donna à chacun un hanap de bois.

— C'est du *scri-ri maté*, fit-elle en versant dans leurs coupes un lait clair de coco au doux parfum de fruits.

Autour d'eux, les pêcheurs se faisaient servir la même boisson traditionnelle. L'image de ces femmes brunes et généreuses, de leurs paréos multicolores tendus, de leurs poitrines nues sur lesquelles pendaient plusieurs rangs de colliers faits de coquillages s'imprima dans la mémoire de Torance.

Le matin était frisquet, mais le soleil n'allait pas tarder à percer la bande de ces nuages finement étirés qui l'inquiétaient tant. Des nuées d'oiseaux volaient bas et ne cessaient de pousser des cris déchirants. Nul vent n'agitait les grandes palmes. Pourtant, on sentait de toute part la présence invisible d'une violente agitation à venir. Des enfants couraient autour des empilements de poissons que des pêcheurs protégeaient des assauts des mouettes affamées.

Ils burent en silence. Shanandra demanda soudain :

— Avez-vous vu Paléas?

Un hanap demeurait vide sur le sable à côté de Lolène. Le jeune prince haussa les épaules. Le voleur était un pique-assiette inutile. Sans doute était-il parti paresser pendant qu'eux se tapaient tout le travail!

Cristin hésita un instant, ouvrit la bouche pour parler. Shanandra poursuivit :

— Voyez les oiseaux! Ils n'osent pas voler trop haut ni trop loin. Le chef Bouamid m'a prévenue que c'était un signe de tempête.

— Et si nous restions encore quelques jours? proposa Lolène. Ces gens sont si accueillants!

Torance vit le chef et le sorcier le saluer. Il répondit à ce salut franc et amical, puis il secoua la tête.

— Pas question. Plus vite nous aurons retrouvé ces fichues tablettes, plus vite nous serons libérés du serment qui nous lie au Mage errant.

Shanandra ne partageait pas son avis. Devinant qu'il était dangereux de s'attarder sur le sujet, Torance s'extasia sur le goût de ce breuvage que les femmes baïbannes préparaient en faisant macérer des fleurs d'égoyier, de papayas et d'hémaflore dans du lait de coco. Longtemps, le prince avait cru que ces tribus étaient uniquement composées de sauvages sanguinaires sans éducation. Sa visite chez eux lui démontrait le contraire. Une preuve supplémentaire, selon lui, de la malhonnêteté de bien des hommes qui n'hésitaient pas à noircir la réalité afin de manipuler les consciences.

— À Éloria, dit-il entre deux gorgées, les gens pensent que les Baïbans ne peuvent servir que d'esclaves ou de mercenaires. Et je…

Une sorte de tremblement de terre lui coupa la parole. Il remarqua que les indigènes étaient également anxieux.

Shanandra bondit sur ses pieds.

— Une attaque, souffla-t-elle.

En quelques instants, la panique s'empara des villageois. Un grondement sourd montait du sol. Les pêcheurs s'armaient, les femmes rassemblaient leurs enfants, les piles de poissons tremblaient, le sorcier et le chef distribuaient des ordres.

— Là! s'écria Cristin.

Au-delà des cases et des treillis de cordes sur lesquels séchaient les filets se rassemblaient des cavaliers. Un mur de chevaux harnachés fondait sur eux telle une monstrueuse vague noire.

6

Les cavaliers

— À couvert! ordonna Gorth, allongé le nez dans le sable au sommet d'une dune.

Ses hommes n'obéirent pas immédiatement. Le tumulte, les cris, les éclairs rougeâtres en provenance de la plage les désorientaient. Le capitaine répéta son ordre. Son épée était lourde dans sa main, sa gorge sèche. Un œil rivé dans sa lunette d'approche en écaille de tortue, il observait le champ de bataille.

Pris entre leur village et les destriers qui fonçaient sur eux, les indigènes refluaient contre les murs de roche délimitant le rivage de l'intérieur des terres. Gorth compta huit secondes dans sa tête : le temps que les premiers cavaliers n'atteignent les fuyards.

Astarée avait raison, le roi Sarcolem nous a bel et bien envoyé des renforts…

Environ cent cinquante hommes accompagnés de leur monture et de l'équipement de guerre nécessaire pour constituer un détachement complet étaient arrivés cette nuit d'Éloria. Pourquoi des troupes goréennes se tenaient-elles dans la capitale du royaume d'Élorîm? Cette question restée sans réponse intriguait l'officier. Une seule chose lui apparaissait clairement à travers les volutes de fumée qui commençaient à envahir la côte : Sarcolem tenait vraiment à capturer les deux jeunes soi-disant envoyés par ce mystérieux Mage errant.

Les troupes ont longé le rivage depuis Éloria, poursuivit mentalement le capitaine alors que les premières cases s'enflammaient. Sept bateaux chargés à pleine capacité.

Sa lunette lui révéla plusieurs scènes d'une violence inouïe. Un cavalier fauchait de son épée une mère et son enfant. Un groupe de femmes se contorsionnaient dans un brasier. Trois guerriers baïbans étaient embrochés par de longues lances.

Gorth sentait dans son dos la présence de ses hommes.

— À couvert! répéta-t-il avec moins de conviction que tout à l'heure.

Il se rappelait la mission de reconnaissance, qu'il avait effectuée le soir de leur arrivée.

« Faites le compte des forces en présence, capitaine, lui avait demandé la cristalomancienne. Mais surtout, prenez garde à ne pas vous faire repérer! »

Gorth s'était glissé sans bruit jusqu'au rivage, d'où il avait assisté aux danses et aux réjouissances. La musique l'avait enveloppé telle une brise parfumée. Il avait senti son corps se détendre pour la première fois depuis des semaines. La joie, l'esprit festif, la douceur même de ces gens que l'on accusait à tort de sauvagerie, lui avaient rappelé l'attitude amicale des Romanchers.

Tapi dans l'ombre derrière un buisson, Gorth avait vu Shanandra danser et ses compagnons boire et taper des mains en cadence, tandis que les arômes sucrés des égoyiers et des hémaflores planaient dans l'air et que ses doigts le démangeaient de tenir son tréborêt afin de mêler ses notes à celles des musiciens baïbans.

Un cor sonna, puis un autre. Gorth revint à la réalité de la bataille. Les sergents distribuaient leurs ordres par le truchement des trompettes. Peu à peu, les indigènes – hommes, femmes et enfants –, étaient rassemblés sur la plage. À deux cents pas se regroupait le gros des troupes. Les chevaux piaffaient d'impatience, le cliquetis des cottes de mailles faisait grincer les dents. Chevauchant un étalon blanc, Astarée était dressée sur ses étriers. Bras tendu au-dessus de sa tête, elle brandissait dans son poing un cristal rouge.

D'où les éclairs dans le ciel qui s'abattent sur les cases et les hommes…

Le pouvoir de la cristalomancienne était effrayant.

— Cette femme est un monstre, chuchota une voix dans son dos.

Gorth contempla le visage pâle et tendu de Pirius. Fâché de n'être pas écouté et plus encore d'assister à ce massacre organisé, il frappa l'épaule du jeune homme du plat de son épée.

— À couvert, j'ai dit!

Il serra les mâchoires. Il n'était pas là pour son plaisir, mais pour suivre les ordres.

Soudain, un tumulte encore plus fort que les hurlements de terreur roula jusqu'à eux. Gorth colla son œil contre la lentille de sa lunette et resta bouche bée. Torance et Shanandra se tenaient devant le groupe d'indigènes…

✶

Torance avait craint que les serpents de lumière n'obéissent pas à ses commandements. Mais, une fois encore, il avait eu tort de s'inquiéter.

Peu après le début de l'attaque, Shanandra s'était plantée devant lui.

« Tu es le maître des serpents lumineux… »

Soulagé d'un poids immense – le danger semblait effacer la rancœur de la jeune fille –, le prince avait dès lors pris les choses en main.

« Allez vous mettre à l'abri dans la pirogue! »

Cristin avait rassemblé ses feuilles d'ogrove et poussé Lolène qui traînait son nouveau sac de cuir.

Shanandra, elle, n'avait pas bougé.

— Toi aussi! s'était écrié le prince.

La montagnarde avait souri en haussant les épaules.

— Pas question.

Torance n'avait pas insisté. Campé devant un cavalier qui fonçait sur lui, il avait glissé de biais une seconde avant que la lance ne l'éventrât. Happant le bois de l'arme à la volée, il avait ensuite déséquilibré le soldat.

— Reste au moins derrière moi! avait-il demandé à la jeune fille.

Mais celle-ci s'élançait déjà vers une femme qui courait en tenant ses enfants par la main.

À l'instant où Gorth reprenait son observation de la bataille, Torance avait déjà désarçonné une dizaine d'hommes. Shanandra était quant à elle parvenue à mettre plusieurs enfants et leurs mères en sécurité.

D'impressionnants éclairs jaillissaient de la main de la cristalomancienne et teintaient le ciel de traînées rouge sang. Au train où allaient les choses, Astarée aurait bientôt terminé d'encercler les indigènes.

Torance chercha le chef Bouamid et le vit, une épée plantée dans le ventre, agonisant près de sa femme en pleurs. Le sorcier Bouamingué n'avait pas eu beaucoup plus de chance : sa tête ornait le faîte d'une lance brandie par un homme en cuirasse portant des gantelets de fer et un casque en pointe.

Craignant qu'Astarée n'ordonne à ses soldats de fondre sur lui et les autres, le prince inspira profondément. Shanandra anticipa sa manœuvre et demanda aux femmes de s'accroupir dans le sable. Devant leurs expressions terrifiées, la jeune montagnarde donna l'exemple et cacha sa tête entre ses mains. Peu après, Torance entamait ses redoutables mouvements de bras.

Le prince envoyait ses serpents de lumière à l'assaut du ressac. Le sol trembla de plus belle. L'écume des longues vagues bouillonna. Le fracas qui suivit couvrit celui des chevaux lancés au galop sur la grève.

Torance ne prenait plus garde aux éclairs qui s'abattaient autour de lui.

Enveloppez les vagues, soulevez-les! ordonnait-il aux serpents de lumière.

La sensation était merveilleuse; joie intense et inconditionnelle, impression de puissance bien supérieure à tout ce qu'un roi pouvait espérer éprouver dans sa vie.

Ceinturées, portées, dirigées par les rubans d'énergies, les vagues rugirent tels des fauves déchaînés. Élevés en une véritable paroi liquide, les flots s'abattirent sur les cavaliers, engloutissant les destriers, projetant les hommes et leurs cuirasses ridicules contre les arbres et les roches dressées. La clameur guerrière des attaquants se mua en un cri de stupeur.

— Maintenant, s'écria Shanandra, courez vous mettre à l'abri dans la palmeraie!

— À nous! lui dit le prince en la tirant par un coude.

Se comprenant à demi-mot, ils coururent en direction des fourrés entre lesquels Cristin et Lolène avaient disparu.

✶

Conduit en lisière de la plage par deux soldats, Paléas avait assisté, médusé, à l'attaque et à la débandade des indigènes.

Durant ces minutes angoissantes, le jeune voleur n'avait cessé de tergiverser. Si Astarée remportait la victoire, il serait libre et riche : la bourse que lui avait promise la cristalomancienne était fixée à la ceinture du soldat qui se tenait à sa droite. Par contre, si Torance s'en tirait une fois encore, Astarée reviendrait et se montrerait impitoyable.

Le sort de la bataille ne semblait faire aucun doute pour ses deux geôliers qui ignoraient tout des pouvoirs des deux messagers. Lorsque les eaux s'érigèrent en une sombre et terrifiante barrière, Paléas comprit que le moment était venu de prendre parti.

Il attendit un instant de relâchement dans la posture des deux hommes en cuirasse. L'un d'eux tenait son épée. L'autre, moins dégourdi, gardait les bras ballants. Paléas repéra le *sabrier* que ce dernier portait à la ceinture et, plus particulièrement, le manche qui ne se trouvait qu'à quelques centimètres de sa main.

À une centaine de mètres, la vague gigantesque oscilla au-dessus des têtes dressées des cavaliers.

Maintenant! s'ordonna Paléas.

Il saisit le manche du poignard et en plongea la lame jusqu'à la garde dans le flanc du soldat. L'homme éructa un râle de douleur, immédiatement noyé sous l'effroyable mugissement des tonnes d'eau.

Paléas roula sur lui-même. Lorsqu'il se releva, le second soldat pointait son épée sur son visage. Le garçon esquiva le coup : la lame se figea dans le sable meuble. Du sang coulait sur les doigts du garçon. Paléas ne réfléchit pas et lança son sabrier en priant pour que celui-ci atteigne sa cible.

La gorge transpercée, le second soldat tomba face contre terre. Le voleur se jeta sur lui pour prendre la bourse de pièces d'or… quand il vit Torance et Shanandra fuir le rivage.

Ils vont embarquer dans la pirogue…

Le garçon tentait désespérément de dénouer les cordons de cuir attachés à la ceinture du soldat. N'osant pas récupérer le poignard planté dans le cou du soldat, il tira de toutes ses forces.

Chaque seconde comptait. Déjà, sur la plage, les chevaux et les hommes survivants se relevaient. Des officiers hurlaient des ordres. Qu'était devenue Astarée? Cette dernière préoccupation ne fit qu'effleurer l'esprit du garçon. Ne pouvant atteindre la bourse qui était à moitié coincée sous le poids du mort, Paléas hurla de dépit.

Finalement, il abandonna la lutte et courut dans la direction prise par le prince.

✶

Lorsqu'ils atteignirent l'étroite crique protégée, Torance et Shanandra eurent une surprise.

— Gorth! s'écria le jeune homme.

Le capitaine se tenait entre les rochers tandis que Pirius et deux autres soldats étaient debout sur leur pirogue.

Torance était encore tout exalté par son exploit. Il prit la mesure de la situation, leva les bras au-dessus de sa tête... Au même instant, Gorth posa la lame de son sabre sur la gorge de Lolène, qu'il retenait fermement contre lui.

— Je te conseille de rester immobile! glapit l'officier.

Tenu en joue par un quatrième soldat, Cristin serrait contre sa poitrine le *sécralum* de bois, sorte de cylindre fermé par un bouchon de liège dans lequel il avait roulé ses précieuses feuilles d'ogrove. Penaud à l'idée de s'être laissé surprendre, il contemplait l'affreux spectacle.

Notre magnifique quête ne peut pas s'arrêter là.

Heureusement, Shanandra n'avait perdu aucun de ses moyens.

— Ne faites pas ça, Gorth! clama-t-elle. Nous pouvons nous entendre.

Le capitaine secoua la tête. Les lueurs métalliques projetées par les nuages allumèrent la cicatrice qui déformait sa joue droite.

— Détournez les yeux, princesse!

Mais il était déjà trop tard. Shanandra l'avait dévisagé et, l'espace d'un trop long instant, Gorth s'était laissé prendre au piège. Il vit blanc, rouge, noir, et éprouva de la peur, puis un sentiment nouveau qu'il ne put sur le coup définir, mais qui lui fit immédiatement relâcher son otage.

Torance profita de cette faiblesse et lança aussitôt un serpent de lumière sur l'officier. Le bandeau d'énergie ceintura Gorth et l'enleva dans les airs. Projeté loin dans la mer, il disparut dans un hurlement.

— Débarquez de ce bateau! ordonna Shanandra aux soldats en prenant elle-même pied sur la pirogue.

Pirius hésita, puis pointa son glaive sur le prince. Torance le fit alors soulever à son tour et le lança, de même que ses trois compagnons, dans les eaux tumultueuses.

— Allons-y! s'écria le prince en poussant Lolène.

✶

À bout de souffle, Paléas déboula sur la crique quelques minutes plus tard. Il aperçut une tache sombre qui s'éloignait du rivage, pesta de rage et s'affaissa sur le sol nappé de pierraille humide.

Il ne vit pas le soldat s'approcher de lui par-derrière, ni l'épée scintillante osciller à la verticale de sa nuque. Au dernier instant, Paléas se retourna. La lame allait le décapiter. Il se traita de lâche et d'assassin et ferma les yeux.

Une curieuse impression de légèreté envahit ensuite le garçon.

Je suis mort, se dit-il. Je suis mort et je m'envole…

Il battit des paupières, étouffa un cri de stupeur. Il volait, oui, mais au-dessus de la crique, au-dessus du rivage. La pirogue se rapprochait de lui à toute allure. Les bras tendus dans sa direction, Torance était debout sur le plat-bord…

7

Perdus en mer

Lolène contemplait l'eau glauque et s'étonnait de ses reflets métalliques, vif argent et vert sombre. Le plafond des nuages était si bas que le ciel et la mer se heurtaient l'un l'autre en d'assourdissants fracas. Les flots se gonflaient, les vagues se cabraient sous le vent. Les paquets de pluie déferlante les gelaient, elle et ses amis, jusqu'aux os. Depuis longtemps déjà, le jour avait laissé la place à l'orage. La côte s'était éloignée à la vitesse d'un cheval au galop.

En quelques minutes, ils avaient perdu toute idée du cap à tenir. En digne fille de marin, Lolène savait que les esquifs ne s'aventuraient jamais en haute mer, mais préféraient plutôt suivre le rivage. Toute embarcation attirée au large n'était plus, dans son esprit, qu'un amas de planches livré en sacrifice aux monstres marins.

Malgré tout, chacun s'était armé de courage. Installé à la proue, Cristin guettait la réapparition incertaine de la côte. Shanandra était assise à la poupe et serrait dans ses mains une des longes de direction. Torance se tenait en équilibre au centre de la pirogue et bravait les flots tumultueux qui le giflaient.

Paléas n'avait pas bougé depuis que le prince l'avait sauvé d'une mort certaine. Recroquevillé, le front collé au plat-bord, il se laissait inonder par les paquets d'eau et ne pipait mot. Voyant qu'il était en état de choc, Lolène avait commencé par le réchauffer avec les couvertures que leur avaient généreusement offertes les Baïbans. Mais le garçon s'était rebiffé. Le visage blême, les traits crispés, il tremblait sans pouvoir s'arrêter. Gagnée peu après par le mal de mer, l'apprentie guérisseuse serra les dents et pria pour que l'esquif ne soit pas brutalement retourné par une vague plus traître que les autres.

Shanandra fixait son attention sur Torance, qu'elle voyait de dos. Qu'espérait-il, les bras tendus de chaque côté de son corps, les jambes arquées, les muscles tendus?

L'idiot! Il risque de se faire balayer!

Elle faillit lui reprocher sa folle témérité quand elle comprit ce qu'il essayait de faire.

L'esquif ne glissait plus sur les vagues qui montaient et les précipitaient dans des abîmes glacés : il était suspendu dans le vide. La proue bondissait d'une crête liquide à une autre, mais était maintenue dans une horizontalité fragile par les serpents de lumière.

Torance lève les bras, les serpents s'enroulent autour de la coque, se tendent, nous soulèvent…

Rassérénée, Shanandra tendit le cou pour apercevoir Cristin. Le jeune érudit tenait-il vraiment sous son bras le cylindre de bois dans lequel il avait placé ses précieuses feuilles d'ogrove? Elle remarqua aussi que Paléas, selon son habitude, ne faisait strictement rien pour les aider.

La montagnarde fit un nouvel effort d'imagination. Le Mage errant dont elle rêvait parfois se tenait-il debout, immobile, au-dessus de la mer hurlante? Et les protégeaient-ils?

Le mystique en était fort capable. Dans quel but, exactement? La réponse échappait encore à la jeune fille. Pourtant, en acceptant de s'en remettre à lui, elle avait également accepté de se plier à sa volonté.

Le souvenir du Grand Œuvre dont il lui avait parlé revint la hanter. Mais elle oublia tout dès que les galettes sèches nappées de mousse de poisson avalées au petit-déjeuner remontèrent dans son estomac.

Tout à coup, Cristin tendit son bras à tribord. Il les prévenait d'une anomalie quelconque, mais laquelle? Les lèvres du garçon remuaient. Shanandra était incapable de saisir le moindre mot. L'esquif pivota sur la droite. Bientôt, la montagnarde aperçut un tronc noir bringuebalé à la surface des vagues. Deux silhouettes accrochées à la bille de bois roulaient entre deux eaux.

✶

Gorth tombait dans le vide. La voix d'Astarée lui perçait les oreilles. De quoi l'accusait-elle? De lâcheté? De traîtrise? L'écho de ces paroles faisait vibrer l'air autour de lui. Cette chute était-elle le prolongement de celle qu'il avait vécue après avoir été brusquement précipité dans la mer? Oui. Il était certain que oui.

Sauf qu'il ne tombait pas dans l'eau mais dans un œil immense en forme d'amande. Non pas l'œil vert d'Astarée dont le timbre de voix s'étirait vers les aigus. Mais l'œil brun chaud ourlé d'or de Shanandra.

Qu'avait-il ressenti lorsqu'elle l'avait frappé de son regard meurtrier? Il se posait encore la question, histoire de s'occuper l'esprit avant l'impact fatal de cette chute qui n'en finissait pas, lorsqu'une mélodie triste et poignante remplaça les imprécations de la cristalomancienne.

Il battit des paupières. L'instant suivant, il marchait sur une grève éclairée par un soleil qui ne brûlait pas. Il songea à une lumière intérieure, chaleureuse et paisible, presque intelligente. Des vagues léchaient ce rivage fantastique. Leur murmure s'accordait harmonieusement avec les notes produites par un tréborêt pourtant assez mal entretenu.

Peu après, il aperçut l'instrument qui flottait à un mètre trente du sol. Cet instrument magique possédait un archet qui oscillait comme s'il était manié par un musicien invisible. En tendant l'oreille, Gorth reconnut la mélodie.

Vidé de ses forces vitales, les jambes lourdes, il se laissa tomber sur le sable chaud. Rien à voir avec le courant, les vents, le froid, la glace et les vagues sur lesquelles – il en était persuadé – son corps était toujours lancé à vive allure.

Je rêve! s'émerveilla-t-il.

Cette découverte lui redonna courage.

La présence d'un homme assis à ses côtés le surprit à peine. Il l'observa durant quelques instants. En remarquant que son visage était caché sous une espèce de longue étoffe aux reflets mordorés, il comprit qu'il était mort.

Je suis tombé à l'eau et j'ai coulé au fond.

— Triste mélodie! fit remarquer l'homme qui prenait doucement dans sa main une poignée de sable.

Il porta ce sable à son visage, en huma le doux parfum.

— J'ai composé cette ode il y a longtemps, fit Gorth.

Le capitaine était persuadé de n'être plus qu'un mort en train de rêver au grand Voyage de l'âme comme décrit dans les textes sacrés et chantés aux croyants par les *lamanes* de tous les royaumes.

— Je le sais, approuva l'homme à la quiba. Je sais même en quelle circonstance tu l'as créée.

Avant que Gorth ne puisse se rappeler l'événement exact, celui-ci prit forme dans la lumière. Deux silhouettes en émergèrent : celle d'un guerrier vêtu d'un manteau de cuir noir et d'une cotte de mailles usée, et celle d'une jeune enfant. Le soldat portait la fillette dans ses bras. Il la déposa dans le sable, retira le casque de métal qui était posé sur son crâne chauve. Il dut déployer des efforts pour se l'arracher du front. Mais ahanant, forçant, hurlant de douleur, il y parvint. Des lambeaux de chair s'arrachèrent avec le casque. Du sang ruissela sur le visage du soldat.

Une lassitude sans nom tomba sur ses épaules.

— C'est pour aider l'âme de cette enfant à atteindre les mondes de la déesse que tu as composé ce chant nostalgique, mais beau, ajouta le Mage errant. Écoute ses envolées lyriques. Il y avait de l'espoir dans ton désespoir!

Ces dernières paroles convainquirent le capitaine qu'il était bel et bien mort.

Le Vénérable d'Évernia se tourna alors vers lui.

— J'ai une proposition à te faire, Gorth.

L'officier retint son souffle. La chaleur ambiante détendait chacun de ses muscles, chacun de ses nerfs. Le murmure argenté des vagues avait baissé d'un ton.

— Tu peux entreprendre dès à présent ton Voyage céleste et gagner le monde de l'au-delà qui t'attend. Ou bien tu peux poursuivre ton voyage terrestre et continuer à apprendre, à souffrir, à élever ton âme.

— Je n'ai personne, fut la seule réponse que Gorth fut capable d'articuler.

Le Mage errant sourit sous sa quiba.

— C'est ce que tu crois! Penses-tu que l'homme naît dans le monde sans but précis ni défi à relever?

Mérinock secoua la tête. La lumière accrocha le tissu moiré de la quiba.

— Je peux… revivre? s'enquit l'officier avec scepticisme.

— Si tu acceptes de réfléchir à l'offre que je vais te faire, oui.

— Une offre?

— …dont tu ne garderas à ton réveil que d'infimes traces.

Gorth ne savait que penser. Comment honorer sa parole s'il ne se rappelait plus des termes de l'entente?

— Mes mots resteront gravés dans ton cœur. Le reste t'appartiendra.

Le visage de Gorth restait de marbre. Cependant, le Mage errant entendit sans peine sa réponse silencieuse.

— Alors, écoute bien, capitaine, car il s'agit d'une grande œuvre…

*

— Il se réveille.

— Son front est brûlant.

— Laissez-moi le soigner.

— Je ne suis pas d'accord!

Cette dernière voix ne répondait à aucune question. Elle exprimait simplement un avis brutal et féroce.

Trois personnes étonnamment proches l'une de l'autre sur la pirogue emportée par les vagues, se concertaient.

— Je vais le tenir, dit Pirius.

Lolène était impressionnée, car le soldat, qu'ils venaient de secourir en même temps que le capitaine, n'était pas en meilleur état que son supérieur. Son teint était blafard, sa bouche tremblait violemment, sa peau portait les stigmates d'une trop longue exposition au froid.

La jeune blonde esquissa un sourire rassurant.

— Il faut lui faire le bouche-à-bouche.

Sans hésitation, elle posa ses lèvres sur celles de Gorth.

— Tu es répugnante! jeta Paléas. Ces deux-là sont nos ennemis. Je ne comprends pas que…

Une gerbe d'eau lui coupa la parole.

Debout, Torance tanguait dangereusement. Les serpents lumineux étaient toujours présents autour, mais son cœur battait si fort, le vent le giflait si violemment qu'il avait du mal à garder son équilibre. Paléas s'en prit directement au prince :

— Tu n'aurais pas dû les recueillir à bord!

Une main broya son épaule. Cristin avait quitté son poste à la proue pour se dresser devant Paléas. Le vent sifflait aux oreilles des deux garçons. Un éclair blanc les aveugla. Le jeune érudit était hors d'haleine.

— Assez! hurla-t-il. Torance t'a sauvé, toi aussi! Sois reconnaissant, une fois dans ta vie! Les traîtres ne sont pas toujours ceux que l'on pense…

Sonné par cette réplique, Paléas retomba lourdement au fond de la pirogue. Personne ne l'entendit geindre, jusqu'à ce que les flots se calment enfin et que la mer retrouve un semblant d'harmonie.

8

ÉLORIA

En débarquant, Torance plongea ses deux mains dans le sol meuble et chaud de la côte élorienne.

« Joie, paix, tranquillité! » s'exclama-t-il en évoquant les vibrations contenues dans cette poignée de sable blanc.

Mais affamé et hagard, personne ne releva sa remarque. Seules Shanandra et Lolène lui adressèrent un pauvre sourire.

Après s'être félicités d'avoir survécu à la tempête, le prince et ses amis remontèrent des sentes semées de bruyères et gagnèrent la grande route royale qui conduisait à Éloria.

La traversée des terres arides, des champs de culture et des vergers leur pris quatre jours entiers. Ils rencontrèrent une caravanne de marchands et se joignirent à eux. Au fur et à mesure qu'ils se rapprochaient de la cité, la foule grossissait les chemins. Les marchands n'attendaient pas d'être entrés dans Éloria pour faire annoncer leurs produits.

Des gamins couraient parmi les voyageurs, leur proposant maintes marchandises. L'un d'eux pris le capitaine pour le chef du groupe et lui proposa les services d'une jeune esclave à peine pubère. Gorth rougit, puis écarta le gamin de ses grandes mains couturées de cicatrices. Le cinquième soir, marcheurs et voyageurs cédèrent le passage à une troupe de cavaliers pressés de gagner la capitale. Cet incident relança, chez les hommes, le débat houleux des abus perpétrés par les militaires à l'encontre des civils.

Le lendemain, devant la lumière vibrante de chaleur et le ciel bleu azur sans nuages, Torance se sentit de meilleure humeur. Shanandra marchait à ses côtés et l'écoutait en silence lui parler de la douceur de la terre, de la beauté du chant des cigales, des couleurs pastel de son royaume d'Élorîm.

La journée passa. Ils se procurèrent de nouveaux vêtements.

La montagnarde osa toucher son bras.

— Regarde!

Le soleil couchant enflammait les cultures.

Elle ne dit rien de plus et continua d'avancer la tête droite, plongée dans des préoccupations qu'elle tenait secrètes.

Le lendemain, ils atteignirent enfin les murs de la cité d'Éloria.

*

Le soldat observa la pièce de bronze avec attention. C'était jour de marché, à Éloria. Le vendeur debout derrière son tréteau de bois se demandait pourquoi ce militaire hésitait encore à passer sa commande de poissons. D'autres se posaient également la question…

Gorth, Lolène et Pirius se tenaient tout près de l'étal. Leurs narines étaient chatouillées par les fumets iodés des soles et des carpes, des coquillages et des huîtres posés sur une plaque de pierre tenue à l'ombre. À quelques pas de là, regroupés autour d'une plate-forme sur laquelle défilaient des esclaves, des travailleurs itinérants s'offraient en location pour une journée de labeur contre quelques pièces de bronze.

— Je n'aime pas l'attitude de ce soldat, laissa tomber le capitaine.

— Il étudie sa pièce de bien trop près, approuva Pirius.

La jeune Élissandrienne sourit à ses deux compagnons.

Le soleil brillait si fort dans le ciel que les murs des bâtiments avaient l'air de transpirer. Les palabres incessantes de la foule montaient jusqu'au sommet des hautes colonnades sous lesquelles avaient été installées nombre d'échoppes.

— Moi, ce que je n'aime pas, renchérit Lolène, c'est que Torance ne soit pas avec nous. Pourquoi a-t-il insisté pour faire bande à part?

Pirius se permit une tape sur l'épaule de la jeune fille.

— Le prince a eu raison. Séparés, nous attirerons moins l'attention.

Le militaire tourna le dos au marchand de poisson et se fondit dans la masse grouillante des toges, des turbans enroulés sur les nuques et des beaux manteaux plissés.

— Continuons, ronchonna Gorth en guidant Lolène devant un tréteau sur lequel trônaient de nombreuses jarres d'huiles exhalant des fragrances épicées.

La jeune blonde marchait entre l'ancien capitaine qui jouait officiellement le rôle de son père et Pirius qui passait pour son frère.

Engourdi par la chaleur, Gorth se laissait bercer par un souvenir auquel il avait du mal à se soustraire. Après son sauvetage, il avait insisté pour prêter main-forte à Torance et Pirius qui amenaient la voile. Les vents allaient leur arracher la toile rêche des mains quand l'officier l'avait solidement empoignée. Deux minutes plus tard, d'énormes vagues déferlaient sur la pirogue. Lolène avait été fauchée par l'onde glacée, et emportée. La retenant *in extremis* par une cheville,

Gorth l'avait sauvée de la noyade. Un instant, entre deux éclairs assourdissants, ils s'étaient dévisagés. Gorth se rappelait précisément ce moment : celui où après avoir été soigné par la jeune fille, il pouvait lui payer une partie de sa dette.

Lolène observait Gorth. Ses sourcils étaient bas et touffus, sa joue droite déformée par une affreuse cicatrice, son large visage hâlé par le soleil. Et elle ne pouvait rien faire d'autre que lui sourire avec reconnaissance. Cet homme taciturne et observateur dont elle avait pris soin durant ses heures de fièvre et de délire, daigna enfin lui expliquer la raison de son inquiétude.

— Pourquoi ce soldat contemplait-il à la fois la foule et sa pièce de monnaie, à votre avis?

Devinant qu'il s'agissait d'un aparté entre eux deux, Pirius s'éloigna de quelques pas et garda sa propre opinion pour lui.

Lolène écouta l'explication du capitaine, mais ne voyant pas où il voulait en venir, haussa ses épaules menues.

Elle tapota son bras velu avec humour et le rassura :

— Tout va bien se passer. Torance l'a promis.

Justement, songeait Gorth, le jeune messager avait affirmé bien des choses depuis qu'ils avaient accosté, brisés de fatigue, sur le rivage calme et silencieux du royaume d'Élorîm. Il repéra à ce moment le prince au milieu de la foule derrière une colonne d'esclaves que l'on menait sur la plate-forme située au centre du marché. En apercevant Shanandra, Gorth grimaça. Malgré ses propres directives – que Gorth avait d'ailleurs approuvé – Torance suivait la jeune montagnarde de trop près pour leur sécurité à tous…

La facilité avec laquelle il s'adressait à eux par leurs prénoms le stupéfiait lui-même. La rapidité de son intégration au sein du groupe des messagers le déconcertait. Que devenait son honneur? Et le serment de fidélité qui le liait au roi

Sarcolem et par le fait même à Astarée? Incapable de se prononcer, Gorth secoua sa lourde tête. Tout ce qu'il savait avec certitude, c'est qu'il aimait sa nouvelle vie. À une ou deux reprises, Pirius l'avait dévisagé, l'air de lui demander s'ils ne devraient pas tous deux se séparer des messagers pour rebrousser chemin et chercher à rejoindre Astarée.

Mais peut-être Gorth se méprenait-il sur les intentions de la jeune recrue? Car en vérité, Pirius n'avait jamais fait aucune remarque verbale et, surtout, il avait l'air de s'être lui aussi parfaitement intégré au groupe!

Gorth allait parler à Lolène de ce qu'il appelait « ses scrupules », mais la jeune fille s'enthousiasmait pour des pots de crème aperçus sur un tréteau.

✶

Torance avait repéré les soldats, soigneusement mélangés aux marchands et aux femmes qui faisaient leur marché avec leurs esclaves ou leurs domestiques. À l'exemple de Gorth, il avait remarqué le geste de ces militaires qui, tous sans exception, examinaient des pièces de monnaie. Instinctivement, le prince avait rajusté les bords de sa capuche sur son front et ses joues.

De temps en temps, des hommes de main écartaient la foule du plat de leur glaive. Une litière richement ornée se frayait un passage dans la joyeuse cohue. Torance reconnut soudain l'emblème cousu sur le ciré de l'une d'entre elles. Son cœur se serra.

Hélas, Shanandra n'était pas à ses côtés pour qu'il puisse lui confier que cette litière portait les armes de sa famille. Qui se trouvait à l'intérieur? Son père adoptif? L'homme qui avait épousé sa mère était fort capable de se faire promener dans un marché telle une femme de maison! Ou bien sa mère en personne qui ne lui avait témoigné que de l'indifférence depuis qu'il était parti vivre au palais. Le souffle court, il résista à l'envie de soulever le tissu de lin, de peur de la trouver assise au milieu de ses coussins et luxueuses soieries.

Maladroit, Torance heurta un homme qui s'était arrêté en plein milieu des étals. Le choc le ramena au moment présent.

— Excusez-moi, murmura-t-il en reconnaissant l'uniforme du soldat.

Torance se sentait de plus en plus nerveux. Se séparer en petits groupes avait été une sage décision. Comment les gardes n'auraient-ils pas remarqué sept personnes, toutes vêtues d'habits disparates?

Malgré les remontrances de Paléas qui persistait à dire que la présence de Gorth et de Pirius parmi eux était intolérable, Torance avait accepté que les deux anciens soldats les suivent.

« Tu commets une grave erreur! » lui avait seriné le jeune voleur avant qu'ils ne quittent tous le rivage.

Torance se cogna ensuite à une grosse pièce de viande qui séchait au pignon d'un étal de boucher. Un essaim de mouches s'éleva dans les airs en bourdonnant furieusement. Des rires fusèrent parmi ceux qui attendaient d'être servis.

Cette gaieté aurait dû rassurer le jeune prince. Les Éloriens étaient des gens simples et joyeux aimant le grand air, les oiseaux, la fête, parler pour ne rien dire et marchander pendant de longues minutes avant de se décider à acheter quoi que ce soit.

Pourtant, le nombre des gardes présents dans le marché ne cessait de l'inquiéter. À dix pas de distance, il repéra Paléas qui n'avait cessé de geindre durant tout le voyage. Cristin se tenait près de lui et s'extasiait sur tel ou tel rouleau d'ogrove qu'il découvrait au hasard des étals.

Shanandra hocha la tête et finit par donner raison au prince : il y avait décidément trop de soldats dans ce marché.

Un incident prévisible, considérant la densité de la foule et le lieu, apporta la démonstration de ce qu'elle venait de dire. Se faufilant entre les badauds, un gamin saisit trois pommes et un poulet sur une table. Le cri habituel de : « Au voleur! » alerta un des gardes qui se lança aussitôt aux trousses du jeune fou.

Une idée commençait à germer dans l'esprit de Torance... Quelques secondes plus tard, le gamin fut rattrapé et conduit devant le marchand par deux soldats.

— À Éloria, expliqua le prince, c'est le marchand lésé qui décide de la sentence à appliquer.

— Ces soldats attendent quelque chose, reprit Shanandra.

— Ou bien ils cherchent quelqu'un! ne put s'empêcher de rétorquer Torance.

Au même instant, la capuche glissa de son front. Un soldat s'approcha aussitôt de lui. Deux autres militaires l'accompagnaient. Les hommes dévisagèrent le jeune homme avec attention.

À dix pas de là, Gorth se crispa. Sa main glissa sous son pello, empoigna le manche de son épée.

— Le prince a été repéré, siffla-t-il à l'intention de Lolène et de Pirius.

Un des soldats demanda à Torance de se découvrir complètement. Interloquée par le cliquetis des armes et celui des cottes de mailles, la foule se tut.

Le soldat répéta son ordre.

Torance leva ses bras et ôta lentement le capuchon de son visage. Les soldats fixaient tour à tour la pièce qu'ils tenaient dans leurs mains et les traits de ce jeune homme au noble port de tête.

Après quelques secondes de silence, troublé seulement par le marchand d'esclaves qui relançait les enchères de quelques clients, le premier soldat inclina respectueusement le front.

— Votre Altesse! Vous, enfin!

Les autres levèrent leurs glaives et firent le salut royal.

— La reine a rêvé votre retour pour aujourd'hui, Altesse, poursuivit le soldat, et vous voilà!

Le militaire ordonna à la foule d'ouvrir le passage.

— Sa Majesté vous attend, ajouta-t-il.

— Je suis accompagné, fit Torance, éberlué.

L'homme hocha la tête.

— Vos amis, bien sûr, sont les hôtes de notre reine.

Encore sous le coup de la surprise, Torance fit signe à ses compagnons de le rejoindre.

Lorsqu'ils eurent quitté le marché, une esclave maigrelette fut adjugée pour trente piécettes de bronze. Le brouhaha reprit de plus belle.

Gorth fermait la marche. Avant de suivre Torance et les autres, il s'était baissé pour ramasser une pièce tombée de la poche d'un des soldats.

— C'est bien ce que je pensais.

Il montra le cercle d'argent gravé à Pirius et Lolène.

— On dirait le portrait de Torance! s'étonna la jeune Élissandrienne.

9

Les bains

Paléas fixait la fille rousse à moitié nue qui le servait et les trois bains creusés devant lui entre les hautes colonnes.

— *Akua benina, akua mosera, akua frigora*, répéta-t-il en tentant d'imiter l'accent chantant de la jeune esclave.

Devant l'expression hagarde du voleur, Cristin fut tenté d'éclairer sa lanterne sur la signification de ces termes. Mais sachant combien Paléas détestait qu'on lui fasse la leçon, il ravala ses paroles et inspira plutôt les entêtantes odeurs d'amandes douces, d'oranges et d'épices qui planaient au-dessus des carrelages faits de délicates mosaïques blanches et bleues.

Après avoir été conduit au palais royal, le groupe s'était désaltéré, lavé les pieds et les mains dans une vasque en étain. Puis ils avaient tous suivi une enfilade de corridors larges et éclairés jusqu'à ce qui ressemblait à un gymnase.

Torance restait silencieux. À ses côtés, Shanandra et Lolène paraissaient aussi mal à l'aise que lui.

Mais sûrement pas pour les mêmes raisons, se dit Cristin.

Une dizaine d'adolescents se dévêtaient et entraient dans les bains en feignant une indifférence totale. Gorth et Pirius se tenaient, debout, aussi empotés que les deux soldats qu'ils sont, poursuivit mentalement Cristin en regrettant de ne pouvoir écrire, sur une feuille d'ogrove, les mots qui lui venaient en tête.

Il se promit de ne pas les oublier et anticipa, lui aussi, la suite des événements.

Shanandra se rappelait les quelques informations que lui avait données le prince sur sa vie au palais royal d'Éloria.

— Sommes-nous dans le pérismet?

Elle jeta subrepticement une œillade à un des adolescents dénudés. Pour toute réponse, Torance hocha du menton. Mais son attention était ailleurs…

Paléas expliqua à Lolène, qui le savait sans doute déjà, que akua, ainsi que venait de le lui confirmer la jeune rousse, signifiait « eau » en élorien. Et que les termes benina, mosera et frigora désignaient respectivement des bains chauds, tièdes et froids. Le voleur se rapprocha de Torance et s'enquit :

— C'est vraiment une esclave?

Dévisagé par ses anciens condisciples, le prince ne pipa mot. Chaque colonne, chaque dalle de marbre – sur lesquelles plombait le soleil –, chaque frise sculptée en bas-relief sur les murs lui rappelaient de pénibles souvenirs. L'odeur d'alchiméa, qu'il avait jadis tant aimée, lui donnait mal au cœur.

— Mes seigneurs! les invita la jeune esclave en leur tendant des serviettes de coton blanc.

Paléas n'avait pas l'air de comprendre. Alors, Torance donna l'exemple et commença à se déshabiller.

Trois longs draps de soie pâle furent tendus verticalement par une demi-douzaine d'eunuques surgis sans bruit entre les colonnes. Une seconde esclave se pencha vers la montagnarde et murmura à son oreille. Celle-ci tira Lolène par le bras et l'entraîna à l'abri de cette tente improvisée.

Torance, Paléas et Pirius dénouèrent leurs ceintures et ôtèrent leurs pellos. Gorth hésita. Ce décorum, les œillades froides lancées par les autres adolescents habitués des lieux, la lumière du soleil qui tombait de biais par les persiennes ouvertes le gênaient au plus haut point. Pirius tentait de prendre les choses telles qu'elles venaient et l'encouragea d'un sourire. Pour finir, seul Cristin refusa de quitter son sous-vêtement de toile. Tous se retrouvèrent dans le bain chaud dont la surface était nappée d'une brume légère constituée de millions de gouttelettes d'eau en suspension.

Torance plongea la tête sous l'eau. Depuis leur arrivée à Éloria, rien ne se déroulait comme prévu. Leur plan éclatait en morceaux. En effet, nul n'était besoin à présent de se vêtir dignement pour demander une audience auprès de la reine Calliope puisqu'ils étaient ce soir invités à sa table!

Paléas et Cristin troublèrent ses réflexions : le premier par ses questions stupides, le second par ses réflexions pleines de bon sens.

— Tu vivais vraiment ici, avec les autres princes, et vous étiez lavés, soignés, massés et nourris par toutes ces esclaves? s'émerveilla le voleur.

Torance remarqua que Paléas avait les joues rouge brique. Il devina sans peine les pensées qui devaient trotter dans sa tête à la vue de ces jambes brunes et bien galbées, de ces chevilles autour desquelles cliquetaient des bracelets en argent, de ces chevelures dénouées savamment parfumées et de ces poitrines à demi cachées par les larges tuniques de soie transparente.

— Alors, quel est ton plan? demanda Cristin que les charmes féminins semblaient laisser de marbre.

Un raclement de gorge feutré, mais pressant, attira également l'attention de Torance. Il se tourna vers le drap fin qui séparait leur bain en deux moitiés. À la pensée de Shanandra et de Lolène nues à quelques pas de distance seulement, le jeune homme déglutit avec difficulté.

— Cristin a raison, murmura la montagnarde en se rapprochant le plus possible. Quel est ton plan?

Le silence réprobateur des autres princes prétendants qui voyaient d'un mauvais œil leur pérismet envahi par des étrangers, n'encourageait ni les confidences ni les grands discours. Mais Shanandra voulait savoir.

Gorth nota l'agacement de Torance ainsi que sa réticence à répondre, et il l'approuva mentalement. Quelque chose aussi dérangeait le capitaine dans cet accueil trop chaleureux. Le prince rétorqua à mi-voix que rien n'avait changé. Ce soir, lors du banquet donné en leur honneur par la reine, il demanderait à la souveraine de leur remettre les tablettes de Mitrinos.

On leur proposa de changer de bain. Paléas accueillit l'offre avec soulagement, car sa peau commençait à devenir aussi rouge que celle d'une tomate trop mûre. Deux eunuques enveloppèrent Shanandra et Lolène dans des toges immaculées. Ils passèrent successivement d'un bain bouillant à un bain tiède – l'akua mosera.Ils durent se tremper ensuite dans un bain glacé où seule Shanandra demeura assise jusqu'aux épaules pendant plus de cinq minutes.

Autour d'eux, les princes prétendants sortaient des bains et se laissaient vêtir par leur esclave personnelle tout en gratifiant Torance de regards venimeux. La jeune montagnarde imaginait que Torance aussi s'était autrefois tenu sur ces dalles de mosaïques. Une servante docile avait séché sa peau, noué ses galvas, fermé la sangle de sa ceinture. Elle l'avait entraîné dans ces salles basses où étaient installées des tables en marbre. Les princes s'y allongeaient sur le ventre et s'y faisaient longuement masser.

La jeune esclave rousse qui avait plu à Paléas passa devant le voleur et s'arrêta finalement devant Torance, qu'elle salua d'un radieux sourire. Devinant que ces deux-là se connaissaient, Shanandra serra les dents. Un frisson désagréable lui traversa le dos malgré la chaleur ambiante.

— Je suis heureux de te revoir, Messina, murmura le prince.

— Par ici, Votre Altesse, l'invita l'esclave.

Le prince et ses amis furent conduits dans une des salles de massage. L'odeur d'alchiméa, plus forte en ce lieu, se mélangeait à celle des poudres et des onguents utilisés pour sabler la peau, la raffermir, l'adoucir, la parfumer.

Après quelques hésitations, Lolène ainsi que Gorth acceptèrent de s'allonger à leur tour sur le ventre. Le marbre de la table avait été au préalable chauffé à l'eau bouillante. Un eunuque se mit au service des deux filles. Gorth et les autres bénéficièrent chacun de l'attention d'une esclave attitrée. Celles-ci se placèrent derrière eux et retirèrent d'un mouvement sec la serviette qui couvrait le dos des visiteurs. Cristin seul refusa de s'allonger et insista pour demeurer assis dans un coin, enroulé dans sa nouvelle tunique brodée d'or. Sa tablette de kénoab sur les genoux, il mouilla de salive sa plume taillée dans un roseau de rivière, la trempa dans son flacon d'encre noire et se mit à écrire.

Tout à ses questionnements, Torance se détendit, par habitude. Messina plaça près de son visage un bol de céramique dans lequel avait été versée une larme d'huile de myrrhe. D'une bougie fixée au fond du bol montait une odeur entêtante et fruitée. Un bol identique fut posé devant chacun.

Une fois encore, Gorth nota la brève surprise qui crispa les traits du prince. L'esclave expliqua au jeune homme qu'il s'agissait d'un présent que leur faisait la reine afin qu'ils puissent tous vraiment profiter de leur massage.

Les mains expertes des eunuques et des esclaves vinrent à bout de leurs résistances, de leurs gênes. Bientôt gagnés par une puissante envie de dormir, ils se laissèrent aller à une sorte de langueur bienheureuse.

Torance se rappela l'époque où Clébos, l'héritier désigné au trône, cherchait à l'intimider. Gorth revécut le temps où il combattait dans une unité d'hommes de silex. Les réflexions de Paléas étaient faciles à deviner… Quant à lui, Cristin continuait à noircir des feuilles d'ogrove.

Le prince avait la tête de plus en plus lourde. Les membres détendus, il imagina que Shanandra remplaçait Messina. Les mains de la montagnarde seraient-elles aussi douces? Un peu plus tard – la lumière du soleil baissait sur les parois décorées de fresques peintes –, il se vit les tablettes de Mitrinos dans les mains et les trouva singulièrement petites. Que devrait-il faire avec? Où devrait-il se rendre? Il tenta de capter le murmure incohérent de ses voix intérieures. Une fois en possession de ces tablettes, ces voix deviendraient-elles pour lui enfin claires?

Entièrement détendu, Torance ne s'inquiétait plus de rien. Devant l'écran de ses pensées se dessina la silhouette du Mage errant. Les pans de sa quiba au tissu argenté tombaient sur sa tête et ses épaules. Le mystique soupesait dans sa main le médaillon sculpté qu'il portait autour du cou. Torance pouvait-il, en le fixant avec beaucoup d'intensité, percer l'épaisseur de la toile et contempler son visage?

— Je suis heureux de te voir de retour chez toi, Torance, lui dit Mérinock.

Le Vénérable avait toujours ce ton bravache et assuré, comme si tout allait de soi. Comme si, depuis le début, il savait ce qui allait se passer.

Cette idée offusqua le jeune homme.

— Je suis libre, rétorqua-t-il.

Mérinock ne releva pas l'insolence.

— Je parle en ce moment à Shanandra, poursuivit-il. Je lui demande d'écouter ma voix. Sais-tu que quelque chose se trame dans ce palais ? Je suis venu pour vous aider.

Torance voulut lui dire que lui et Shanandra s'en tireraient bien tout seuls. Qu'ils allaient lui ramener ses foutues tablettes et qu'ensuite, ils seraient délivrés de leur dette envers lui.

— Le Grand Œuvre auquel nous avons juré de participer est un temple dont nous plaçons les premières pierres, fit le Mage.

Une voix plus aiguë se superposa à la sienne.

— Je suis heureuse de te savoir de retour chez toi, prince Torance…

Le jeune homme devint aussi dur que du marbre. Il tenta de parler. Sa langue pesait une tonne. Il essaya de soulever une de ses paupières : en vain. Il ne vit pas Messina retirer, avec des pincettes de cuivre, le minuscule éclat de cristal noir posé au fond du bol, ni la lame du poignard appuyée sur la nuque de Gorth.

Au même instant, une cagoule de velours noir tombait brutalement sur le visage de Shanandra.

10

Face à face

Astarée desserra les cordons du large collier de bronze plaqué sur sa gorge. L'air chaud et lourd du désert tout proche se heurtait à la brise marine. Elle inspira profondément. Les mains posées à plat sur la balustrade du balcon, elle contemplait la cité d'Éloria et, au-delà des remparts, le vif miroitement de la mer. Le brouhaha des citadins s'élevait le long des murs du palais royal et filtrait dans le jardin attenant aux appartements privés mis à sa disposition.

Derrière les grilles ouvragées se profilaient les silhouettes anonymes. Astarée crut apercevoir une gamine vêtue de haillons. Elle imagina plus qu'elle ne vit la maigreur de son corps, son expression mutine. Un souvenir pénible remonta à sa mémoire. Elle se revit elle-même, orpheline et jeune apprentie du maître cristalomancien Sévrinus Polok. Elle s'était souvent tenue, ainsi que cette enfant, devant les grilles du palais royal de Sarcolem. Attendant le retour de son maître, se posant mille questions sur son avenir.

Depuis, elle avait brûlé les étapes. Après la mort de Polok qui avait longtemps abusé d'elle, Astarée et Pélinor, son serviteur, avaient conquis le monde. Elle jeta un coup d'œil sur la vasque de pierre contenant les cendres de son fidèle domestique.

Le monde, c'était le roi Sarcolem. À force de ténacité et d'un mélange d'arrogance et de soumission, Astarée était parvenue à se glisser dans l'entourage immédiat du monarque. En lui révélant le grand secret de Sévrinus Polok, elle s'en était fait un allié puissant, presque un complice dans un projet dont l'ampleur dépassait l'entendement.

Les jambes faibles, des crampes dans le ventre, elle serra les dents. Aujourd'hui était un grand jour.

Un bruit de pas la ramena à la réalité. Un rideau fut tiré derrière elle par une esclave et un soldat apparut.

— Sergent Arménite Lupia au rapport, mon Seigneur!

L'homme fit claquer ses talons et attendit les ordres.

Astarée l'étudia en entier, de ses galvas parfaitement lustrées à la pointe de son casque étincelant en passant par la grosse chevalière en galcite noire qu'il portait à l'annulaire. Le reste de sa personne était solennelle et sans beaucoup de vie, si ce n'étaient ces pupilles inquiétantes cachées par de lourdes paupières. Un visage en pain de sucre assombri par des joues caves que masquaient de longs favoris noirs, et cette servilité trop prononcée qui m'agacent au plus haut point! songea la jeune cristalomancienne, terminait le portrait du nouvel officier envoyé par Sarcolem pour la seconder dans sa mission.

Croyant suivre les pensées du grand cristalomancien royal, Lupia se permit un bref sourire qui déforma un instant le tracé de son menton.

— Vos ordres ont été suivis à la lettre, mon Seigneur.

Astarée hocha du chef en réprimant elle aussi un sourire. Ce sergent dont le casque devait culminer à deux mètres d'altitude ignorait heureusement qu'il s'adressait en fait à une femme. Une femme qui avait déployé toutes ses forces et ses pouvoirs, durant leur voyage depuis le village des Baïbans, pour lui cacher sa véritable nature.

Elle avait conscience du manque de naturel de sa longue perruque composée pourtant de véritables cheveux humains : en l'occurrence, ceux d'une vieille catin de Gorornée dont la dernière beauté avait résidé dans les mèches épaisses et soyeuses de sa chevelure. Un postiche que Pélinor avait l'habitude de traiter avec révérence.

Sentant qu'une nouvelle crampe était sur le point de la plier en deux, Astarée feignit de s'appuyer au rebord de pierre. Heureusement, elle tournait le dos au sergent. Elle grimaça, retint le cri qui nouait sa gorge, avala sa salive.

— Ainsi, c'est fait? demanda-t-elle pour meubler le silence.

Le regard de Lupia lui brûlait la nuque. La pensée des cendres de Pélinor, décédé des suites de fièvres contractées dans la vallée maudite, lui serra le cœur. Ce serviteur dévoué avait été son ami, il l'avait connu enfant. À présent, ses cendres gisaient dans une petite urne. Elle lui avait promis de les répandre dans les eaux calmes et céruléennes de la baie d'Éloria. Il lui vint spontanément en tête l'image du visage de Gorth, le seul officier à connaître sa réelle identité. Une tristesse soudaine fondit sur elle tel un aigle, la rendant encore un peu plus fragile sur ses jambes.

Lupia toussota.

S'arrachant à la sérénité que lui inspiraient le paysage et l'air parfumé de cette fin d'après-midi, Astarée se retourna.

— Allons rendre visite à nos invités, décida-t-elle.

✶

Shanandra avait les nerfs à vif.

— Nous avons été piégés comme des enfants! gronda-t-elle.

Ses paroles, assourdies par l'épaisseur de la cagoule qui couvrait toujours son visage, parvinrent déformées à ses compagnons d'infortune. Torance entendit surtout le mot « piégés ». Prenant le blâme sur lui, il se mordit les lèvres. Gorth retint le mot « enfants » et se dit qu'ils étaient tous des enfants, effectivement. Lui-même, malgré son expérience, n'avait rien pu faire pour empêcher leur arrestation.

— C'est de la trahison! s'écria Paléas.

Sa voix aiguë reflétait une intense douleur. Shanandra, qui sentait le bracelet de fer mordre dans ses chairs, n'eut aucun mal à deviner que ses compagnons aussi étaient enchaînés.

Cristin plaida que désormais tous connaissaient les sentiments réels de la reine Calliope d'Élorîm à leur égard.

— Elle nous a vendus, laissa-t-il tomber sans oser pousser plus loin son analyse.

Torance rétorqua que ce n'était pas le genre de la reine. Cette dernière était sévère et autoritaire. Mais s'il se rappelait les grandes lignes de la politique qu'elle conduisait d'une main de fer malgré sa santé fragile, elle n'était pas une sympathisante du roi de Gorée. Prenant plaisir à contredire le prince, Paléas cracha au sol.

— Ta reine nous a donnés!

La tête encore pleine du parfum suave à base de myrrhe utilisé pour droguer les prisonniers, Torance avait du mal à imaginer Calliope en servante de Sarcolem.

Ils entendirent le cri de dépit et de colère que poussa Shanandra. Étouffait-elle sous l'épaisseur de sa cagoule noire?

En fait, la montagnarde tremblait de rage. Et cette rage lui donnait des frissons. Elle avait cru, en fuyant la cité d'Orgk, échapper à ce qu'elle appelait la malédiction de son prétendu don de compassion. Forcée de porter un voile par son oncle le roi Elrick, traitée en recluse et en pestiférée durant toute son enfance, voilà qu'elle retrouvait les mêmes chaînes dans le lointain royaume d'Élorîm!

Soudain, le bruit d'une porte que l'on ouvre à la volée couvrit le brouhaha des citadins qui montait jusque dans cette pièce où les deux messagers et leurs amis avaient été enfermés. Suffoquant, prête à hurler de désarroi, Shanandra se maîtrisa. L'instant d'après, sa cagoule lui fut brutalement arrachée. Elle aspira une profonde goulée d'air.

— Ravie de te revoir!

Le ton bref et sec démentait la cordialité de ces paroles.

— Astarée!

La cristalomancienne se tenait, pâle et fragile, dans la demi-pénombre de cette salle d'audience transformée pour l'occasion en cellule. Elle détailla l'un après l'autre les sept prisonniers pendus par les bras à de longues chaînes fixées au plafond. Torance avait l'air d'un fauve en cage. Ses pupilles étaient encore dilatées par l'effet de la drogue. Cristin l'érudit et Lolène la guérisseuse paraissaient inoffensifs. Paléas était inquiet. Il se demande comment sauver sa peau! s'amusa Astarée. L'attitude du soldat Pirius ne révélait rien de ses pensées profondes. Gorth la dévisageait avec son éternel regard triste de chien battu.

Quand Lupia lui avait appris que Pirius et Gorth accompagnaient les messagers, Astarée avait été à la fois heureuse de les savoir toujours en vie, mais aussi extrêmement contrariée.

Shanandra la dévisageait sans aménité. Cette attitude aussi amusa Astarée. Son cristal rouge dans la main, celle-ci approcha le fragment de roche du visage de la montagnarde.

— Ose utiliser contre moi ton regard qui tue, montagnarde!

— N'en fais rien! la supplia Cristin.

Shanandra baissa la tête. Si elle laissait libre cours à sa colère, Astarée était capable, en guise de représailles, de foudroyer ses compagnons.

Après un long silence, la cristalomancienne étendit ses bras. Sa ceinture de cuir alourdi de pochettes apparut. Nul œil profane n'aurait pu deviner que les plis irréprochables du luxueux pello blanc étaient créés par des seins serrés sous une bande de coton.

— Je suis heureux de vous revoir tous, déclara-t-elle.

Gorth sourit brièvement en constatant que la cristalomancienne se présentait toujours sous l'apparence d'un homme.

Celle-ci se rapprocha de Shanandra, qu'elle n'appelait jamais autrement que « la montagnarde » et s'apprêtait à lui adresser la parole, quand Torance lâcha un juron.

— Clébos!

L'héritier en titre de la couronne d'Élorîm s'avança à son tour, drapé dans une toge immaculée qui tombait bas sur ses galvas tressées de tiges en cuivre. Ses multiples bracelets décoratifs cliquetaient à ses poignets et à ses chevilles.

— Tu ne croyais sans doute jamais te retrouver en ma présence, n'est-ce pas? se contenta de rétorquer le jeune homme roux au faciès de renard.

Mécontente de se voir voler la vedette par le prince héritier, Astarée siffla que Torance et les autres étaient de nouveau en son pouvoir et que, cette fois, elle ne les lâcherait plus. Ils allaient être enfermés dans un chariot bardé de métal et transportés sous bonne garde jusqu'à Goromée pour y être livrés au roi Sarcolem.

La cristalomancienne débita son texte d'une traite. Craignait-elle de perdre le souffle ou bien d'être de nouveau interrompue?

Tendant l'oreille, elle perçut le murmure continuel de la foule qui marchait devant les murs blancs du palais.

— Écoutez le peuple! Pensez-vous qu'il se soucie de vous? Pensez-vous qu'il attend votre arrivée, ainsi que le prétend cette fausse prophétie répandue dans les Douze Royaumes par les Servants du Mage errant?

Elle tourna autour des prisonniers.

— Non, les gens ne veulent que vivre en paix. La plupart d'entre eux n'ont aucune idée de ce qu'est le bonheur. Ils travaillent, paient leurs taxes et se contentent de survivre. Il en va ainsi depuis l'aube des temps et cela continuera jusqu'à la fin du monde.

Se plaçant entre Torance et Cristin, elle ajouta que seuls les philosophes, ces faibles qui n'avaient pas le courage de brandir le glaive ou le kaïbo, inventaient des théories abracadabrantes sur l'âme, la sagesse, la puérile aspiration de l'homme à atteindre ou à créer un monde meilleur et juste pour tous.

— Les peuples ne vous attendent pas, acheva-t-elle. Ils ne vous connaissent pas.

Sa diatribe achevée, elle se dressa devant Gorth et brandit sous son nez la pierre du destin que l'esclave Messina avait retrouvée. Un besoin qu'elle s'expliquait mal la forçait à mettre le capitaine à l'épreuve. Devant l'air ahuri de Clébos, Astarée ordonna au garde qui se tenait en retrait de libérer l'ancien homme de silex.

— Ne faites pas ça! glapit le prince héritier, épouvanté.

La cristalomancienne pensa à Lupia qu'elle avait, malgré ses protestations, laissé dans l'antichambre avec quelques soldats. « Je veux les rencontrer seul à seul! » lui avait-elle assuré tout en entrant accompagnée par le prince héritier Clébos.

Sans afficher la moindre peur, Astarée posa la pierre du destin dans la paume rugueuse du capitaine.

— À présent, rendez-la-moi et j'oublierai qu'on l'a retrouvée dans une de vos galvas, souffla-t-elle.

Gorth restait de marbre. Le joyau brillait doucement. Le léger brouhaha de la foule arrivait jusqu'à lui par les hautes fenêtres en même temps que des arômes d'agrumes. L'éclat rouge sombre qui émanait du cristal que tenait toujours la cristalomancienne lui donnait un peu le vertige. Il sentait en outre que ses acolytes retenaient leur souffle. Un bruit s'éleva du fond de la pièce, que seule son oreille aiguisée perçut. Un bref coup d'œil le renseigna. Satisfait, il rendit la pierre à Astarée.

— Je le savais! jeta Paléas. C'est un traître!

Ni Torance ni Shanandra ne bougeaient. Baignés d'ombre, leurs visages restaient indéchiffrables.

— Bien, fit la jeune cristalomancienne en soupesant les deux cailloux qu'elle tenait dans ses mains.

Elle rangea la pierre bleue aux reflets noirs dans une de ses sacoches et dégaina un court sabrier qu'elle remit à Gorth. Elle désigna Torance, toujours enchaîné.

— Il vous a blessé au visage. Vous avez l'opportunité de vous venger. Œil pour œil!

Gorth s'approcha du prince. Sa main ne tremblait pas. Tout à coup, Clébos et le garde s'écroulèrent sur le carrelage. Astarée fit volte-face, ouvrit la bouche, porta une main à sa gorge. Gorth la reçut dans ses bras à l'instant où elle perdait connaissance.

Les six compagnons se tordirent le cou et virent, dans un coin sombre de la salle, la silhouette d'une femme armée d'une longue sarbacane. Gorth se baissa et posa le sabrier sur le sol.

— Relevez-vous, capitaine, dit la mystérieuse femme, et délivrez le prince Torance...

11

La statuette de bois noir

La lueur tremblotante de plusieurs torches léchait des murs gris incurvés tachés de moisissure. Après avoir traversé une enfilade d'étroits corridors et descendu une échelle glissante pour gagner d'obscurs boyaux, les compagnons sortirent du passage secret et se retrouvèrent dans une salle carrée sans fenêtre, basse de plafond, au centre de laquelle trônait un sarcophage ouvert. L'endroit sentait le renfermé et l'huile rancie utilisée pour alimenter les torchères. Une suie glacée tombait sur les épaules. La sourde luminosité émanant des creusets fixés aux parois projetait des ombres gigantesques sur les dalles de pierre.

Les compagnons se laissèrent glisser contre un mur. Torance attrapa la femme par le bras.

— Ne parle pas, prince, lui souffla celle-ci, regarde plutôt...

Le jeune homme approcha du sarcophage à pas mesurés. Il scruta le vide avec une expression d'attente anxieuse sur le visage. Shanandra l'accompagnait.

Lolène serra la main de Cristin dans la pénombre. Le stress de leur capture, puis cette course dans les entrailles du palais royal les laissaient hagards.

Gorth observait cette femme mystérieuse qui les avait tous libérés de leurs chaînes. Enveloppée dans un châle de soie travaillé à la main, elle portait ses cheveux en un chignon proprement tressé, maintenu sur sa nuque par une agrafe en or serti de pierres précieuses. Entre deux âges, mais le corps déjà alourdi par les épreuves, elle arborait un visage fardé d'une poudre végétale qui dissimulait à peine l'extrême pâleur de sa peau.

— Que s'est-il passé, Dame Servinia? s'informa Torance d'une voix éteinte.

Devant la surprise de ses amis, le prince expliqua brièvement que Dame Servinia était une des dames de compagnie de la reine Calliope.

Les jambes de la femme tremblaient. Gorth lui offrit son bras.

— Le poison, mon prince, chuchota-t-elle.

— Infamie! s'écria le jeune homme.

— Elle avait vu votre retour dans une transe…

— Quand l'a-t-on assassinée?

— Hier au soir, Altesse.

Excepté lors de leur rencontre avec les soldats au marché, c'était la première fois depuis plus d'un an qu'on l'appelait ainsi. Mais Torance ne réagit pas. L'esprit embrouillé par cette étonnante suite d'événements dans lesquels il se sentait pris au piège, il tentait d'y voir clair.

— Clébos? lança-t-il.

Servinia toucha l'épaule du prince sans faire le moindre commentaire.

— Oui, c'est lui! reprit Torance avec fougue.

Shanandra contemplait la vieille dame allongée dans sa tombe. Sa figure bouffie était voilée par une quiba transparente de soie aux reflets mordorés. Son corps disparaissait sous un flot de dentelles et de pétales de fleurs. Ses paupières closes et ses lèvres avaient été teintes au henné rouge, de même que ses mains alourdies par de nombreuses bagues. Une couronne finement ciselée ornait son front large.

Même si elle se doutait de l'identité de la défunte, la montagnarde s'informa, ne serait-ce que pour confirmer ses soupçons.

— C'est bien la reine Calliope, répondit Torance.

La jeune fille observait la défunte ainsi que l'espace autour du sarcophage. Personne ne s'en douta à part Cristin qui notait mentalement chaque détail, chaque attitude, mais Shanandra anticipait surtout l'apparition de l'âme de la reine.

Elle se remémorait l'expérience mystique, vécue au décès de sa propre mère, et s'attendait à voir apparaître le fantôme de Calliope. Le souffle rauque, elle guettait une clarté diaphane, un voile ectoplasmique… Mais rien ne vint.

Torance était perdu dans ses réflexions. Quand il vivait dans le corral des princes, il n'avait eu que peu de contact avec la souveraine qui, disait-on, considérait ces jeunes en mal de pouvoir comme des loups prêts à la dévorer.

Le prince se rappela les bruits qui couraient sur l'éventualité d'un coup de force organisé par les amis de Clébos. Les pièces d'un puzzle immense se mettaient lentement en place dans sa tête.

— Clébos aura eu peur d'affronter de nouveaux prétendants lors du prochain combat des princes. Il a préféré faire assassiner la reine et s'emparer du pouvoir.

— Officiellement, la reine est décédée des suites d'une indigestion, précisa Servinia. Clébos annoncera la nouvelle de sa mort demain matin.

— Quand Astarée et ses hommes sont-ils arrivés? demanda soudain Gorth.

— La veille de votre arrestation au marché.

— Et la reine, dites-vous, nous avait vus lors d'une transe? s'informa Shanandra.

Dame Servinia expliqua que Calliope était en étroite relation télépathique avec Mérinock d'Évernia. Que le Vénérable lui avait envoyé des songes entre autres celui d'une bataille survenue dans un village indigène.

Torance se rappela que les présents offerts à la reine par le chef Bouamid avaient été perdus durant la tempête.

— Le Mage se trouve-t-il au palais? voulut savoir Shanandra.

La servante de la reine fit un geste vague de la main qui signifiait que le Vénérable était ici ou là et partout à la fois.

Gorth termina de relier ensemble les pièces du puzzle.

— Clébos et le roi Sarcolem ont dû convenir d'une alliance secrète. Par l'entremise d'Astarée, Sarcolem assure le traître de son appui militaire en échange de quoi ce Clébos nous fait tous prisonniers.

Un silence suivit ces paroles.

— La reine refusait toute union entre Élorîm et le royaume de Gorée, avoua Dame Servinia. Elle voyait trop clair dans le jeu de Sarcolem qui a attisé en secret la guerre civile au royaume d'Élissandre.

Lolène et Paléas, qui étaient citoyens de ce pays, déglutirent avec difficulté. Servinia poursuivait ses explications quand le voleur l'interrompit brutalement.

— Il ne faut pas traîner ici!

Une oreille posée contre le sol dallé, le jeune détrousseur entendait d'inquiétantes vibrations. Gorth l'imita.

— Il a raison. On vient!

Shanandra prit la servante royale par le bras.

— Votre reine voulait nous aider, n'est-ce pas? Elle avait un message à nous transmettre de la part du Mage?

Des éclats de voix leur parvenaient d'une salle voisine.

— Filons d'ici! insista Paléas.

Torance eut du mal à s'arracher à la reine dont il avait, tout ce temps, tenu la main.

— Viens! lui dit doucement Shanandra. Tu ne peux plus rien pour elle. Son âme est déjà partie vivre dans les mondes lumineux de la déesse.

— C'est elle qui m'a conduit dans la caverne du Mage lorsque j'avais sept ans, se contenta-t-il de répondre en se laissant entraîner tel un automate vers l'entrée d'un second passage dérobé.

✶

Des salles sans lumière et des tunnels étriqués se succédèrent.

Le cœur de Torance battait désordonnément dans sa poitrine. Il ne connaissait pas ces corridors secrets, mais il sentait que la suivante de la reine les menait à l'endroit où lui-même avait rencontré le Mage errant, la veille de son départ du palais.

Gorth obéit à Dame Servinia et débloqua un panneau. Ils se retrouvèrent dans une sorte de grotte.

— Là! s'exclama le prince.

Il reconnaissait le sol irrégulier, la froideur de l'air ambiant, les agrégats de calcaire naturel aux formes les plus diverses.

Shanandra restait perplexe.

— Là, quoi?

Torance chercha avec les mains les parois sur lesquelles il avait vu les fresques.

— Une torche! s'impatienta-t-il.

Pirius et Gorth lui en tendirent chacun une.

— Est-ce ici que se trouvent les tablettes que nous recherchons? s'enquit Paléas, nullement impressionné.

— Je ne vois toujours rien, dit Shanandra.

L'adolescent scruta les ténèbres, les plafonds soutenus par des stalagmites aussi lisses que des langues de glace.

— C'était ici, assura-t-il. Et là-haut, c'est le plancher de la salle d'audience. J'avais décelé une des dalles de mosaïques avec un sabrier. Je…

— En tout cas, je ne vois aucune tablette, conclut Shanandra.

Dame Servinia les conduisit devant une statuette sculptée dans un vieux tronc de kénoab noir.

— C'est une femme, constata Cristin de son ton le plus pontifiant.

Mais tout le monde s'en était déjà aperçu. L'ancien érudit des Sages de Gorum s'agenouilla. Il adressa une rapide prière à la déesse, et se mit à étudier l'artéfact.

— Visage rond, traits à peine esquissés, poitrine opulente, jambes qui s'évasent et se perdent dans le socle… Je dirai que cette sculpture date de plus de deux mille ans.

Torance se targuait d'une excellente culture générale. Il s'approcha à son tour.

— Tu veux dire qu'elle date de l'époque des géants. Les fils et les filles de la Déesse!

— Considérant les coups de couteau grossiers et cette manière qu'a eu l'artiste de bien mettre en évidence le ventre de la déesse, je dirais que oui. Ce style est très représentatif des œuvres de cette période d'avant la naissance des Douze Royaumes.

Shanandra avait du mal à suivre. Pourquoi donc le Mage errant les avait-il conduits jusqu'à Éloria, s'il n'entendait pas leur donner les tablettes?

Lolène remarqua un détail qui avait jusqu'alors échappé aux deux garçons.

— Regardez ses mains.

— Elle est représentée dans une attitude de prière, précisa Cristin.

Lolène secoua le menton.

— Elle ne prie pas, elle guérit.

Les paumes de la statue n'étaient pas, en effet, dirigées vers le haut, mais tendues face à eux, mains ouvertes et doigts écartés.

Cette déclaration de la jeune blonde rappela à Shanandra les paroles que lui avait soufflées le Mage à l'oreille pendant qu'elle se faisait masser.

— Il doit y avoir une cavité dans le dos de cette statue, affirma-t-elle.

Ils la contournèrent.

— Ici!

— Au niveau du deuxième *chakra*, constata Lolène, vivement impressionnée.

— Chakra? s'étonna Paléas.

Cristin expliqua sommairement que ce mot savant désignait d'invisibles petites roues d'énergie disposées le long de la colonne vertébrale de tout individu.

— Mais il y en a aussi ailleurs. Entre autres au-dessus de la tête, à l'intérieur des coudes et dans la paume des mains.

— Je n'aime pas cette crypte, répliqua Paléas.

Pirius et Gorth tenaient toujours les torches au-dessus de leurs têtes.

— Que sommes-nous censés faire ici, puisque les tablettes promises ne s'y trouvent pas? interrogea Torance.

Ils se tournèrent vers Dame Servinia, mais ce fut Shanandra qui leur donna la réponse.

— La pierre du destin!

Gorth avait repris le joyau dans la pochette d'Astarée avant de quitter la salle d'audience. Il la remit à la montagnarde. Le geste paraissait anodin. Pourtant, au coup d'œil qu'ils échangèrent, Shanandra comprit qu'il était surtout symbolique.

— Voilà! dit l'ancien capitaine.

La jeune fille sourit et s'empressa de placer le caillou dans la cavité ouverte au dos de la déesse. Il s'emboîtait parfaitement, comme si l'orifice n'attendait que lui depuis des siècles.

Aussitôt, une lumière orangée émana du corps de la sculpture et irradia tel un soleil. Un *oooo!* doux, ample, aigu et grave à la fois, emplit la grotte.

— Reculez! ordonna Gorth.

Torance et Shanandra furent atteints par deux fins rayons qui les fauchèrent dans le bas du dos. La lueur devint de plus en plus claire, à tel point qu'ils eurent l'impression de baigner dans un paisible coucher de soleil printanier. Ce qui se produisit ensuite ne fut ressenti que par eux seuls.

Après un temps impossible à mesurer, des éclats de voix leur parvinrent de l'embouchure du passage menant à la crypte. Gorth demanda à Cristin et à Lolène de rester auprès de Torance et de Shanandra, évanouis. Puis il entraîna Pirius et Paléas.

Parvenu devant l'entrée, il constata qu'une roue en pierre pouvait facilement obstruer le passage.

— À croire qu'elle a été placée exprès en cet endroit!

À eux trois, ils parvinrent à la faire rouler de manière à bloquer l'anfractuosité. Quelques secondes plus tard, leurs poursuivants atteignirent la porte. La voix assourdie d'Astarée s'éleva, péremptoire :

— Capitaine! Au nom du roi, ouvrez!

Pirius et Paléas dévisagèrent Gorth. Le jeune voleur tint à les avertir : il ne voulait à aucun prix retomber entre les mains de la cristalomancienne.

— Surtout que, maintenant, il est impossible de changer de camp! ajouta-t-il en se mordant aussitôt la langue.

— Gorth! reprit Astarée. Oserez-vous désobéir à Sarcolem, votre bienfaiteur?

Ce mot fit sourciller l'ancien capitaine.

D'après la clarté de la voix de la cristalomancienne, Gorth et les autres en déduisirent qu'Astarée devait avoir posé sa joue de l'autre côté de la roue en pierre. Gorth l'imagina dans tous ses états. Malgré le froid vif, les longues mèches de sa perruque blanche devaient coller à son front. Sa nervosité amenait du rose au visage de la jeune femme.

— Reculez! entendirent-ils.

— Elle va utiliser son cristal rouge pour faire sauter la porte! s'exclama Gorth. Demi-tour, vite!

En retrouvant les autres, Gorth constata que Torance et Shanandra n'avaient toujours pas repris connaissance.

— Il faut fuir, décréta-t-il.

— Y a-t-il une issue, Dame Servinia? demanda poliment Lolène.

La suivante de la reine secoua la tête : elle n'en connaissait pas. Mais s'approchant de Cristin, elle lui remit un petit sac de jute fermé par un cordon en cuir.

— C'est de la part du Vénérable, dit-elle.

Le jeune érudit dévisagea la femme et comprit aussitôt. Il dénoua le cordon. Sa voix enfla tant il était excité.

— De la poudre de vélocité?

Devant l'ahurissement de ses compagnons, il ajouta que le Mage leur offrait une chance de s'enfuir sans pour autant emprunter une porte ou un passage.

— Tenez! fit Dame Servinia en remettant églement à l'érudit un rouleau d'ogrove.

Cristin tendit le sachet de poudre à Lolène, puis déroula le parchemin.

— C'est une gravure. Une sorte de théâtre à ciel ouvert dans la montagne.

— Tu veux dire que le Mage errant veut que nous nous y rendions? demanda Gorth. Mais comment ?

— Si je me rappelle l'enseignement de mes maîtres, reprit Cristin, il est dit dans la légende que le Vénérable d'Évernia a le pouvoir de se projeter n'importe où grâce à la poudre de vélocité.

Une explosion secoua la grotte. Quelques hautes stalagmites tremblèrent sur leurs assises.

— Astarée! grinça Paléas.

— Fixez la représentation de cette gravure dans votre esprit, les exhorta Cristin, et prenons-nous par la main.

Ils firent un cercle autour de Torance et de Shanandra, appuyés chacun contre une épaule de Dame Servinia agenouillée entre eux.

Cristin répandait la poudre sur leurs épaules quand Astarée et le sergent Lupia surgirent, sabre à la main. Une grande lumière les éblouit, suivie d'une noirceur encore plus glauque que les ténèbres.

— Non! hurla la jeune cristalomancienne.

— Ils ont… disparu! s'étonna Lupia en laissant tomber son arme.

Après quelques instants, les ténèbres furent de nouveau envahies par une vive clarté. La crypte trembla sur ses fondations. Un pan de mur tomba, révélant une large anfractuosité qui donnait sur des souterrains.

Astarée était ébahie. Cette lumière et cette vibration lui rappelaient étrangement ce qui s'était produit au temple de

Nivène juste après qu'elle ait fait prisonniers les deux messagers. Elle avança de quelques pas tout en réfléchissant. De retour près du sergent Lupia, elle lui annonça que rien n'était perdu.

— Je sais comment les retrouver!

Ses hommes croyaient sans doute que le cristalomancien devenait fou. Qu'importe! Astarée savait qu'elle ne se trompait pas.

12

Le bivouac

Un ressac étonnement cristallin pour une nuit aussi profonde venait lécher les pieds des voyageurs. La clarté diffuse de la lune et celle d'un feu de fortune éclairaient les vagues de reflets dansants écarlates.

Aux côtés de Gorth se tenaient Cristin, Lolène et Shanandra. Cette dernière était allongée sur le ventre dans le sable encore tiède. Plus de huit jours étaient passés. Elle ressentait pourtant toujours une espèce de brûlure dans le bas du dos, à l'endroit où l'avait frappée le rayon de lumière.

Comme après que j'eus délivré la pierre du destin, dans le temple de Nivène, songea-t-elle.

La jeune guérisseuse reprit un peu de pâte odorante sur ses doigts.

— Détends-toi, il faut que je te masse encore…

Shanandra se rappelait la crypte du palais d'Éloria et son émotion profonde lorsque, enveloppée par la lumière orangée, elle s'était sentie emportée dans d'épais rubans d'énergies. Torance prétendait que ces « fluides » étaient une sorte de prolongement de ses fameux serpents de lumière. Cristin les appelait plutôt le « souffle de la déesse » ou « l'énergie primale ». À entendre le jeune érudit, ils avaient vécu tous deux une importante initiation spirituelle.

Lolène, dont les études au temple de guérison de son village natal étaient en quelque sorte complémentaires à celles de Cristin, avait approuvé. Ses soins, d'ailleurs, avaient pour but de stimuler le fonctionnement des chakras. Shanandra n'était pas certaine de comprendre ce mot étrange. Cependant, elle ne refusait jamais un massage!

— Un chakra permet à l'énergie de la déesse de circuler dans nos corps, de régénérer nos organes, expliqua Cristin.

Il voulut poursuivre. Mais Lolène, se doutant qu'il risquait de se lancer dans une longue diatribe, le coupa gentiment.

— Après votre initiation, vous étiez exténués. Mais c'était une saine fatigue.

Shanandra lui adressa un sourire pincé. Ce qui la dérangeait n'était pas tant la sensation de vide que le fait que Torance aussi bénéficiait, matin et soir, des massages de Lolène.

Pour oublier ses tiraillements au cœur, la montagnarde reporta son attention sur le capitaine Gorth et sa façon si calme, si mesurée, de tailler la grosse pièce d'écorce découverte dans les montagnes près du théâtre en ruine où ils étaient tous réapparus après leur fuite du palais royal.

La princesse avait observé le comportement de l'ancien militaire goréen vis-à-vis de Dame Servinia. Gorth regrettait-il que celle-ci ait choisi de ne pas les accompagner et de rester vivre dans un des villages qu'ils avaient traversés?

— Et vous voulez faire de ce morceau d'écorce un tréborêt? s'enquit la princesse.

Une vague dentelée d'écume mouilla ses pieds et la fit frissonner. Le ressac se retira dans un raclement humide. Shanandra savait que ce frisson venait surtout de ses pensées qui voyageaient loin en cette nuit chaude et tranquille. Elle se revit dansant au rythme des cymbales, des sistres, des flûtes, des tambourins et des tréborêts dans le camp retranché des réfugiés, un an plus tôt.

Elle avait l'impression qu'une main remuait dans son ventre. Le frisson s'accentua, de même que la brûlure due au rayon de lumière. Elle songea à Torance qui, après s'être lui aussi fait masser par Lolène, était en train d'exécuter quelques techniques de *srim-naddrah*, l'art martial qu'il avait étudié en tant que prince prétendant.

Ne tenant pas à se rappeler les sentiments et les frustrations ressentis lors de la cérémonie de Rasdharé, Shanandra entama avec Gorth une conversation à sens unique : elle parlait, lui écoutait à moitié.

— Je me rappelle de vous, lui dit-elle tandis que de minces pellicules d'écorce tombaient mollement dans le sable. Vous étiez déguisé et vous jouiez du tréborêt. Un long et très beau solo. Les Romanchers eux-mêmes en étaient ravis.

Gorth était à la fois loin et proche de ses compagnons. Il se trouvait sur ce rivage, évoluait dans le même espace qu'eux, mais à une époque différente issue de son passé nébuleux.

— Dans la salle d'audience où nous étions retenus prisonniers, vous avez choisi votre camp, capitaine! J'espère que vous n'en souffrirez pas.

Pour sa part, Gorth se rappelait des bribes d'un rêve extraordinaire qu'il avait fait alors que ballotté par la tempête, il était accroché à une branche d'égoyier : un rivage, l'évocation de son passé, sa discussion avec un homme dont il ne distinguait pas les traits; un choix qu'il devait faire s'il voulait recommencer sa vie.

Shanandra n'avait pas besoin que Gorth lui réponde.

Il se concentre sur sa sculpture, il revit des tourments connus de lui seul…

Non loin, une autre paire d'amis se formait tout aussi naturellement. Assis en tailleur près du feu, Cristin écrivait et Pirius dessinait. Lolène avait sorti pour eux de longs rouleaux d'ogrove du sécralum en bois. Recueillis chacun dans un silence propice à la création, les deux garçons s'étaient ensuite installés côte à côte.

Shanandra savait que Cristin notait le détail de ce que Torance et elle avaient vécu dans la crypte. L'érudit l'avait interrogé et elle avait répondu de son mieux à ses questions. Au dire du jeune érudit, chaque chose avait son importance. Cristin ignorait encore le but de ces initiations et leur rapport avec le Grand Œuvre du Mage errant. Mais il était tenté de croire que tout était lié. Sur la terre et au ciel, et même au-delà, répétait-il avec l'emphase d'un vieux sage.

Ayant décidé de laisser Gorth à ses fantômes, Shanandra fixait à présent Torance qui maniait avec grâce un long bâton trouvé sur la grève.

— Nous avons traversé huit villages depuis notre arrivée en Terre d'Atinox, reprit-elle pour Lolène. Trouves-tu normal ce que nous y avons vécu?

— Tu parles de la manière dont nous avons été reçus?

— Les villageois savaient qui nous étions, fit la montagnarde en picorant sur les braises un restant de l'énorme caille tuée par Gorth.

Leurs nouveaux pellos, tuniques, galvas et bottes, adaptés aux chaudes températures des côtes du royaume d'Atinox; les écuelles, ustensiles et coupes en roseau ou en bois; les couvertures et les chevaux eux-mêmes leur venaient de ces gens simples et pauvres qui les avaient reconnus.

— Les Servants du Mage errant sont passés, lança Cristin qui écoutait d'une oreille tout en noircissant ses feuilles d'ogrove.

Torance s'arrêta net de manier le bâton qu'il se plaisait à prendre pour un kaïbo. Shanandra surprit l'expression tendue sur son visage.

Cristin se plut à leur assurer que partout où ils iraient désormais, il y avait des chances pour que les Servants soient passés avant eux.

La montagnarde restait perplexe. La sentant décontenancée, Lolène cessa de la masser. Elle se rinça les mains dans les vagues, rangea ses crèmes et ses onguants dans son sac de cuir.

Torance reprit son entraînement. Ne souhaitant pas qu'on lui demande quoi que ce soit, le jeune voleur se tenait volontairement à l'écart. Il gardait dans sa paume l'éclat de cristal ambré que lui avait offert Astarée. Lolène et Cristin, qui en possédaient chacun un eux aussi, avaient-ils jeté le leur? Depuis la fin du repas, un morceau de viande coincé entre ses dents le gênait atrocement. Mais une chose plus fâcheuse encore l'agaçait.

Le prince savait décidément tout faire! Cette réflexion amena Paléas à ruminer son passé, chose qu'il détestait faire. Manipulant le cristal, il fut heureux de posséder au moins une chose de valeur.

Cette pensée joyeuse, hélas, ne parvenait pas à l'arracher au flot de ses souvenirs. À ces scènes de vexations vécues dans son enfance et qu'il tentait si fort d'oublier. À son obsession d'échapper à tout contrôle, d'être son propre maître, de conquérir richesse ou gloire. L'envie, aussi, d'apprendre un jour à se défendre de ses mains grâce à une technique noble telle que le srim-naddrah.

Torance, il le savait, le méprisait. Les autres aussi, d'ailleurs.

Ils ne m'aiment pas parce qu'ils sentent que je n'ai rien en commun avec eux, avec leur quête…

Et cependant, Paléas ne pouvait s'empêcher de penser que lui aussi pourrait un jour manier un bâton avec autant de fougue et d'élégance que Torance! Comble de malchance, celui-ci demanda à Gorth s'il voulait s'entraîner en sa compagnie. Il vint même lui tendre un second bâton. Mais le capitaine resta courbé sur son morceau de bois. Alors, Torance s'adressa à Pirius.

— N'es-tu pas un soldat? lança-t-il joyeusement.

Paléas refoula ses larmes et son envie de crier. Il n'était rien pour eux. Même pour la jeune blonde qui, pourtant, lui souriait parfois.

Lolène est gentille avec tout le monde. Elle masserait même Astarée si on le lui demandait!

Soudain, le second bâton fut planté dans le sable à côté de lui.

— Et toi, Paléas, lui dit le prince, veux-tu t'entraîner un peu?

Éberlué, le jeune voleur faillit tomber à la renverse.

✶

Lorsque vint le temps d'éteindre les braises du feu et de s'enrouler dans les couvertures, Shanandra s'approcha de Torance.

Après avoir défoulé grâce à Paléas son trop plein de doutes et de craintes face à leur avenir, le jeune homme était repu de fatigue.

— Je te sens loin, commença-t-elle doucement.

Le prince se crispa aussitôt. Le malaise qu'il ressentait lorsque la jeune fille était près de lui revenait au galop. Il se fustigea intérieurement, car il était incapable de comprendre l'origine de cette désagréable sensation alors que tout, dans

Shanandra, l'attirait. Mais peut-être ressentait-elle le même trouble que lui?

— Nous devons parler, je crois… ajouta-t-elle.

La montagnarde observait Lolène qui échangeait un salut avec Pirius et Cristin. Torance crut comprendre qu'elles avaient dû discuter, toutes les deux, et que c'est pour cette raison que Shanandra venait à lui.

S'attendant à il ne savait trop quoi, il recula instinctivement.

— …parler des chutes d'Atinor, termina-t-elle.

Ils avaient en effet tous deux vu ces chutes durant leur initiation dans la crypte.

— Crois-tu que les tablettes de Mitrinos s'y trouvent? hasarda-t-il.

— C'est ce que soutient Cristin. D'après lui, le héros et sa compagne, Shébah, s'y sont réfugiés un temps.

L'évocation de Mitrinos et de la prêtresse-guerrière qui l'accompagnait les mettait mal à l'aise sans qu'ils sachent pourquoi.

Peut-être est-ce parce que, dans un certain sens, nous continuons la mission à leur place? se dit le prince.

— As-tu vu en songe, toi aussi, un rocher percé en son centre? demanda Shanandra.

— Non. As-tu entendu rugir des tonnes d'eau?

Elle secoua la tête, mais ajouta aussitôt :

— J'ai reçu par contre un message du Mage errant. Il m'a dit : « L'anneau dans la pierre vous conduira en lieu sûr. »

Que signifiaient ces transes éparses et ces mots aussi incomplets que des indices jetés en pâture à des apprentis détectives?

— Et tes voix?

Torance les avait entendues, encore et encore.

— Mais elles sont toujours aussi incompréhensibles.

Il montra leurs vêtements, les chevaux.

— Je n'aime pas la manière dont nous les avons obtenus.

— Il s'agit de dons.

Le prince secoua la tête à son tour.

— On ne donne jamais rien pour rien. Ces gens attendent quelque chose de nous.

— Le Grand Œuvre…

Torance baissa la tête.

— Tu es contrarié, constata Shanandra.

— Le Mage errant nous manipule. J'ai horreur de ça. J'aspire à être enfin libre.

La montagnarde respectait son opinion. Seulement, ils avaient trop chevauché pour avoir les idées vraiment claires. Demain, ils atteindraient la plaine fertile de *Ravagna* où se trouvaient les célèbres chutes d'Atinor.

— Nous en apprendrons davantage aux chutes sur ce mystérieux rocher troué, se contenta-t-elle de murmurer. Dormons, à présent.

13

L'anneau dans la roche

Les sept pâtres se tenaient devant le précipice. Le bruit assourdissant des chutes toutes proches les empêchaient de se parler et de s'entendre, mais ils s'étaient déjà tout dit. Sous la lumière du soleil matinal, les embruns produits par les tonnes d'eau prenaient des allures de voiles multicolores. Sur la plaine paissaient une myriade de moutons, de chèvres et autres animaux de trait, sous l'œil vigilant des chiens de berger. Derrière les talus bordant cette plaine se tenaient trois cents cavaliers.

Allongée dans l'herbe haute, la toge détrempée, Astarée observait le groupe immobile. Qu'allaient-ils faire maintenant? À ses côtés, la grande carcasse du sergent Lupia s'agitait nerveusement.

— Ils observent l'océan ou bien le pied de la falaise.

— Attendez…

Astarée posa la mire de sa lunette d'observation sur la plus grande des sept silhouettes. Avait-elle bougé?

— Oh!

Lupia ignorait pourquoi le cristalomancien observait ces pâtres, mais il n'était pas dupe. Il savait que s'ils avaient galopé jusqu'ici en compagnie du jeune roi Atinoë, ce n'était pas pour contempler les chutes d'Atinor.

— Ils ont disparu, ajouta Astarée.

Elle se releva, secoua les pans de sa longue toge.

— Disparus? s'étonna Lupia.

— Hâtons-nous, le pressa Astarée.

Un officier du jeune roi leur adressa une grimace impatiente. Où donc étaient les fugitifs promis à Sa Majesté?

— Faites sonner la charge! lui ordonna Astarée en remontant à cheval.

— La charge? Mais... s'offusqua l'officier d'Atinoë sans comprendre.

Entre eux et les bords de la falaise paissaient les bêtes accompagnées par leurs bergers et leurs chiens.

— Faites place nette, précisa Astarée.

Un premier cor sonna, puis un second. La troupe s'ébranla. Le sol se mit à trembler sous les sabots des destriers harnachés. Bientôt, les nobles entourant le roi se lancèrent dans la mêlée en poussant des cris aigus de jeunes filles.

En tacticien de métier, Lupia n'aimait pas cette campagne qui prenait des allures d'expédition champêtre destinée surtout à distraire la cour du roi-enfant Atinoë. Il n'était pas le seul. Les officiers de l'armée semblaient aussi déconcertés que lui. Pourquoi charger de paisibles bergers sur les terres ancestrales où ils venaient faire paître leurs animaux?

Une fois encore, Lupia ne se laissa pas dérouter par les apparences. Cette opération était sûrement liée aux deux messagers.

Lorsqu'il ne resta plus dans la plaine que d'épais nuages de poussière, quelques bêtes agonisantes et les corps de ceux qui n'avaient pas eu le temps ou la chance de se sauver avant l'attaque, Lupia et Astarée gagnèrent les bords du précipice.

Sans s'occuper du roi et de ses courtisans qui les rejoignaient au trot, la cristalomancienne arpenta le terrain accidenté à la recherche de l'endroit précis où s'étaient tenus les sept pâtres.

Un commandant à l'allure sévère portant sa barbe en collier s'approcha. Transpirant sous son casque en fer, il était visiblement irrité par cette chevauchée dont il ne voyait pas l'utilité.

Afin d'éviter toute confrontation, Lupia lui adressa un salut militaire et se dépêcha de rejoindre Astarée.

— Et bien? hurla-t-il pour couvrir le bruit de la chute en se penchant par-dessus l'épaule du cristalomancien.

— Ils se tenaient ici, répliqua le mystique sur le même ton.

Lupia réprima son étonnement. Lorsque le jeune Astarée haussait ainsi le ton, sa voix ressemblait à celle d'une femme. Le roi-enfant et sa suite arrivaient. Le cristalomancien saurait-il lui expliquer pourquoi il avait dû quitter en catastrophe son beau palais en pleine nuit?

Astarée et Lupia étaient tous deux parvenus à Atinor, la capitale du pays, deux jours auparavant.

Guidés seulement par l'intuition d'Astarée! se rappela Lupia.

Des hommes portant des masques peints avaient été arrêtés le jour même sous le fallacieux prétexte qu'ils haranguaient une foule de marchands.

Astarée a insisté pour que la police du jeune Atinoë exécute sur-le-champ ces Servants du Mage errant avant qu'ils ne causent plus de troubles.

Lupia avait noté la répugnance des autorités à décapiter publiquement des envoyés du Vénérable d'Évernia.

Mais les fonctionnaires du palais, qui gouvernent plus sûrement que le jeune roi, n'ont pas osé désobéir à un émissaire officiel de Sarcolem.

Le sergent n'était pas complètement idiot. Il se savait entraîner dans une opération de longue haleine. Pourchasser les jeunes messagers revêtait une grande importance pour le roi de Gorée. Il n'était donc pas près de regagner sa caserne, située près d'Éloria!

Lupia ne détestait pas cette chasse-poursuite. En fait, il était intimement persuadé qu'il participait à un événement marquant de l'histoire des Douze Royaumes. Une de ces opérations qui survivent dans la mémoire des hommes. N'ayant rien fait jusqu'à présent d'héroïque ou de mémorable, il tenait enfin sa chance. On pouvait récolter bien des honneurs en aidant Sarcolem. Et même s'il répugnait lui aussi, par superstition, à assassiner des Servants du Mage errant, il se raccrochait à l'idée que cette mission allait sans doute, s'il la jouait bien, le propulser très haut dans la hiérarchie militaire.

Ce Gorth a eu tort de choisir le camp des messagers, se dit-il encore. Il paiera un jour sa traîtrise.

Astarée trouva l'endroit.

— Ici! hurla-t-elle.

Autour d'eux s'ébrouaient les fiers étalons des courtisans entourant le roi. Lupia considéra les figures poudrées de ces derniers, leurs chevelures soigneusement tressées. Des parfums capiteux les enveloppaient. Cliquetant de bracelets et de breloques, leurs cous, leurs poignets et leurs chevilles composaient un bruit de fond rappelant celui d'une fête immorale.

— Alors? s'impatienta le jeune roi qui ne paraissait plus du tout amusé par cette cavalcade improvisée.

Astarée s'approcha de Lupia. Celui-ci se baissa pour que le cristalomancien puisse atteindre son oreille.

— Regardez ce rocher troué en son centre.

Le sergent ne fut guère impressionné par l'énorme pierre intégrée au reste de la falaise, mais qui s'élançait dans le vide telle une proéminence accidentelle, deux mètres en contrebas. Astarée lui indiqua plus précisément l'ouverture circulaire pratiquée dans la pierre et à une centaine de mètres plus bas, le ressac et le tapis de récifs acérés.

— Ils sont peut-être tombés? suggéra le sergent.

Celui-ci s'agenouilla prudemment sur le bord, tendit le cou.

— Ne cherchez pas de cadavres, il n'y en a pas, lui certifia Astarée en souriant.

— Les vagues ont dû les emporter.

— Vous ne comprenez pas.

Lupia avoua que non. Astarée lui donna ensuite une série d'instructions « à suivre à la lettre s'il lui arrivait malheur » qui le fit frémir.

— Comment? s'écria-t-il.

— Je compte sur vous, sergent!

Celui qu'il prenait pour un jeune homme étrange, efféminé et cependant rusé et intelligent se plaça à son tour au bord de la falaise. Puis, sans prévenir, il sauta dans le vide…

✶

La voix grave de Shanandra murmurait à l'oreille du prince.

— Est-ce que ça va?

Torance frotta ses genoux douloureux. Il leur avait fallu à tous du courage pour croire qu'il existait autre chose que la mort au-delà du trou creusé au centre de ce rocher en forme de beignet géant. Encore émerveillé même s'il se sentait au bord de l'évanouissement tant sa peur de s'écraser avait été grande, il feignit l'indifférence.

— Il semble que nous ayons atterri dans une sorte de caverne.

Non loin, il entendit des battements de mains qui résonnèrent en écho.

— Dès que nous avons sauté à l'intérieur du cercle, nous avons été transportés ici, expliqua Shanandra. Exactement comme dans notre rêve de la nuit dernière!

Torance sourit nerveusement. N'avait-elle pas assez répété qu'ils devaient faire confiance au Mage errant! Que quoi qu'il arrive, ils n'avaient pas été guidés jusqu'ici pour s'écraser sur des roches ou pour finir dans le ventre d'un requin.

— D'accord, d'accord! Et maintenant? fit-il en scrutant les ténèbres.

— Une caverne… murmura le jeune érudit, songeur.

— Hé! Ho!

Les voix conjuguées de Pirius et de Paléas se répercutèrent de salle en salle. Ils parvinrent jusqu'à une corniche. L'air était vif et gorgé d'humidité, la preuve qu'il existait sans doute des issues. Leurs yeux s'habituaient peu à peu à l'obscurité.

— Venez voir! exulta Lolène en frappant encore dans ses mains.

Une clarté indistincte émanait des cloisons calcaires. Torance toucha le mur recouvert d'une fine pellicule d'eau.

— On dirait que de la lumière se reflète sur les gouttes d'eau.

— Là! s'exclama la guérisseuse.

D'une étroite rigole creusée dans le sol sourdait une lueur diaphane.

Torrance voulut ramasser une poignée de terre. Se rendant compte qu'il n'y en avait pas, il resta les bras ballants.

Gorth s'était hissé sur une stalagmite. Les événements se bousculaient dans sa tête. La nuit passée sur le rivage, le bref conciliabule tenu par Shanandra, les hésitations de Torance à l'idée de se grimer en pâtre et de gagner la plaine de

Ravagna. Et maintenant, cette caverne jaillie de nulle part alors que, hésitants et terrorisés, ils avaient tous sauté dans le vide sur la seule assurance de Shanandra qui affirmait qu'ils ne s'écraseraient pas…

— Cette ligne de lumière ressemble à un long serpent, dit-il.

Il grimpa plus haut, prit appui sur un encorbellement et trouva une série de flambeaux en bronze accrochés aux parois sur des anneaux en cuivre.

Torance frôla la montagnarde dans le noir.

— Penses-tu comme moi? La caverne du Mage errant… précisa-t-il. Je devais avoir sept ans. L'air que l'on y respirait ressemble à celui d'ici.

Ces mots réveillèrent en Shanandra de nombreux souvenirs. Était-il possible que ce goulot de pierre les ait directement menés à l'antre secret du Mage errant?

Des images douloureuses leur revinrent : une cérémonie d'initiation au « regard qui tue » pour Shanandra; une douloureuse opération chirurgicale au thorax pour Torance.

— Il fait froid, maugréa Paléas.

Gorth redescendit par une seconde corniche.

— Cette grotte a été aménagée par la main de l'homme, annonça-t-il en brandissant un flambeau.

Celui-ci était si lourd que le militaire avait du mal à le tenir d'une seule main. Torance tendit le bras, le saisit et grimaça aussitôt sous le poids.

— Les hommes du temps de Mitrinos étaient sans doute plus forts que nous, expliqua Cristin.

— Mitrinos?

— Mais oui.

Tous attendaient des éclaircissements. Puisque le jeune érudit demeurait perdu dans ses réflexions, Torance alluma l'extrémité du flambeau constitué d'un mélange séché à base d'huile de lin et de bouse de mouton. Aidé de Pirius, il pencha le flambeau vers le sol, jusqu'à frôler la rigole à l'intérieur de laquelle circulait le liquide luminescent.

Paléas, qui était demeuré jusqu'à présent adossé contre une stalagmite géante, s'approcha du prince :

— Tu t'attends à quoi?

Un immense crépitement secoua la caverne. Puis un grondement sourd fit trembler les immenses socles de calcaire. L'instant d'après, une lumière opaline tirant sur l'ocre et le mauve se mit à sourdre de la salle souterraine.

Un murmure d'admiration au bord des lèvres, chacun découvrit les lieux.

Cristin fut le premier à briser le silence.

— La caverne où Shébah et Mitrinos ont jadis trouvé refuge, dit-il d'un ton rêveur.

— Explique-toi! exigea Torance.

Il connaissait très peu la vie et la quête du héros, car étrangement, de tous les rouleaux d'ogrove qu'il avait lus dans la bibliothèque du palais royal d'Élorîm, aucun ne faisait référence à Mitrinos.

Le jeune scribe se mit à faire les cent pas.

— La légende prétend que Mitrinos et Shébah ont été traqués par les rois de jadis jusque dans le royaume d'Atinox alors qu'ils étaient en possession des tablettes de la déesse.

— Donc, s'enthousiasma Torance, nous touchons au but.

Shanandra ne partageait pas son opinion.

Elle aime cette vie d'aventures, se dit le prince. Elle souhaiterait sans doute parcourir l'ensemble du continent central à la recherche de ces tablettes pendant encore des années.

Cristin poursuivit en précisant que la version officielle, telle qu'enseignée par les lamanes de toutes les confessions, stipulait que Mitrinos était seul dans sa quête.

— Le rôle de Shébah les gêne. D'abord parce qu'il s'agit d'une femme. D'une femme très jeune. Elle devait avoir seize ans alors que Mitrinos, qui était avant tout un philosophe pacifique, frôlait la quarantaine. Certains rouleaux prétendent que Shébah faisait partie des prêtresses guerrières chargées de protéger les tablettes.

Le héros avait reçu en rêve de la déesse en personne la mission de voler les tablettes qui étaient religieusement conservées, mais nullement utilisées pour instruire les peuples.

Torance détestait n'avoir rien à dire sur un sujet aussi important. Néanmoins, il était bien obligé d'écouter les explications de Cristin.

— Mitrinos s'est introduit une nuit dans le temple de Goromée où étaient gardées les tablettes, et il les a volées. Shébah et d'autres prêtresses guerrières ont été envoyées à sa poursuite avec ordre de récupérer les tablettes et de punir le voleur. Mitrinos devait être châtié en public pour cet outrage. Mais les choses ne se sont pas passées comme prévu.

Alors que tous écoutaient les explications de Cristin, Gorth serrait les mâchoires. Au bout d'un moment, il s'éloigna, le glaive à la main.

L'érudit poursuivait :

— Le dernier rouleau que j'ai lu mentionne que Mitrinos aurait été traqué jusque dans la plaine de Ravagna, où il aurait été rattrapé et précipité dans les flots.

Shanandra restait perplexe.

— Est-il fait mention du sort réservé à Shébah?

— D'après certaines sources, elle était déjà devenue sa complice à cette époque. Mais non, on ne sait pas si Shébah a été poussée dans le vide avec Mitrinos.

— On peut supposer, avança Shanandra, que le héros n'est pas mort en tombant du précipice. Peut-être a-t-il tout simplement sauté à travers la pierre percée, comme nous!

Cette idée plaisait beaucoup à Torance.

— Dans ce cas, il a été transporté ici même.

— Les tablettes sont donc cachées quelque part dans cette caverne, en déduisit Torance.

Le prince et Cristin furent offusqués en voyant Paléas bâiller, mais ils se continrent. L'érudit expliqua alors que nul rouleau à sa connaissance – il ignorait encore cependant tant de choses! – n'évoquait le sort des tablettes ou celui de Shébah.

Gorth revint de sa ronde et s'entretint à voix basse avec Pirius. Le front de l'officier était plissé. Torance voulut connaître la raison de sa contrariété.

— Cet endroit est immense et résonne de mille bruits tous plus étranges les uns que les autres, lui répondit évasivement l'ex-homme de silex.

Torance nota qu'il avait rangé son glaive, ce qui signifiait sans doute qu'ils étaient en sécurité. Rassuré, il reporta son attention sur Cristin qui supputait à présent sur l'endroit où auraient pu être cachées les fameuses tablettes.

— On les trouve et on sort d'ici! proposa Paléas en s'étirant.

— J'ai découvert de nombreuses fontaines et des réservoirs vides, les informa Gorth.

— Qu'attendez-vous pour chercher? les pressa Paléas. Cet endroit ne m'inspire aucune confiance!

Soudain, ils entendirent une exclamation de surprise.

— C'est Lolène, fit Cristin.

Ils rejoignirent la guérisseuse devant un vaste surplomb de calcaire et restèrent bouche bée.

— Les vingt-deux statues annoncées par les chants de la prophétie du Mage errant, murmura Cristin, à la fois fasciné et pétrifié de frayeur.

14

La trente-troisième main

Astarée grelottait. Depuis son arrivée miraculeuse dans la caverne, son cerveau fonctionnait à toute allure. Elle se rappelait le rêve qu'elle avait fait la nuit précédente et s'émerveillait qu'il se fût révéler aussi proche de la réalité.

Je me trouvais une fois encore sur une longue grève de lumière. Un Maître parlait à ses disciples. Je me tenais en retrait, mais je voyais bien qu'il leur indiquait une sorte de roche percée en son milieu dans laquelle il leur faudrait sauter…

Recroquevillée à l'intérieur d'une anfractuosité de calcaire située non loin de l'immense salle dans laquelle s'élevaient les statues, elle espionnait les jeunes messagers.

J'espère que Lupia suivra mes instructions…

La peur d'être découverte s'estompait peu à peu sous l'effet de l'excitation. Ces émotions mêlées lui rappelèrent son enfance. Il lui arrivait autrefois de braver les consignes du vieux Sévrinus Polok et de se lever en pleine nuit. Elle soulevait le plus doucement possible la trappe de bois, se glissait dans l'atelier.

Polok travaillait à de savantes et ésotériques recherches pour le compte du roi Sarcolem. Des odeurs d'huiles et d'extraits de plantes planaient dans l'air confiné. Le vieux maître lançait quelques incantations magiques au-dessus d'un creuset en étain rempli de cristaux. Il manipulait des ossements de barnane, interrogeait les émanations spirituelles des douze géants au sujet d'un hypothétique secret conférant à son possesseur un pouvoir extraordinaire.

Des éclats de voix la ramenèrent à la réalité. Les jeunes étudiaient les statues une à une. Que cherchaient-ils?

Tout à l'heure, Astarée avait vu une silhouette s'approcher de son trou glacé. L'ombre de la tête massive de Gorth s'était profilée sur une stalagmite.

Astarée aurait voulu se dresser et réduire au silence le capitaine déserteur d'une formule savamment assénée. Mais ses lèvres tremblaient trop pour qu'elle puisse bien articuler l'enchantement.

La pointe du glaive de Gorth avait fouillé les ténèbres, passant à deux doigts de sa perruque. Après un moment d'hésitation, il s'était éloigné. L'avait-il vue? Si oui, pourquoi avait-il fait semblant de l'ignorer?

Des mots fusaient de la salle souterraine.

— Eh bien! râlait Paléas. Ce sont des statues! Et alors?

Astarée redoubla d'attention. Les compagnons venaient non seulement de découvrir ce qu'ils appelaient la chambre de la Mère, mais aussi de vieilles fresques.

Avec mille précautions, la cristalomancienne sortit de sa cachette, rampa le long de l'encoche lumineuse creusée dans le sol. S'ils découvraient les tablettes, elle devrait les récupérer et, si possible, les détruire aussitôt. S'ils obtenaient quelque information concernant le mystérieux Grand Œuvre du Mage errant, elle devait être en mesure d'écouter.

— Elles ont des seins! s'exclama Paléas en parlant sans doute des statues.

Le garçon presque chauve confirma qu'il s'agissait bien de la déesse Gaïa. La même statue, sculptée à vingt-deux reprises. Des statues énormes, imposantes, glaciales, taillées non pas dans du calcaire, mais dans du granite.

Ce dernier détail fit tiquer la cristalomancienne.

Comment les anciens ont-ils pu transporter ces immenses blocs de granite dans la caverne?

Astarée remplaça mentalement le mot « caverne » par « temple ».

Le légendaire temple aquatique d'Atinor!

Fascinée malgré elle par l'importance historique de cette découverte, elle se rappela ses lectures. *L'un des douze temples ou douze entrées menant aux mondes où vivent la déesse et les géants.*

— Oh! s'exclama Lolène, regardez !

Torance et Shanandra s'approchèrent d'un profond bassin.

— Il y a des bas-reliefs sous la surface de l'eau, dit la montagnarde.

— Et ils sont éclairés, remarqua le prince.

Torance sourit à Shanandra. Celle-ci lui demanda :

— Que fais-tu?

Il ôta ses galvas et sa toge, puis il plongea.

Sous la surface de ce bassin, au pied même de la première des vingt-deux statues, se dessinait effectivement une paroi éclairée par une source lumineuse qui n'était pas allumée avant notre arrivée, en déduisit le jeune homme. Il approcha son visage du bas-relief, l'étudia quelques instants. Lorsqu'il n'eut plus de souffle, il remonta à la surface.

— Lolène a vu juste, haleta-t-il.

Shanandra s'attendait à ce qu'il donne une indication sur la marche à suivre, car leur rêve les avait conduits jusqu'à la roche percée et à la caverne, mais pas plus loin.

— Qu'y a-t-il de reproduit sur cette fresque? s'enquit-elle, impatiente.

— Un dessin représente la déesse dans la même attitude que celle des vingt-deux statues.

— C'est tout?

Torance secoua sa chevelure noire détrempée.

— J'ai aussi lu un chiffre...

— Trente-trois, déclara brusquement Cristin sans lui laisser le temps de parler.

Torance s'étonna.

— Tu le savais?

— Avec le sept et le onze, trente-trois est un des nombres sacrés de la cosmogonie des anciens.

Le prince ne comprenait pas davantage.

— Nous sommes sept et il y a vingt-deux statues, poursuivit Cristin.

— Cette aventure ressemble à une ridicule chasse au trésor, laissa tomber Paléas.

Il se cura les dents avec un ongle et ne put s'empêcher d'ajouter que, hélas, c'étaient pour des tablettes même pas en or qu'ils se démenaient ainsi!

— Toutes ces mains tendues dans une pieuse attitude de guérison! fit remarquer Lolène, rêveuse.

— Les mains! répéta Cristin, frappé par une soudaine illumination. Ça tombe sous le sens.

Il se plaça devant les statues. Chacune d'elles devait mesurer quatre mètres de haut. Shanandra le suivit, car elle venait également d'avoir une idée.

— Comptons à partir de la première statue, proposa-t-elle.

— Que cherchez-vous? demanda Torance en s'enveloppant dans son pello.

La montagnarde passait d'une statue à une autre.

— Il faut compter les mains, dit-elle.

Le prince étudia les représentations de la déesse. Elles étaient bel et bien identiques. Agenouillée, mains tendues et ouvertes devant son abdomen, Gaïa attendait que se présentent devant elle des âmes malades qui souhaitaient être guéries.

Parvenus devant la dix-septième statue, Cristin et Shanandra s'arrêtèrent.

— Trente-deux, trente-trois, ânonnèrent-ils ensemble.

— La statuette de bois dans la crypte d'Éloria possédait une cavité dans le dos, se rappela la princesse.

Se sentant dépassé et n'acceptant pas de l'être, Torance se précipita derrière la statue, passa une main sur la pierre lisse. Sa joie se transforma en déception.

— Il n'y a rien. Il décocha une œillade froide à Paléas. Une chasse au trésor, hein?

Cristin s'était agenouillé, bras croisés sur la poitrine – sa meilleure position pour réfléchir. Le prince n'osa pas demander ce qu'ils devaient faire ensuite, mais la question lui brûlait les lèvres.

Shanandra se hissa sur les bras tendus de la statue.

— Tu t'attends à quoi? lui demanda le jeune homme en terminant de se sécher.

L'expression enjouée de la montagnarde fut plus éloquente qu'une exclamation. Elle l'invita à grimper à ses côtés.

Recroquevillés tous deux sur les bras de la déesse, ils contemplèrent le dos de la trente-troisième main.

Cristin bondit sur ses pieds.

— Avez-vous trouvé un indice?

Bras et jambes emmêlés, le visage penché derrière la main en question, les deux messagers avaient l'air de comploter en silence. Gênée de frôler ainsi le corps du prince, Shanandra se redressa.

— Une cavité est creusée dans le dos de cette main, expliqua-t-elle.

Elle sortit la pierre du destin de l'écrin de cuir qu'elle portait en médaillon, la logea dans le trou.

L'expression du jeune érudit se crispa.

— Attention! hurla-t-il en forçant les autres à reculer.

Mais rien ne se produisit.

— Je croyais, commença-t-il…

Paléas haussa les épaules.

Mais soudain, la statue se mit à frémir. Déséquilibrés, Torance et Shanandra tombèrent. Une lueur jaune émana de l'estomac de la déesse. Un son grave qui ressemblait à un *aaaa!* profond et solennel emplit leurs oreilles.

— Reculez! hurla encore Cristin en tirant cette fois Lolène par le bras.

Cloués sur le sol glacé par le halo de lumière, Torance et Shanandra étaient paralysés. Le temple lâcha un grincement épouvantable. Le cœur battant, l'oreille aux aguets, chacun attendit une sorte de fin du monde qui tardait à se produire…

*

Astarée profita de la secousse sismique pour se cacher derrière la première statue. L'alignement des « Mères », comme elle avait entendu Cristin appeler les hautes sculptures, baignait dans une lumière étourdissante. Se faufilant de l'une à l'autre, la cristalomancienne se rapprocha subrepticement de l'endroit où se tenait le groupe.

Elle n'avait pas encore de plan clairement défini en tête, mais une impression d'urgence la faisait haleter. Les dalles tremblaient sous ses pieds. La vibration montait dans son corps et se faisait ressentir jusqu'au sommet de son crâne.

Elle ne se trouvait plus qu'à quelques pas de Gorth quand celui-ci l'aperçut. Son bras armé d'un long glaive se crispa. Astarée brandit son cristal rouge en récitant l'incantation magique appropriée.

Frappé de plein fouet par la décharge énergétique, l'ex-homme de silex resta suspendu à quelques centimètres du sol, un rictus bizarre gravé sur son visage.

Les autres compagnons firent volte-face.

— Pas de gestes inconsidérés! leur cria Astarée en sortant de l'ombre des statues.

Lolène et Cristin étaient agenouillés près de Torance et de Shanandra, toujours couchés sur le sol. Une main plaquée sur la nuque des deux messagers, la guérisseuse paraissait inquiète.

— Ils ont perdu connaissance…

Torance gémissait. Ses lèvres tremblaient. Cristin approcha son oreille de sa bouche.

— Il veut parler.

— J'entends, j'entends… balbutiait le jeune homme.

La cristalomancienne sentait une tension douloureuse s'installer dans son bras tendu.

— Tu comptes nous tenir en joue tous les sept? la nargua Paléas, nonchalamment adossé à la seizième statue.

Astarée se contenta de lui sourire : le voleur ravala aussitôt sa morgue.

— Placez-vous tous contre la statue! dit-elle.

Pirius hésitait. Gorth mis hors de combat, comment maîtriser Astarée? Il esquissa un mouvement. La cristalomancienne lui lança un enchantement qui le saisit à la gorge. Étouffant à moitié, le jeune blond tomba au sol.

— Pas un geste! clama Astarée.

De quelle manière pouvait-elle, en effet, retrouver la sortie de ce temple, rejoindre Lupia et les hommes du roi

Atinoë et, en même temps, tenir ses sept prisonniers en respect?

Paléas la dévisageait avec hardiesse. Astarée s'apprêtait à lui lancer également l'enchantement dit « de la gorge bloquée » quand le temple gronda de nouveau.

Les parois se fendillèrent dans d'affreux craquements. Des trombes d'eau jaillirent par les anfractuosités. Un à un, les bassins commencèrent à se remplir. Dans le même temps, poussé vers le haut par un géant invisible tapi dans les entrailles de la terre, le sol se souleva.

Écrasés sur les dalles à cause de la pression, ils étaient tétanisés de frayeur.

L'ascension sembla durer une éternité. Pourtant, au bout de quelques minutes seulement, tout était terminé. Les bassins avaient débordé. Une eau glacée et bouillonnante léchait les socles des vingt-deux statues. Mais à part quelques pans de roches écroulés et des stalagmites fracturées, le temple avait bien résisté.

— Que s'est-il passé? marmonna Paléas en essorant les pans de son pello.

Il avisa chacun de ses compagnons, arriva sans problème au compte de sept. Soudain, il se rappela d'Astarée. Il scruta les alentours, ne la trouva pas. Avait-elle été emportée?

La tête lui tournait. Il avait envie de vomir. Une brise pleine d'embruns soufflait entre les statues. Quelques frémissements en provenance du sous-sol faisaient encore tressaillir les dalles, mais l'effrayant grondement avait cessé. Les bases du temple se replaçaient.

Cristin se trouvait devant un des interstices pratiqués dans les parois du sanctuaire.

— Le temple a émergé! dit-il, solennel.

Ce mot, émergé, les prit tous de court. Prisonniers de l'immense caverne, ils n'avaient eu aucune idée de l'endroit où ils se trouvaient vraiment. Dans la falaise? Sous la plaine? Transportés au sommet d'une lointaine montagne?

Sans s'occuper d'aider qui que ce soit, Paléas sauta de gravats en gravats.

— Nous nous trouvions en fait sous l'océan, expliqua Cristin.

Il montra la côte déchiquetée, la falaise surmontée de la plaine, les fabuleuses chutes d'Atinor scintillant au soleil.

Une étrange émotion serrait la gorge des compagnons. Élevés au son des chants légendaires, ils n'étaient pas effrayés par le mystérieux. Depuis leur rencontre avec Torance, Shanandra et Astarée, la magie et le surnaturel faisaient partie intégrante de leur quotidien. Mais cet énorme rocher sorti tout frémissant de l'océan avait de quoi les impressionner.

Peu à peu, Torance et Shanandra reprirent leurs esprits. Lolène hésita un instant entre eux deux. Faisant finalement signe à Cristin de s'occuper du prince, elle prit Shanandra dans ses bras et l'aida à se relever.

La montagnarde avait le regard vitreux.

— *L'éphron d'or* du couchant nous aidera… bredouilla-t-elle.

Cristin, qui soutenait Torance, l'entendit murmurer sur un ton aussi éthéré que celui de Shanandra :

— L'éphron d'or du matin…

Devant la perplexité de Lolène, le jeune érudit expliqua que des éphrons d'or étaient de grands oiseaux carnivores qui vivaient dans le désert central du royaume d'Ormédon.

— Ousthard et Isthard, compléta-t-il en évoquant les écritures, étaient les deux éphrons d'or préférés du géant Ormédon. Les oiseaux magiques du levant et du couchant.

Ce qu'il ne comprenait pas, cependant, c'est pourquoi ces deux oiseaux étaient apparus pendant les transes de Torance et de Shanandra.

Tout le monde était soulagé d'avoir échappé au séisme sous-marin, sauf Paléas! Aussi méfiant qu'un vieux barnane grincheux, le voleur scrutait chaque trou d'eau, chaque bassin. Il passa en revue les silhouettes de chacune des statues de la déesse éclaboussées de lumière.

— Que cherches-tu? s'enquit distraitement Pirius.

Paléas sentait bien que l'ancien soldat était davantage concerné par la beauté surnaturelle du paysage que par ses soucis. Gorth, qu'il détestait en secret, comprit pourtant ce qui le tracassait. Astarée n'avait-elle pas disparue durant l'ascension du temple?

— Là, regardez! s'écria joyeusement Lolène en montrant des pirogues qui s'approchaient du sanctuaire.

Cristin saisit son raisonnement au vol.

— Mais comment descendre jusqu'au niveau de l'eau sans nous fracasser la tête sur les récifs?

Torance eut vite fait de découvrir un sentier creusé dans la roche. Shanandra eut pour sa part la présence d'esprit de récupérer la pierre du destin, restée encastrée dans sa cavité de granite.

Des casques de soldats hérissaient les contreforts de la falaise. Mais ils étaient trop éloignés pour représenter un quelconque danger.

Poussés par la curiosité, les pêcheurs d'un village voisin accouraient aux nouvelles. Lorsqu'ils aperçurent les sept compagnons, certains d'entre eux poussèrent des hourras. D'autres tombèrent à genoux. À en croire leurs déclarations bouleversées et leur excitation grandissante, une très ancienne prophétie venait de s'accomplir : le temple aquatique du géant Atinox, second fils de la déesse et seigneur des eaux, venait de ressusciter.

15

Le long périple

Extrait d'un fragment du manuscrit de Cristin d'Algarancia.

« *Le voyage fut long, pénible et tumultueux. Ne pouvant croire à la mort d'Astarée, nous longeâmes les côtes du royaume d'Atinox en craignant de la voir surgir, entourée de ses soldats. Après avoir contourné de nuit la capitale, et vu brûler les milliers de torches qui transformaient le palais du jeune roi Atinoë en un songe enchanteur, nous fûmes happés par une violente tempête qui drossa notre pirogue vers le large et les falaises abruptes et sauvages des îles de Midrika.* »

Le jeune érudit éloigna sa plume du rouleau d'ogrove. Il aimait entendre le crissement paisible de la pointe de roseau sur le parchemin beige parcouru par de sombres nervures. Celles-ci ressemblaient à des veines. Cristin imaginait que son encre était le sang qui transformait la pulpe séchée et étuvée de l'ogrove en un document sacré chargé de la mémoire des hommes.

Ils avaient quitté les côtes du royaume d'Atinox plusieurs semaines auparavant. Depuis combien de jours arpentaient-ils cet interminable plateau de roches semé de dunes mouvantes et d'entablements rocheux aux formes étranges?

Le garçon consulta les marques tracées au sabrier sur sa planchette de kénoab, en compta plus de douze. Il essuya la sueur qui perlait sur son front.

Ses compagnons et lui voyageaient désormais sur deux chariots tirés chacun par de robustes chevaux. La traversée du désert de Pélos était monotone. Bercé par le balancement régulier des essieux, seuls bougeaient dans ce paysage statique les longs et fins nuages étirés dans le ciel par un vent chauffé à blanc qui brûlait la peau. Tout en buvant une petite gorgée d'eau à sa gourde en vessie de chèvre, il se passa la main sur le crâne.

Il avait tout d'abord pensé que sa repousse de cheveux brun clair le défigurerait. Au mieux, qu'elle le ferait se sentir différent. Mais ce n'était pas le cas. Il avait beau s'être physiquement transformé en plus d'une année, il n'en demeurait pas moins le même, dans sa tête et dans son cœur : un scribe fidèle et obéissant. Une main au-dessus de sa tablette, perdu à la fois dans l'épopée de ce voyage et dans des souvenirs plus anciens pas toujours agréables, il n'arrivait pas à décider si c'était là un bien ou un mal.

Séchant une tache d'encre d'un revers de manche, il écrivit :

« *Après être restés plus de trois semaines en mer, nous avions tous hâte de cesser d'être malades et de sentir sous nos pieds un sol ferme qui ne bougerait plus. Après avoir remonté le détroit dit « des trois frères » et navigué au jugé entre les royaumes d'Atinox, d'Orvilé et d'Ormédon, nous touchâmes terre à la frontière de ce dernier royaume.* »

Cristin s'interrompit de nouveau. Le chariot se traînait de plus en plus. Le cocher – en l'occurrence Paléas – s'était-il endormi?

Son opinion sur l'ancien détrousseur de cadavres n'avait pas changé. Ses railleries, ses moqueries, son matérialisme aigu, son éternel pessimisme et, par-dessus tout, son indifférence presque totale lui tapaient toujours autant sur les nerfs. Pourtant, il devait bien avouer que Paléas les avait exceptionnellement aidés : *ne serait-ce que pour sauver sa propre peau.* Après une longue hésitation, Cristin se dit que son témoignage devait avant tout coller à la réalité. Il devait donner de chacun une image juste, le moins possible teintée de préjugés. Ce qui n'était pas facile à faire, surtout en ce qui concernait le jeune voleur!

« Sans Paléas qui possédait vraiment des notions élémentaires de navigation, nous aurions dérivé sans doute davantage et atteint les bords inconnus et brumeux de la mer de l'Est, là où les énormes mâchoires du Morphoss attendent de broyer les navires égarés. »

Il y avait tant à dire que Cristin s'arrêta de nouveau. De quelle manière pouvait-il au mieux agencer ses idées? Les grandes lignes de ce périple étaient suffisamment claires dans son esprit pour qu'il ne les oublie pas. Mais qu'en était-il des autres incidents, ceux apparemment sans conséquence?

Mais tout, absolument tout, a une conséquence quand on vit aussi étroitement les uns avec les autres.

Torance et Shanandra, par exemple!

Depuis l'initiation vécue dans le temple aquatique d'Atinor, ceux-ci ne juraient que par le désert de Pélos.

Durant leur transe, ils ont vu Ousthard et Isthard, les deux oiseaux sacrés du géant Ormédon. Sans doute ont-ils découvert ou entendu d'autres indices utiles qui nous mèneront à la prochaine étape.

Car cette quête ressemblait à un voyage initiatique. Dans quel but, exactement? Cette perspective était à la fois fascinante et effrayante.

Pélos était le nom d'un plateau aride de plusieurs centaines de verstes de diamètre, situé dans la partie méridionale du royaume d'Ormédon. Il était constitué d'un paysage quasi désertique où ne survivaient que des coyotes, des rats, des serpents, des scorpions et des éphrons d'or.

Que devaient-ils découvrir à Pélos? D'un commun accord, les deux messagers se taisaient. Cristin reprit sa plume, la laissa immobile au-dessus de sa feuille, le temps de choisir le temps de ses verbes.

Il opta finalement pour le ton solennel avec lequel il se sentait le plus à l'aise.

« *Je les sentais fébriles. Nous n'avions découvert les tablettes de Mitrinos ni dans la crypte du palais royal d'Éloria, ni dans le temple aquatique d'Atinor. Torance et Shanandra se posaient des questions sur ces fameuses tablettes. Le Mage errant se moquait-il d'eux? Les tablettes se trouvaient-elles dans le désert de Pélos? Chacun à notre façon, nous partagions leurs angoisses. Gorth conduisait l'attelage de tête, mais il passait aussi de nombreuses heures à sculpter son tréborêt. Paléas restait prostré et silencieux ou bien il jouait aux osselets, seul ou avec Lolène. Torance et moi étudiions de précieux rouleaux qui nous avaient été donnés par quelque marchand ambulant.* »

À ce stade-ci de son récit, Cristin comprit qu'il faisait fausse route. Qu'avant, il aurait dû expliquer comment les choses s'étaient passées, pour eux, lorsqu'ils avaient atteint le premier village.

« *Nous avons été reconnus et accueillis en frères, en fils, en nobles. Et avons été comblés de cadeaux, de nourriture et de vêtements.* »

Cristin se rappela soudain cette armée du roi Orvion XXVI d'Orvilé, qui avait tenté de leur barrer le chemin au sortir d'une ville marchande prospère. Sur l'ordre de ce monarque qui s'enorgueillissait d'avoir fait pendre trois Servants du Mage errant, ils avaient été sommés de descendre de leurs chariots et de se rendre.

Torance avait obtempéré le premier, suivit par Shanandra. Le jeune érudit anticipait déjà les mouvements gracieux du srim-naddrah, dont le prince n'allait pas tarder à se servir pour envoyer ses serpents lumineux à l'assaut des troupes qui les encerclaient.

Mais la foule était intervenue. Folle de rage, elle avait forcé le barrage des soldats. La réaction du commandant avait été violente. L'opération avait dégénéré en émeute, puis en une sanglante répression.

« *Là encore, les Servants d'Évernia avaient répandu la nouvelle de notre arrivée. Nous avons dû profiter des troubles causés par la foule pour nous enfuir. Torance et Shanandra ne voulaient pas, car les soldats se ruaient sur les civils.* »

Cristin revit l'expression du prince. Déception, écœurement, désillusion totale. Mots qu'il nota tels quels et qu'il compléta par une seule phrase :

« *La foule et les soldats se mêlaient dans une telle confusion qu'il ne pouvait sans doute même pas utiliser ses serpents lumineux pour aider les gens.* »

Une silhouette bougea contre l'épaule du jeune érudit. Celui-ci sourit à Pirius. Appuyés dos à dos, les garçons en profitèrent pour s'étirer les bras et les jambes. Pirius lut le texte écrit par Cristin. L'érudit contempla le dessin de son ami.

— Très réussi, je trouve, complimenta-t-il.

— Torance se ressemble, avoua humblement Pirius en essuyant avec un chiffon le fragment de pastel huileux qui tachait ses mains.

Cristin attendit avec une impatience soigneusement dissimulée le commentaire que son condisciple n'allait sans doute pas tarder à formuler.

— Les puissants n'ont jamais été tendres avec la populace, dit doucement Pirius en secouant ses mèches blondes.

Il y aura toujours des révoltes et des coups de force. Torance est trop idéaliste. Il ferait un bon philosophe, mais un mauvais roi.

Cet avis tranchant glaça Cristin d'effroi sans qu'il sache pourquoi.

La sensation de déplacement se faisait de plus en plus discrète. Il pensa que, cette fois, le chariot s'était peut-être vraiment arrêté. Paléas s'était-il encore endormi? Mais non. Les roues grinçaient, les chevaux soufflaient. Afin de se débarrasser de cette sourde frayeur qui lui serrait la poitrine aussi sûrement qu'un instrument de torture, Cristin se laissa entraîner par des pensées plus réjouissantes.

Ces dernières semaines ne leur avaient pas seulement apporté des peines et des épreuves. Pirius, qui était assis près de lui, en était la preuve! Le soir, ils rangeaient tous deux leurs œuvres dans le sécralum de bois, qu'ils plaçaient ensuite dans le sac de Lolène. Ils se séparaient toujours à regret. Jamais auparavant Cristin n'avait trouvé un aussi agréable compagnon.

Comme lui, Pirius avait longtemps vécu à Goromée. Quelques différences, cependant, les caractérisaient. Le jeune Goroméen avait une famille, Cristin était orphelin. Pirius avait grandi dans les rues, chapardé dans les marchés, imité les soldats de la garde royale. Dès son plus jeune âge, Cristin avait quitté Algarancia, sa ville natale, et s'était retrouvé prisonnier des lamanes du Temple de Gorum et soumis à des règles sévères.

Refusant de se rappeler davantage les mauvais traitements subis et les initiations douloureuses, l'érudit pensa plutôt que malgré ces divergences, leurs natures étaient compatibles. Leur goût pour l'art les rapprochait. Leur intérêt commun pour l'histoire, la religion des géants et l'étude des peuples mettait à la fois du miel et du piquant dans leur relation.

Le soleil caressa les boucles blondes de Pirius. Cristin songea que dans cette toge blanche immaculée, l'ancien soldat d'Astarée était aussi beau ou presque que Torance lui-même!

Nous avons bien d'autres choses en commun!

Il fixa dans son esprit l'image de Pirius et du soleil éclatant, celle de Pirius respirant à pleins poumons l'arôme des agrumes entassés dans le fond de la charrette, la vision de Pirius grimaçant sous l'odeur un peu âcre de l'encre avec laquelle il écrivait.

L'envie lui prit de laisser tomber le ton pompeux et de parler de leurs émotions dans un style plus vif, plus intime.

Avant d'écrire quoi que ce soit, il convenait d'abord de faire le point. Torance et Shanandra avaient entre eux un problème de communication, nul n'était besoin d'être prophète pour s'en apercevoir. Paléas ne paraissait plus ennuyé, mais fébrile. À quoi cela tenait-il? Cristin n'en était pas assez sûr pour le confier à la postérité. Lolène était toujours fourrée entre Torance et Shanandra. La chose lui plaisait assez, car les deux messagers avaient besoin en ce moment d'une âme sensible prête à les écouter. Pirius et lui devenaient bons amis. Et Gorth, muré dans son éternelle solitude, n'en était pas moins causeur, parfois, et même souriant à l'occasion. Il sculptait toujours avec autant de passion cette écorce qu'il s'évertuait à transformer en treborêt. Cette quête, décidément, leur faisait du bien. Si tous n'en éprouvaient pas immédiatement les bienfaits, ils s'en rendraient compte plus tard.

Cristin laissa de nouveau glisser sa plume de roseau.

« Gorth... Notre long périple le fait se sentir libre et vivant. Ce qui, pour un homme d'action tel que lui, est l'un des plus beaux sentiments que l'on puisse éprouver dans une vie. »

Le temps présent de mon verbe, se dit Cristin, stupéfait par la simplicité et la clarté de la phrase qu'il venait d'inscrire sur son parchemin, est d'une force peu commune.

Cette découverte ainsi qu'un tumulte, des cris et des grincements d'essieux l'arrachèrent de sa bulle. Il se tourna vers Pirius qui venait lui aussi d'abandonner son dessin.

— Que se passe-t-il? Nous nous sommes arrêtés pour de bon. Cette fois, j'en suis sûr!

Le jeune soldat tendit le cou.

— Je vois d'autres attelages, remarqua-t-il en fronçant les sourcils. Et des centaines de gens rassemblés.

— En plein désert?

Une silhouette fine et légère monta sur le marchepied du chariot, dissipant en une fraction de seconde l'atmosphère amicale et presque intime qui régnait sous la bâche.

Lolène toucha Cristin à l'épaule.

— Viens, c'est important…

16

LA COLONNE D'ESCLAVES

Tout d'abord, Cristin ne vit qu'un géant roux, son ombre menaçante en plein soleil, sa musculature saillante sous une tunique étroitement ajustée, et sa natte, huilée et torsadée, qui tombait sur son large cou telle une épaisse queue de cheval. Le colosse fit tournoyer son kaïbo au-dessus de ses épaules et transféra son poids d'un pied sur l'autre. C'est alors seulement que le jeune érudit aperçut Torance, d'apparence fragile et longiligne, qui se tenait devant l'inconnu.

— Si je perds, clama sourdement le guerrier roux, mes enfants seront vendus au prochain village.

— Si je gagne, rétorqua le prince en haussant volontairement le ton, vous serez tous libres!

Cristin aperçut Paléas, Gorth et Shanandra.

— Que se passe-t-il? s'enquit-il.

La montagnarde détaillait un groupe d'hommes vêtus de longues toges aux couleurs chatoyantes. La plupart d'entre eux portaient des colliers en or et des barbes noires soigneusement teintes au henné. Quelque chose dans leur attitude, la crispation de leurs mains, peut-être, dénotait une grande tension intérieure.

Sentant que Cristin s'impatientait, Paléas rétorqua qu'il n'avait qu'à être présent au lieu de passer son temps à écrire des idioties.

Le moment était trop important pour se mettre en colère. Dépité, Cristin se tourna vers le capitaine.

— Il s'en est fallu de peu qu'on ne les rencontre jamais, laissa tomber Gorth entre ses dents.

— C'est à cause de la poussière soulevée par les chariots, expliqua la jeune blonde.

Cristin observa la colonne de chariots. L'attente et la peur régnaient sur les hommes et les bêtes. L'érudit nota que certains attelages étaient recouverts d'étoffes de cuir pourpres, noires ou beiges, alors que d'autres étaient surmontés de cages en fer. La colonne entière paraissait s'être arrêtée à la hâte. Un des chariots était bizarrement couché sur le flanc. Les cordages s'étaient rompus, les deux chevaux se tenaient, hébétés, à quelques pas. De coffres en osier à moitié éventrés coulaient de riches soieries, des bijoux, des statuettes en ivoire d'évroks.

En attendant de croiser les lames de leurs kaïbos, le prince et le géant s'étudiaient, se mesuraient. Aux intimidants mouvements de bâton du guerrier, Torance ripostait par des tourniquets de son cru.

Scrutant l'amoncellement de chariots, Cristin aperçut enfin les silhouettes entassées tels des animaux à l'intérieur des cages. Des hommes, des femmes et même des enfants étaient ainsi retenus prisonniers! Des nattes de bambou tressé les protégeaient parcimonieusement de la chaleur accablante. Mais la plupart d'entre eux, misérablement vêtus, grillaient littéralement au soleil.

Le garçon hocha tristement la tête. Cette scène lui rappelait certaines de ses lectures religieuses.

— Ce n'est ni le hasard, ni la malchance, ni la poussière qui nous a mis sur la route de cette caravane d'esclaves, Lolène. C'est le destin.

Soudain, les lames de métal s'entrechoquèrent. Les deux combattants ouvraient les hostilités.

— Ce duel est par trop inégal, siffla Pirius qui venait d'arriver. Si Torance n'utilise pas ses serpents, il est perdu.

— Et nous aussi! geignit Paléas.

Cristin vit un des marchands sourire. Paléas voulait parler encore, mais Shanandra lui cloua le bec d'un regard impérieux.

— Lolène! supplia l'érudit qui voyait là une excellente scène à mettre dans sa « quête des messagers ». Je dois savoir!

La jeune guérisseuse comprenait parfaitement l'obsession de son ami. Elle glissa sa main dans la sienne et lui fit un bref résumé des événements.

Alors qu'ils avançaient nonchalamment sur la piste de roches parsemée de dunes mouvantes, des nuages de poussière les avaient avertis d'une présence toute proche. Torance avait collé son oreille contre le sol.

Partis en reconnaissance derrière les collines avec Gorth et Shanandra, le prince était réapparu quelques minutes plus tard.

— Déjà, Torance n'était pas du même avis que Shanandra, fit remarquer Lolène, la mine assombrie.

À quel sujet? voulut demander Cristin. Mais Lolène poursuivait son récit.

Torance avait tout de suite remarqué les chariots-prisons et les esclaves enfermés à l'intérieur. Les chariots avançant lentement, Gorth, Shanandra et Torance s'étaient glissés entre les attelages.

Après avoir regagné leurs propres chariots, le jeune homme avait décidé de changer de route. Mais Shanandra n'était pas de son avis.

— Nos deux pistes se sont rejointes d'elles-mêmes peu après, à l'orée des collines. Mis au défi par Shanandra d'intervenir, Torance a sauté du chariot et a exhorté le chef des marchands à se montrer.

Cristin avisa le groupe d'hommes et leurs mines prétentieuses, leurs mains lourdement baguées, leurs panses arrondies.

En réalité, si Torance n'avait pas voulu tout d'abord intervenir, c'est qu'il ne tenait pas à se faire repérer. Mais il était trop humain pour se voiler la face. Il avait donc sommé les marchands de s'arrêter.

Lolène avoua à Cristin que devant les rires moqueurs des marchands, le prince avait appelé ses serpents invisibles, soulevé et renversé un des chariots. Trois hommes de main s'étaient rués sur le jeune homme. Les mains dans sa chevelure sombre, Shanandra s'était occupée d'eux.

— Les miliciens sont aussitôt tombés évanouis, continua la jeune Élissandrienne.

Le feulement aigu des kaïbos s'entrechoquant violemment ramena Cristin à la réalité. Il avait certes manqué le début : il ne tenait pas à manquer la suite. Un détail, cependant, continuait à l'intriguer.

Paléas arriva. Sa mine crispée n'était guère rassurante.

— Pourquoi as-tu dit tout à l'heure que nous étions perdus, nous aussi?

Le voleur cracha au sol.

— Torance s'est engagé à se battre loyalement, sans l'aide de ses serpents. De plus, il nous a impliqués dans un pari ridicule. La liberté pour tous les esclaves s'il gagne contre notre propre servitude s'il perd. Il va perdre, c'est sûr!

Lolène pinça le bras du voleur.

— Il va gagner! s'indigna-t-elle.

— Ne te fais aucune illusion. C'est un combat à mort!

*

C'était la première fois que Torance affrontait un homme aussi lourd, aussi massif. Chaque attaque du géant risquait littéralement de le couper en deux. Avait-il eu tort de défier les marchands?

Shanandra avait été rusée. En insinuant qu'il était lâche d'abandonner les esclaves à leur sort, elle l'avait fait sortir de ses gonds.

En quelque sorte, elle a été esclave elle-même alors que moi je n'ai été qu'un maître, se dit-il en cherchant une explication à leur prise de bec de tout à l'heure.

Sa lame frôla la gorge du colosse. Celui-ci eut l'air d'apprécier la manœuvre, mais il riposta avec un terrible coup d'épaule qui envoya le jeune homme à cinq pas. Aussi rapide que l'éclair, le guerrier roux bondit, fendit l'air de sa lame…

Torance roula sur lui-même. Le kaïbo se planta dans le sable à deux doigts de sa tempe. Le prince tenta de balayer les jambes de son adversaire. Mais celui-ci était planté au sol aussi solidement qu'un kénoab centenaire.

L'une après l'autre, les lames effleurèrent sa joue et sa poitrine. Flexible, mobile, aussi agile qu'un singe, Torance esquivait toujours.

Mon seul espoir est de le fatiguer. Tôt ou tard, je trouverai une brèche dans sa garde.

Mais il paraissait le plus éprouvé des deux.

Shanandra le sentait bien. Les marchands aussi, d'ailleurs!

Ils nous prennent pour des fous, se dit-elle. Des fous qui iront bientôt grossir le nombre de leurs esclaves. Torance, je t'en prie...

Le prince reçut un terrible coup de poing dans l'estomac. Le souffle coupé, il tomba de nouveau au sol.

Shanandra frissonna autant de rage que de remords.

Leur quête ne pouvait pas stupidement s'achever dans ce désert devant ces marchands avides et cruels! La jeune fille entendait encore les paroles du Vénérable. « Pour que tout commence, tu devras délivrer la pierre du destin. » Ce joyau, elle le portait désormais au cou dans une bourse en cuir. Qu'avaient-ils accompli de grandiose depuis le temple de Nivène?

Nous avons fui telles des bêtes traquées, visité quelques temples, découvert des statues...

Une des recommandations du Mage lui revenait, telle une comptine : « N'utilise pas ton don pour meurtrir les hommes, mais pour les révéler à eux-mêmes. »

Encore une énigme! pensa-t-elle en soupirant tandis que Torance se traînait sur le sable pour récupérer le kaïbo généreusement prêté par le géant.

Le jeune homme commençait à voir trouble. La chaleur poisseuse, la sueur, la douleur dans chacun de ses muscles. Comble de l'ironie, il voyait évoluer les serpents de lumière autour de lui. Glissant entre les deux adversaires, pénétrant l'un puis l'autre, s'enroulant autour de leurs bras, de leurs jambes, ils paraissaient surpris et déçus de n'être point sollicités.

Une grosse goutte de transpiration tomba dans l'œil de Torance. Le géant leva son bras immense. Loin au-dessus de la ligne de ses épaules, la lame du kaïbo accrocha la lumière du soleil. Un des rubans d'énergies se noua autour du manche de l'arme. Torance n'avait qu'à le vouloir pour que le kaïbo soit arraché des mains du colosse.

La lame fendit l'air. À plat dos contre le sable brûlant, le prince se remémora un de ses rêves : une lame de kaïbo tombait ainsi et tranchait sa veine jugulaire! Dans un ultime réflexe, il saisit son bâton, croisa sa lame avec celle du géant.

Son corps possédait-il de secrètes réserves d'énergie et de volonté? Toujours est-il qu'il se cambra, sauta sur ses genoux, esquiva l'attaque suivante. Une étincelle de surprise amusée passa dans les yeux clairs du géant. Devant lui, Torance faisait agilement tournoyer son kaïbo.

Gorth ne pouvait s'empêcher de trembler comme s'il se mesurait lui-même au champion désigné par les marchands. Ce qui, il le pensait honnêtement, aurait peut-être mieux valu. Mais l'attitude chevaleresque de Torance forçait son admiration. Grâce à ses serpents, le jeune homme pouvait terrasser le géant d'un seul geste, et il ne le faisait pas. En quelque sorte, le prince lui rappelait un garçon que Gorth avait beaucoup aimé autrefois. Un gamin fougueux, présomptueux, idéaliste, qui avait un goût d'immortalité et d'invincibilité au bord des lèvres.

Le capitaine revit l'adolescent qu'il avait lui-même été, ses ambitieux projets, ses folles audaces. Soudain, son visage se ferma. Les cicatrices qui labouraient ses joues lui rappelèrent d'autres souvenirs.

La cicatrice de l'asservissement et celle de la libération…

Il se rappelait les paroles que le géant roux avait prononcées juste avant le début du combat. Ces paroles avaient laissé croire à Gorth que Torance triompherait sans trop de mal malgré la différence de force et de poids.

S'était-il trompé?

Torance fut projeté au sol pour la énième fois.

Désireux d'en finir au plus vite maintenant que le jeune fou était à bout de forces, le colosse prit son élan. L'œil avisé de Gorth perçut la brève hésitation et la lenteur avec laquelle les genoux du géant se soulevèrent. Sa garde même était molle. Mais le combat durait depuis trop longtemps pour que l'un ou l'autre des adversaires n'en soient vraiment conscients.

Le géant avait le soleil pour lui. Il plaça son kaïbo dans l'axe de son corps et plongea. Son ombre tomba sur Torance telle une montagne. La lame se planta dans un bruit sourd. Un cri monta entre les chariots, déchirant le ciel uniformément jaune et peuplé de vautours affamés.

— Torance! s'écrièrent Shanandra et Lolène en se précipitant.

Le géant restait debout, immobile, son kaïbo planté. Puis, doucement, il tomba sur le dos, une demi-lame de kaïbo figée entre ses côtes.

Gorth ne put s'empêcher de sourire et de grimacer tout à la fois. Le kaïbo était un art. L'arme elle-même méritait de longs poèmes épiques et le terme d'œuvre fine. Pour faciliter les combats rapprochés, le bâton avait en effet traditionnellement la faculté de se scinder en deux parties plus courtes, chacune d'entre elles étant terminée par une pointe redoutable.

Torance se releva presque aussitôt et se pencha sur son adversaire.

— Quel est ton nom?

Les lèvres desséchées, l'autre murmura des sons incompréhensibles. Les deux filles arrivèrent. Torance prétendit bien se porter même s'il saignait en deux ou trois endroits. Il posa une main ensanglantée sur l'épaule de Lolène.

— Ma lame n'est pas entièrement enfoncée dans ses chairs. Il s'est battu loyalement. Sauve-le, je t'en prie!

Appuyé au bras de Shanandra, il vint ensuite se tenir devant le groupe de marchands. Avec leurs mains et leurs pieds, les esclaves cognaient les barreaux de leurs cages. De tous les côtés s'élevaient des cris de joie. Des gardes-chiourme faisaient claquer leurs fouets. Les clameurs n'en cessaient pas moins d'emplir l'air surchauffé.

— Marchands, vous avez perdu! déclama Torance en essuyant le sang qui coulait sur son front.

— Notre champion n'est pas mort, fit sarcastiquement remarquer le doyen de cette guilde d'esclavagistes.

— Le moment est venu de tenir votre engagement, gronda Shanandra.

— Ta générosité n'a d'égale que ton ignorance des règles de ce genre de combats, jeune guerrier, argumenta suavement le vieux marchand en feignant d'ignorer la jeune fille. Ce combat était un duel à mort.

Ses bagues jetaient des éclats vifs sous le soleil, ses dents en or scintillaient, son ventre opulent était une insulte à la misère qu'il faisait vivre aux prisonniers. Shanandra était proche d'exploser.

Torance s'en aperçut et tendit son bras au-dessus de sa tête.

— Ne m'oblige pas à détruire chacun de tes chariots, marchand!

Gorth n'attendit pas davantage. Aidé de Pirius, il fit sauter les cadenas qui fermaient les cages.

Sur un signe du vieux marchand, les gardes-chiourme firent mine de s'en prendre aux esclaves. Torance envoya aussitôt des serpents s'occuper d'eux. Soulevés dans les airs, les miliciens hurlèrent de terreur avant de retomber lourdement sur le sol.

Au même moment, trois marchands perdaient connaissance, terrassés par le pouvoir de la montagnarde.

Paléas profita de ce revirement de situation pour sauter dans un des chariots recouverts d'une bâche pourpre. Deux minutes plus tard, il exhibait à pleines mains des joyaux, des colliers, des bracelets, des pierres précieuses.

Ignorant les gestes éloquents du jeune voleur, Torance exigea des autres marchands qu'ils respectent leur parole.

— Comme convenu, nous prenons les esclaves.

L'indignation des négociants fut couverte par les clameurs poussées par une centaine d'esclaves.

Bousculés, hués, insultés, les marchands et leurs gardes remontèrent de mauvaise grâce sur leurs chariots. Des quolibets les suivirent jusqu'au sommet de la colline et retentirent longtemps après que les attelages eurent disparu dans l'aveuglante lumière du jour.

Cristin contemplait Lolène, toujours agenouillée au chevet du géant roux.Ce dernier venait de recevoir contre sa poitrine une femme et deux enfants aussi roux que lui. Gorth tendit sa main à Torance. Le prince la serra en souriant. Resté seul près d'un attelage qui n'avait pas suivi les autres, Paléas exhibait des couvertures et des objets d'art. Shanandra était entourée par des enfants dépenaillés, à qui elle parlait et caressait les joues.

Ces images étaient de celles que Cristin aimait à se rappeler. Il cherchait la manière de les fixer sur ses feuilles d'ogrove quand Pirius le rejoignit. Celui-ci, reprenant une des phrases que le scribe avait prononcées plus tôt, laissa tomber :

— Le destin, disais-tu?

— Je ne crois pas au hasard, avoua Cristin. Le passé, le présent, le futur ne sont que les maillons d'une seule et même chaîne. On ne peut vivre sainement en ignorant cette loi de la déesse.

Un groupe d'esclaves amenèrent un homme qu'ils jetèrent brutalement aux pieds de Torance et de Shanandra.

— Qui est-ce? interrogea le prince.

Le marchand avait été dépouillé de son luxueux manteau, de ses bagues et de ses colliers. Son visage était ensanglanté, sa bouche pleine de sable. Encore jeune, son allure n'était pas exempte d'une certaine noblesse.

— Qui es-tu?demanda Shanandra.

— Je me nomme Alimas de Véronia et ce chariot, à côté de celui qui est renversé, est le mien.

— Véronia? Une des cités marchandes de Gorée? fit Cristin. Là où se transigent la plupart des ventes d'esclaves du royaume?

Gêné, le marchand approuva mollement du chef.

— Il n'est pas parti avec les autres, annonça un des esclaves qui avait posé son pied sur la nuque du prisonnier.

Shanandra ordonna qu'on le laisse se relever.

— Explique-toi! enjoignit Torance à Alimas.

Celui-ci se débarrassa de ses souliers en cuivre aux bouts pointus et de sa lourde ceinture en or. Il tendit ces objets à ses tourmenteurs qui s'en emparèrent en riant.

— Vous êtes les deux messagers de la déesse?

Torance et Shanandra hésitèrent.

L'homme joignit ses deux mains et implora :

— En guise de soumission, mon chariot est désormais le vôtre. Laissez-moi vous suivre!

Torance répéta qu'il ne tenait pas à s'encombrer de nouveaux compagnons. La recherche des tablettes était à son avis une tâche suffisamment compliquée comme ça. De son côté, Shanandra pensait qu'ainsi accompagnés, ils ne craindraient plus les attaques des rois.

— Le nombre fait la force!

Cristin avisa le prince épuisé par son combat. Il sentait que le différend qui l'opposait à Shanandra risquait de les enflammer de nouveau.

Le marchand attendait toujours la réponse.

Le jeune érudit contempla le ciel. Le jour déclinait bien trop vite. Qu'allaient-ils faire de tout ce monde et de toutes ces richesses?

17

Les buveuses de sang

Lorsqu'elle vit approcher Pélinor, Astarée eut le réflexe de lui demander, comme autrefois, de noter sous sa dictée.

— Cette plage n'est pas réelle, commença-t-elle. Le flux et le reflux du ressac sont bien trop beaux, le sable trop doux dans ma main, la chaleur de ce soleil ne brûle même pas ma peau et…

C'est seulement alors que la jeune cristalomancienne se rendit compte qu'elle était en train de rêver. Son vieux serviteur lui souriait paisiblement.

— Pélinor! s'exclama-t-elle. Mais comment?

La dernière image qu'elle avait de lui remontait à un autre rêve. Plutôt un cauchemar, corrigea-t-elle mentalement.

Son fidèle domestique décédé entendit sa pensée.

— Je vous suppliais de me retenir, maîtresse, je ne voulais pas disparaître dans les plis ténébreux de la grande toge immaculée de la déesse.

Apparemment, Pélinor avait traversé son enfer et ressuscité dans une sphère lumineuse faite à la mesure de son âme. Elle le serra dans ses bras. Au bout de quelques secondes, cependant, sa curiosité reprit le dessus et, bras croisés, elle fit les cent pas devant le miroitement opalin de cet océan d'un autre monde.

— Je me trouvais dans le temple aquatique, Pélinor. Je tenais Gorth et les autres en respect. Il y a eu un séisme. Le sol s'est brusquement soulevé.

Une idée cocasse lui vint en tête.

— Suis-je morte?

Le sourire du vieux domestique s'accentua. Même dans les sphères de la déesse, il restait fidèle à lui-même. Jamais il n'avait paru aussi jeune et éclatant de santé.

Craignant sans doute d'entendre la réponse de Pélinor, Astarée enchaîna :

— Je me rappelle cette plage. J'y suis déjà venue en rêve.

Elle faillit demander si le temps était arrivé pour elle d'y vivre pour de bon, quand elle se remémora les textes sacrés. Les mauvais se rendaient dans les mondes ténébreux où le Morphoss pesait leur cœur. Les bons avaient droit à des paysages aussi enchanteurs que cette grève langoureuse et frémissante.

Un groupe de pèlerins se trempaient les pieds dans l'eau. Ils entouraient une haute silhouette dont les épaules et le visage disparaissaient sous une sorte de buée évanescente diaprée d'étincelles.

— Est-ce que ce sont tes condisciples, Pélinor? s'enquit Astarée.

Son éternelle tablette de kénoab sous le bras, le vieux domestique lui rappelait un autre érudit, presque chauve et plus jeune, mais tout aussi studieux et philosophe.

— Je les accompagne, mais je ne suis pas encore admis dans leur cercle, maîtresse.

Astarée sentait que malgré les apparences, son vieil ami ne souffrait pas trop de ce qu'elle aurait perçu comme du rejet.

Pélinor se contentait de peu et trouvait partout des occasions de se réjouir. Elle réalisa soudain combien il lui manquait. Combien cette attitude, à la fois humble et tranquille face aux tracas du quotidien, lui faisait défaut.

— Pélinor, répéta-t-elle, je crois que je suis morte noyée dans ce temple.

La gravité de ces paroles la glaça d'effroi. Elle avait donc échoué. Les messagers allaient accomplir leur mission. Le roi Sarcolem n'atteindrait jamais ni la gloire ni ce trésor secret et innommable – bien au-delà des plus fabuleuses richesses – qu'il convoitait et que seuls Torance et Shanandra pouvaient lui apporter.

Pélinor la tira par la manche.

— Maîtresse?

Mais Astarée était bien trop perdue dans ses tourments pour lui prêter attention.

— Maîtresse!

Venait-on de l'appeler par son nom?

Plusieurs disciples avaient tourné la tête de son côté. Le maître aussi était immobile et silencieux.

— Que me veulent-ils? s'emporta Astarée.

Elle comprit que sa colère venait du fait que le maître était le Mage errant d'Évernia, l'ennemi des rois et, donc, le sien! Celui-ci s'adressait à un de ses disciples.

— Rappelle-toi les deux sphères. L'une est petite. Elle représente le cerveau de l'homme. L'autre, bien plus vaste, figure son subconscient. Maintenant, concentre-toi et écoute la voix qui te parle…

Le disciple en question avait l'air aussi farouche qu'Astarée elle-même! Celle-ci fut prise d'une irrépressible envie de voir son visage, camouflé sous un capuchon beige.

— Je le connais. Je suis certaine que je le connais…

Une pensée la traversa tel un éclair.

Je ne suis pas vraiment morte.

Pélinor allait lui révéler le nom de ce disciple quand la jeune cristalomancienne fut tirée en arrière par une main invisible.

Autour d'elle, la plage bougeait. Les élèves s'éloignaient. Pélinor la saluait un peu tristement. Lorsque le ciel s'assombrit et que la pression augmenta dans le bas de son dos, la cristalomancienne se rendit compte que c'était elle qui s'en allait.

Qui pouvait bien l'arracher à ce paysage où tout n'était que tiédeur, silence, paix et simplicité?

Entre ses paupières se glissaient de rapides images. Pélinor lui adressait ainsi un dernier message. Pour ne pas risquer de l'oublier en se réveillant, Astarée utilisa une des techniques mentales que lui avait jadis enseignées son propre maître. Elle imagina qu'elle transcrivait une description de ces images sur une feuille d'ogrove et qu'elle pliait cette dernière en rouleau. Enfin, elle fit jaillir du néant un sécralum en bois à l'intérieur duquel elle glissa le rouleau.

L'instant d'après, un bouquet d'arômes épicés lui sauta au visage. Pétales de fleurs écrasés, viscères d'animaux, transpiration, encens. Elle battit des cils, perçut de nouveau le poids de son corps.

Une voix de femme coula sur elle tel un souffle froid.

— Ne bouge pas, enfant, tu reviens de loin!

Astarée se redressa à demi, scruta la demi-pénombre, nota les entrecroisements de bois à moitié pourris qui constituaient la charpente d'une sorte de cabane. Allongée sur une couche faite de peaux d'animaux, elle reconnut le mélange caractéristique des simples que l'on fait macérer des jours durant et celui, plus puissant encore, du crottin de chèvre utilisé comme combustible. Une âcre odeur de feu sur lequel brûlait de l'encens couvrait à peine un remugle écœurant de sang qui imbibait chaque centimètre cube d'air.

La femme qui l'avait apparemment recueillie après sa mésaventure aquatique jouait aux osselets, accroupie dans un coin de la hutte. Un coup d'œil à l'écuelle à moitié vide et au cruchon de vin posé à côté de la couche la renseigna sur ce qu'elle avait dû manger et boire durant le temps qu'avaient duré ses fièvres.

Des murmures lui parvenaient de l'extérieur de la cabane. Le bruit sec des osselets cognant dans l'assiette d'argile cuite lui battait les tempes. En apercevant les crânes noircis qui pendaient de la charpente, un frisson lui parcourut l'échine. Tâtonnant pour retrouver ses vêtements, Astarée s'habilla sans se soucier de sa perruque blanche égarée et de ses confortables galvas de corde fourrées de laine de brebis qu'elle ne retrouvait pas. Heureusement, sa ceinture, ses précieuses pochettes et leur contenu ne lui avaient pas été volés!

Voyant que sa prisonnière tentait de lui échapper, la sorcière bondit et lui barra le passage vers la sortie. Sa tignasse était faite de cordes raides. Un œil unique et gris allumait son visage ascétique d'une lueur farouche.

— Le Morphoss t'a conduite jusqu'à nous, grogna la femme en sortant de l'ample tunique rêche qui lui servait de vêtement deux grossiers coutelas soigneusement aiguisés.

Nullement impressionnée, Astarée la repoussa et sortit à reculons. L'odeur qui l'avait tant incommodée à l'intérieur de la hutte lui sauta à la gorge. Une douzaine de femmes se tenaient en un demi-cercle menaçant autour d'un grand feu sur lequel brûlaient des cadavres humains.

En une fraction de seconde, Astarée se rappela l'existence, sur les côtes sauvages du royaume d'Atinox, de tribus uniquement composées de femmes sorcières qui chassaient l'homme, le brûlaient vif et lui dévoraient le cœur.

Le cercle se resserrait de seconde en seconde. Que lui voulaient ces femmes? Astarée n'était nullement intéressée à le savoir.

Elle sortit son cristal rouge, le brandit et l'alluma. L'instant d'après, des flammes dévoraient les huttes environnantes. Prises de panique, plusieurs sorcières tentèrent de retenir la cristalomancienne. Une lame de sabrier frôla ses joues.

Astarée déchargea alors toute sa hargne et ne laissa derrière elle que cris, insultes, larmoiements et brasiers ardents.

✶

Guidée par le bruit des chutes, elle retrouva rapidement le chemin de la plaine de Ravagna. Au pied des trombes d'eau paissaient de nouveau les courageux bergers atinoxiens. Plusieurs jours s'étaient écoulés depuis le passage des messagers. Astarée chercha sur le sol des traces de la bataille, mais n'en trouva aucune. D'un coup de baguette magique, la nature avait effacé la folie des hommes.

La jeune cristalomancienne se plaça à l'endroit précis où s'était tenu le sergent Lupia juste avant qu'elle ne saute dans le rocher troué. Elle se pencha au-dessus du vide, retrouva l'éperon de granite. Celui-ci avait-il conservé son pouvoir de téléportation? Ou bien cette « porte-interdimensionnelle » ne s'ouvrait-elle qu'à des moments précis de l'année solaire?

Dans l'état d'esprit où Astarée se trouvait, peu importait la réponse à cette question. Elle devait retrouver ses hommes au plus vite!

Sortant un fragment de roche aux reflets mauves d'une de ses pochettes, elle le posa au sol et y colla son front.

L'art du cristal d'améthyste était similaire à celui du cristal vert sombre de lecture dit « des morts ». Sauf que cette fois-ci, elle cherchait à retrouver la trace d'un vivant. En se concentrant sur les traits du sergent et sur l'étrange chevalière de galcite noire qu'il portait, elle eut une brève pensée pour Gorth. Où était-il? Que faisait-il? Une question lui vint qui la surprit encore davantage : pensait-il à elle?

Les images commençaient à affluer dans sa tête. Elle vit Lupia en train de scruter le bas de la falaise, *sans doute à la recherche de mon cadavre quand j'ai plongé dans le vide...* Lupia monter à cheval. Lupia souriant au jeune roi Atinoë.

Lorsqu'elle se remit en marche, Astarée savait où diriger ses pas. Le soleil couchant étendait son ombre bienfaisante sur la mer. Les paupières mi-closes, la cristalomancienne avait du mal à se rappeler sa rencontre, en rêve, avec Pélinor. Par contre, elle gardait clairement à l'esprit les deux images que son fidèle domestique lui avait envoyées.

Torance affrontant un géant roux, et Paléas guettant Lolène qui se baigne, nue, sous une cascade d'eau claire...

Ignorant si ces événements s'étaient déjà produits, s'ils faisaient encore partie d'un futur en gestation et s'ils pouvaient l'aider à retrouver la trace des messagers, elle hâta le pas. La déesse seule savait combien de jours il lui faudrait pour remettre la main sur ce traître de Lupia, qui, mécontent de ne pas avoir suivi ses instructions – demeurer près des chutes pour l'aider lorsqu'elle aurait récupéré les messagers – était reparti avec les troupes du jeune roi Atinoë.

18

Les monolithes

Après le duel de Torance contre le champion des marchands, Shanandra donna le signal du départ. L'objectif des messagers restait le même : atteindre le plateau de Pélos qu'ils avaient vu durant leur dernière transe.

Les anciens esclaves avaient décidé à l'unanimité de suivre les messagers. Mal à l'aise à l'idée d'être entouré par un aussi grand nombre de gens provenant de cultures et d'horizons aussi différents, Torance s'était insurgé.

— Ils sont libres d'aller où ils veulent! avait cyniquement rétorqué Shanandra.

Deux heures plus tard, le groupe fit une halte. Gorth et Pirius partirent en reconnaissance. Ils rebroussèrent chemin au pas de course pour annoncer qu'à quelques verstes de distance seulement s'élevaient de formidables entablements rocheux à l'ombre desquels ils pourraient passer la nuit.

La vue des monolithes remplit chacun d'émotion. Certains virent dans ces enchevêtrements naturels un havre de paix. D'autres sentirent en ce lieu la présence d'une énergie invisible et bienfaisante. D'autres encore certifièrent qu'un peu de la déesse elle-même planait au-dessus des blocs dressés.

Malgré ses douleurs, Torance insista pour suivre Gorth et Pirius dans leur recherche d'un passage entre les murailles. Laissée à elle-même, Shanandra comprit que le prince avait surtout besoin de se défouler de sa frustration. La montagnarde avait tenu à ce que les esclaves les suivent; elle n'avait qu'à s'arranger maintenant avec eux pour installer un camp!

Torance repéra une anfractuosité dans laquelle lui et les autres se glissèrent pour découvrir, à l'intérieur de l'immense agrégat, une large cuvette de pierre où cascadaient plusieurs chutes d'une eau claire et chantante.

Lorsque la nouvelle parvint au reste de la troupe, chaque homme ou famille partit explorer à sa guise et dans le plus grand désordre. Assistant à la joyeuse débandade, Torance ne se gêna pas pour dire qu'une telle ruée n'augurait rien de bon pour la suite de leur quête.

— Tu vois le mal partout, se récria Shanandra. Le bien est là aussi, tout autour de nous!

Torance la prit au mot et fit un tour complet sur lui-même. Son expression mi-moqueuse, mi-amusée, termina d'énerver la jeune fille. Résolue à étudier les nombreux sentiers qui s'enfonçaient au cœur de la forêt de roches, elle le laissa en plan.

Torance était fatigué de sentir dans son corps cette tension permanente qui lui donnait mal au cœur. Il empoigna le manche de son nouveau kaïbo et partit de son côté. Au bout de quelques secondes, Lolène le suivit. En tant que guérisseuse elle percevait la nervosité de ses amis et se sentait une responsabilité morale vis-à-vis d'eux.

Paléas cracha par terre. Lui savait ce que cherchait surtout la petite blonde. Et bien qu'il refusât de l'admettre, ça le rendait malade de jalousie!

— Allons aider Gorth et Pirius à installer le camp, décida Cristin pour couper court au malaise qui s'installait.

Peu après, Torance tomba sur une clairière assombrie par les hauts blocs de pierre. La surface de ces rochers, poreuse à souhait, tendait à prouver que de l'eau avait stagné en ces lieux de longs siècles durant. En se retirant, elle avait laissé de véritables salles à ciel ouvert – des pièces aux parois arrondies semées d'escaliers naturels, d'arches sculptées par l'érosion –, ainsi que d'artistiques coloris de gris, d'ocre et d'opale d'une troublante beauté. Çà et là, des buissons et des arbustes jetaient une touche de nature dans ce décor purement minéral et solennel.

Le jeune homme frappa dans ses mains, écouta avec volupté l'écho se répéter presque à l'infini. En tendant l'oreille, il ne perçut même plus le sourd brouhaha en provenance de l'extérieur des entablements et se félicita d'une pareille aubaine. Une cascade chantait non loin. Ôtant tous ses vêtements, il y plongea, sans une seule pensée de remords pour ses compagnons.

Pendant quelques instants, il souhaita redevenir le garçon insouciant d'autrefois qui s'entraînait au kaïbo, mangeait à satiété, étudiait de précieux rouleaux d'ogrove et se faisait longuement masser par des jolies esclaves.

C'est en revenant à lui qu'il aperçut Lolène, assise dans l'eau à quelques mètres de lui, à demi cachée par un rocher que le soleil, en basculant, maculait de reflets pourpres et magenta. Ses vêtements répandus sur le sol le surprirent à peine.

Torance sortit de la cascade. Lolène lui emboîta le pas, mais revêtit au préalable son pello de coton blanc.

✶

Les mains glissant sur le dos de Torance étaient aussi légères que des ailes de papillon. Les mouvements amples sur sa colonne vertébrale et ses omoplates atténuaient la douleur qui sourdait de ses muscles endoloris. Soupirant malgré lui chaque fois que Lolène partait de ses reins pour finir sur sa nuque, le prince sentait lui venir d'affolantes sensations et envies qu'il peinait à maîtriser.

Mais il ne voulait rien hâter.

Conscient de sa beauté et de sa vigueur, il se laissa bercer par le doux écoulement de la cascade voisine. Des échos de sa dernière dispute avec Shanandra ne cessaient de lui trotter dans la tête. Cherchant à se débarrasser de ces pensées désagréables, il se retrouva mentalement nez à nez avec l'image de la montagnarde. Son visage lunaire parfois inquiétant, souvent attendrissant. Son exubérante chevelure sombre, ses mèches en broussaille souvent prises aux coins de sa bouche.

La tension et la fatigue s'évanouissaient en même temps que lui venait une langueur aussi enveloppante que le voile d'une vestale. Un moment, il se laissa distraire par un demi-sommeil réparateur.

Les mains chaudes de Lolène le massaient toujours. Allongé sur le ventre, le prince se plut à imaginer la gêne et, aussi, le désir lancinant que devait sans doute éprouver la jeune blonde.

Lorsque le dernier rayon de soleil déserta la clairière minérale, Torance eut trop mal pour demeurer sur le ventre. N'y tenant plus, il se retourna et resta interdit de surprise.

Lolène avait disparu.

À sa place se tenait Shanandra, agenouillée, émue, recueillie. Aussi nue que lui, la montagnarde le contemplait, paupières mi-closes. Allumée de fleurs aux fragiles corolles blanches, sa chevelure ressemblait à un cygne surpris en plein vol. Sans doute alourdie par ce bouquet odorant, sa tête bascula en avant.

Leurs mains se nouèrent. Leurs bouches se cherchèrent. Haletants, ils roulèrent sur le sol dans une pantomime proche du pugilat. Victorieuse, toute frémissante, Shanandra se dressa sur Torance. Le dos cambré, ses hanches emboîtées dans celles du prince, elle laissa échapper un cri de douleur bref qui se termina en un râle animal. Brûlure, souffrance, début de plaisir.

Ils oublièrent leurs angoisses, leurs différends et ce malaise persistant qui planait sur eux tel un charognard. D'un même élan, ils basculèrent dans un des bains de la cascade et rirent quand Torance but la tasse. Palpant le corps de la jeune fille à pleines mains, le prince huma sa poitrine, prit un de ses mamelons dans sa bouche.

Soudain, trois pétales se détachèrent de la couronne de fleurs tressée. Leur chute ne dura qu'une ou deux secondes. Brutalement ramené dans un de ses pires cauchemars, Torance se raidit. Le souvenir du claquement sec d'une lame lui donna envie de vomir. Il se retira vivement de la jeune fille, s'arracha à son étreinte.

Sans un mot d'explication, il se leva, ramassa son pello et disparut entre les hauts blocs de pierre.

*

Lolène errait au milieu des tentes dressées. Le fouillis et le tumulte aggravaient son mal de tête et ses crampes intestinales. Peu encline à exprimer ses émotions, l'adolescente marchait la tête basse. Les anciens esclaves formaient un mur mouvant, compact. Ils bruissaient et sifflaient tel un monstre muni de centaines de bras et de jambes.

Elle entrevit la silhouette d'Alimas, debout sur le marchepied de son chariot. Le marchand distribuait ses trésors à pleines mains. Couvertures, pièces de toile, amphores à vin, jarres d'huile, colliers, bracelets sertis d'or et de perles rares. Lolène songea que s'il y avait un endroit où elle pourrait trouver Paléas, c'était bien au pied de cette manne dorée.

Mais ce n'était pas lui que la jeune blonde espérait rejoindre. Encore sous l'émotion qu'elle venait de vivre en compagnie de Torance, haletant sans trop savoir pourquoi, elle se sentait bizarre. Regrettait-elle d'avoir, au dernier moment, échangé sa place avec Shanandra?

Elle s'arrêta pour reprendre son souffle. La nuit était venue. Sa froideur sèche et coupante tombait sur les épaules. Comment supporter ces extrêmes écarts de température? En ce moment de désarroi, Lolène se remémora les riches vallées de son pays natal, ses rivages luxuriants et moutonnés de landes battues par le ressac et par des vents qui apportaient de l'Ouest des odeurs de poisson.

Elle songeait à ces paysages doux et tempérés alors que dans ce désert immense ne régnaient que l'écrasante pesanteur du soleil le jour et le froid glacial la nuit.

D'où l'empressement de chacun à se munir de couvertures!

Alimas, ce jeune homme à la barbe soigneusement taillée, se faisait ce soir des amis à bon compte!

Fâchée de se sentir d'aussi mauvaise humeur, elle refusa tour à tour plusieurs invitations de gens désireux de fêter leur libération dans la bière et le vin épicé. Elle râlait de se l'avouer, mais elle avait besoin de conseils, de support. Elle passait son chemin, tendait le cou, scrutait la foule...

Après que Shanandra ait pris sa place, Lolène n'avait pas tout de suite quitté la clairière. Honteuse d'avoir été surprise seule en compagnie du prince, elle n'avait pu cependant résister à la tentation de se cacher, d'attendre et d'écouter.

Quelques minutes plus tard, Torance était passé devant elle aussi vite qu'une flèche.

Lolène scruta la nuit. Des feux de joie avaient été allumés, çà et là, dans la périphérie immédiate des entablements. À considérer le nombre d'individus présents autour des feux sur lesquels cuisaient des barnanes et autres petits mammifères dont la viande avait été séchée et salée par les marchands, la jeune guérisseuse devina qu'un petit nombre d'entre eux seulement avait préféré se retirer à l'abri de la forêt de roches dressées.

Soudain, l'éclat d'un rire tonitruant la fit tressaillir. Elle n'avait pas entendu ce rire très souvent, mais elle le reconnut et s'en approcha avec soulagement. Elle trouva Gorth en bonne compagnie. Accoudé à un énorme tonneau à l'entrée d'une tente, il discourait en bonne intelligence avec le géant roux qu'elle avait soigné sur l'insistance du prince.

Celui-ci l'invita aussitôt à se joindre à eux. Elle n'eut pas le temps de refuser qu'une femme bien en chair, aussi rousse que le guerrier, lui prit le bras.

— Mon Erminophène vous doit la vie! s'exclama-t-elle, un tantinet ivre.

Deux garçons agrippés à leur mère et vêtus de hardes dévisagèrent timidement la jeune fille. La femme ajouta que ses fils lui devaient leur père et qu'ils lui en seraient redevables leur vie durant.

— Demandez-moi ce que vous voulez! termina la rousse opulente avant de vérifier les bandages qui transformaient le ventre de son époux en début de momie goréenne.

— J'aurai été très fâchée que le prince ne vise plus bas! plaisanta-t-elle en embrassant son mari sur les lèvres.

Lolène avança d'un pas. Gorth lui souriait gentiment. Tout à coup elle se figea, car Torance levait un hanap de bière en compagnie du dénommé Erminophène. Cette scène festive du vainqueur trinquant avec le vaincu aurait plu à Cristin. Mais Lolène baissa humblement les yeux. Considérant la gêne du prince, elle comprit que ce n'était pas ici, finalement, qu'elle trouverait le réconfort dont elle avait tant besoin.

Fuyant la lumière des feux et l'écho des musiques qui planaient au-dessus du camp, elle se dirigea vers leur chariot. Il ne lui restait plus qu'à s'enrouler dans sa couverture et à verser des larmes sans que nul ne s'en aperçoive.

Malheureusement, des voix filtraient sous la bâche de cuir. Qui pouvait bien se trouver dans le chariot à cette heure?

Elle escalada une des roues et prit appui sur le marchepied. Prête à faire demi-tour si elle découvrait Paléas qui s'était plaint des heures durant que l'on avait tort de permettre à Alimas de disposer à sa guise du contenu de son attelage, elle soupira d'aise en reconnaissant le timbre clair et amical de la voix de Cristin.

Entre l'érudit et elle existait un rapport chaleureux basé sur le respect, une souffrance qu'elle soupçonnait au moins égale à la sienne et la passion de se cultiver chaque jour davantage. Cristin et elle pouvaient se parler de choses et d'autres. Évoqueraient-ils ensemble les événements vécus près de la cascade? Le jeune érudit la comprendrait sûrement. Peut-être même la serrerait-il dans ses bras? Il lui parlerait doucement et elle pourrait reprendre son souffle, le vrai, celui qui restait bloqué dans son ventre depuis la tombée du jour. Soulagée à l'idée de la présence toute proche du garçon, elle releva la bâche.

Une lampe à huile éclairait parcimonieusement l'intérieur du chariot. Pirius était penché sur l'épaule de Cristin.

— Nous possédons de quoi nourrir tout le monde pour encore quelque temps, disait calmement l'érudit, mais que se passera-t-il après?

Les deux garçons se retournèrent brusquement. Lolène surprit leur gêne et se sentit immédiatement de trop. Avait-elle interrompu quelque chose? Profondément déçue, elle sauta du chariot et se fondit dans la nuit.

Des chants limpides et rythmés se mêlaient à présent à la musique. Lolène revit en pensée Shanandra en train de danser au son des sistres et des trébörets. Sans doute devait-il y avoir des Romanchers parmi les anciens esclaves, car la jeune blonde croyait reconnaître quelques-uns de leurs airs.

D'autres souvenirs la hantaient, qu'elle tenait à tout prix à museler. Elle était la dernière d'une famille de treize enfants. Treize, comme la fratrie sacrée enfantée par la déesse! Et, comme dans celle-ci, les disputes, les différends et les haines avaient été nombreux. Lolène était traitée à longueur de journée de naine et de demi-portion. Elle n'avait été heureuse que le jour où son père l'avait envoyée étudier au temple de guérison de son village.

Malgré les années, des mots et des phrases lui revenaient à la mémoire, la meurtrissant aussi fort qu'autrefois. Incapable d'en endiguer le flot, Lolène prit son visage entre ses mains et se recroquevilla au pied d'un monolithe.

Autour d'elle, des silhouettes se profilaient et disparaissaient entre les abris dressés. Des éclats de voix retentirent. Repoussé par deux filles, un jeune homme trébucha sur le seuil d'une tente. Elles le traitèrent de « petit » en insistant bien sur ce mot qui les faisait hurler de rire. Les termes « maigrelet » et « trop maladroit » fusèrent dans la nuit.

L'homme courba la tête et parut ainsi encore plus court sur pattes. Il les maudit, escalada le talus qui conduisait aux murs de roche, passa à proximité de Lolène qui chercha une nouvelle anfractuosité pour s'y pelotonner.

La lune était dans son dernier quartier. Son éclat spectral tirant sur le rouge léchait les rochers. Comme s'il avait repéré la jeune guérisseuse, l'homme s'approcha d'elle. Après quelques secondes de flottement, il renifla et se mit à pleurer. Encore plus mal à l'aise, Lolène recula dans la pénombre.

Un changement subit dans la lumière diaphane de la lune la força à se raviser. Sa bouche s'arrondit d'étonnement.

— Paléas?

Le garçon se laissa tomber à côté d'elle sans un mot. Comprenant que sa douleur ressemblait à la sienne, Lolène ne put s'empêcher de lui caresser les cheveux.

Bien sûr, elle avait déjà massé Paléas! Mais pas plus que les autres. Peu à peu, son mouvement se ralentit, sa main se fit plus pesante. Quand le voleur cessa de pleurer, elle se réjouit à l'idée d'avoir su le consoler. Lorsqu'il lui prit la main, elle se crispa.

À son tour, il toucha son cou et ses épaules. Il faisait froid. Doucement, il posa sa main ouverte sur sa joue. Ils écoutèrent pendant quelques instants le souffle irrégulier de leurs respirations. Elle murmura qu'il fallait maintenant retourner au camp, qu'il se faisait tard. Mais en même temps, elle ne voulait pas se lever et avoir de nouveau froid. Une envie de chaleur montait dans son ventre.

Paléas glissa une main entre les plis de son pello, palpa maladroitement sa poitrine. Elle lui dit non à plusieurs reprises, plus sourdement à chaque fois. Puis elle ne dit plus rien du tout. Elle oublia Torance, Shanandra, ses frères et sœurs, et bascula sur le dos en désirant si fort le garçon qu'elle en perdit la tête.

19

À la cour du roi Atinoë

Astarée ne sentait plus ses jambes. Son souffle saccadé soulevait ses côtes endolories. Sa poitrine se soulevait également en cadence et cette agréable sensation de liberté, due à l'absence des bandes de coton dont elle s'enroulait ordinairement le torse, la disputait à son angoisse d'être reconnue en tant que femme.

Elle avait marché jour et nuit, ne s'accordant que quelques brèves heures de repos, et atteint finalement les faubourgs d'Atinor, la capitale du royaume. Construite au sommet d'un promontoire rocheux à l'époque lointaine où les rois de ce pays devaient faire face aux incessantes attaques de leurs belliqueux voisins venus des îles de Midrika, la cité ressemblait à un animal traqué. De hauts murs crénelés flanqués de tourelles de guet et de larges douves en défendaient l'accès. Blottis contre ses fortifications, des hameaux souvent surpeuplés, détruits et reconstruits après chaque guerre, donnaient au visiteur moyen un indice sur le degré d'humanisme atteint par les habitants de la cité proprement dite.

La cristalomancienne avait entendu dire que les habitants d'Atinor avaient été forgés à l'image de l'histoire mouvementée de leur contrée, et que, par conséquent, ils étaient volontiers méfiants, sournois et peu bavards. La jeune femme suivit une rue étroite et déboucha sur un marché où régnaient pourtant de la joie et de l'insouciance. Étonnée, sinon suspicieuse, elle tira sur les bords de sa large capuche et se fondit dans la foule.

Son cristal mauve serré dans sa main, elle résolut de se couper de toute réalité pour retrouver la trace énergétique laissée par le sergent Lupia.

Même après de nombreuses années d'études, elle ignorait encore comment fonctionnaient, exactement, ses différents cristaux de couleur. L'art de la *cristalomancie* était une chasse gardée dont l'histoire sanglante n'avait rien à envier à celle des Douze Royaumes.

Au fil des siècles, de nombreux cristalomanciens de l'Ordre central avaient fait des découvertes qu'ils n'avaient pas toujours partagées avec leurs collègues. La manière même d'appréhender la lecture des cristaux variait d'un maître à l'autre. Avec le temps, différents courants de pensée avaient vu le jour, chacun d'entre eux professé par un maître qui avait fondé sa propre école.

Ce qui explique pourquoi notre Ordre n'a ni cohérence ni vision homogène, se dit Astarée afin d'éviter de laisser vagabonder ses pensées.

Un des projets auxquels elle tenait, mis de côté depuis que le roi Sarcolem l'avait impliquée dans sa propre quête de gloire, était d'écrire un traité de cristalomancie qui aurait fait la synthèse de toutes les techniques, de toutes les interprétations, de toutes les tendances.

Mais avec son cristal en main, isolée dans cette ville plantée au bord de l'océan, elle sentait combien certains rêves peuvent paraître puérils à la lumière d'une situation aussi désespérée que la sienne. Ses soldats l'avaient abandonnée.

Son officier avait accepté de joindre les rangs d'une armée étrangère. Et les messagers de la déesse couraient toujours!

Deux hommes vêtus de lourds manteaux en peaux d'animaux haranguaient les citoyens devant les remparts. Astarée n'y fit pas attention. La foule était dense et agitée. On riait, on parlait fort, on buvait des hanaps de bière sur la rue même. Trop de gens paraissaient ivres alors que le soleil n'en était qu'à la moitié de sa course dans le ciel pour que la jeune femme ne prenne au sérieux ce que ces hommes disaient.

Bousculée, elle se cogna l'épaule contre un mur de pierre. S'approchant d'une fontaine, elle but à longs traits. En coulant sur ses mains et son visage, l'eau fraîche lui redonna quelques couleurs. Son cœur se calma. Sa tête s'arrêta de tourner.

Tout dans la vie prenait des efforts. Naître, grandir, apprendre, se dépasser, conquérir. Astarée n'avait jamais hésité à s'investir totalement dans un projet. Posant son éclat de cristal sur son front pour la énième fois depuis qu'elle avait aperçu la grisaille des murailles, elle se concentra sur sa tâche qui était de réunir ses hommes afin de repartir à la poursuite de Torance et de Shanandra.

Ce projet de capture était-il aussi fou que sa prétention à rassembler en un seul volume tous les mystères de la cristalomancie?

Un mouvement de foule la força à grimper sur le muret de la fontaine. Des femmes portant des couronnes de fleurs autour de la taille prenaient des inconnus par la main et les entraînaient à l'écart. Des hommes offraient des statuettes en bois à des filles ou des jeunes garçons, et s'éloignaient de même.

Stupéfaite de découvrir à Atinor un parfum de licence et de lucre aussi prononcé que dans certains quartiers mal famés de Goromée, Astarée se força à fermer son esprit. Elle devait impérativement s'accrocher aux fines particules d'énergies, révélées par son cristal, qui trahissaient encore le passage de Lupia dans les rues de la cité.

Sévrinus Polok, le maître d'Astarée, prétendait autrefois être capable de retracer l'énergie d'une personne jusqu'à sept jours après sa disparition. Après ce délai, les effluves subtils étaient censés se disperser et retourner au néant. Astarée calcula qu'elle avait sauté dans la roche trouée plus de seize jours auparavant.

Il y a peu de temps encore, cet exploit lui serait monté à la tête. Dans les circonstances, elle comprit plutôt que son entêtement et cette excessive dépense d'énergie mentale étaient les causes directes de son état d'épuisement.

Irritée par tous ces mouvements autour d'elle, ces cris et ces rires mélangés, elle souhaita pouvoir se recroqueviller dans un coin sombre. Penser, se recentrer, ramasser ce qui lui restait de forces et, de nouveau, solliciter le pouvoir du cristal d'améthyste.

Elle dut perdre connaissance durant quelques brefs instants, car elle se réveilla dans les bras d'un homme barbu qui empestait le mauvais vin. Résistant à son étreinte, elle lui griffa la joue. L'homme la repoussa brutalement contre un mur. Sa tête heurta la pierre.

Étendue aux pieds des badauds, Astarée perçut des chuchotements.

— Approchez-vous des Servants sans vous faire remarquer. Au prochain mouvement de la foule, égorgez-les sans pitié.

Le mot « Servants » lui fit l'effet d'une douche froide. Astarée repensa aux grands hommes vêtus de peaux de bêtes. Elle discerna deux paires de jambes maigrelettes enveloppées dans des toges gris pâle. Un pello jeté sur leurs épaules, un couple de lamanes s'adressait à mi-voix à un troisième individu.

Recroquevillée contre le mur, la jeune femme resserra les pans de son capuchon, mais ouvrit grand ses oreilles. Le profil ascétique du premier lamane était effrayant de dignité et de froideur. Des cheveux blancs cotonneux auréolaient son visage au teint terreux. Le second, plus jeune, ne possédait aucun signe vraiment distinctif. Les meilleurs adjudants se fondent souvent dans la masse, songea Astarée.

L'autre homme était presque aussi carré que Gorth. Alors que les trois individus étaient malmenés par le peuple pris de boisson, la cristalomancienne nota le hochement de tête de l'homme, sa cotte de mailles qui lui serrait le buste, ainsi que la lame acérée de son glaive, caché sous les pans de sa longue toge sombre.

Les conspirateurs se croient toujours à l'abri au cœur des foules.

Déjà, se rappela la jeune femme, des Servants ont été pendus dans ce royaume...

Une catin outrageusement maquillée faillit renverser le grand homme sévère. Le drapé de son vêtement ayant été froissé, celui-ci replaça son pello sur son épaule gauche. Le mouvement de bras ne dura que le temps d'un clignement de paupières. Mais Astarée put entrevoir le sigle cousu sur la pièce de tissu brodée de pourpre.

La pyramide transperçant le nuage noir couronné d'éclairs : le symbole des lamanes du géant Atinox.

Avant de quitter la basse ville, les deux religieux échangèrent encore quelques paroles. Astarée ne comprit que les mots « palais » et « épuration des licencieux maudits ». Soudain, le premier des Servants hurla de douleur à une dizaine de mètres. La foule poussa un hoquet de surprise qui se transforma en un grognement de colère. Chacun bouscula son voisin. Entraînée par le flot de la populace désertant le lieu de l'attentat, Astarée se rencogna dans le chambranle d'une porte cochère.

Il était clair que des événements graves troublaient la vie ordinaire de la capitale. Mais lesquels?

Délaissant l'emploi de son cristal de poursuite, la jeune femme décida de se rendre au palais du roi-enfant Atinoë. Après tout, la dernière image qu'elle avait reçue du sergent Lupia montrait plusieurs emblèmes, dont les armes personnelles du monarque.

Un seul détail, jusqu'à présent, semblait positif : les lamanes, sinon la police officielle, procédaient, en Terre d'Atinox à l'élimination pure et simple des Servants du Vénérable.

Elle se remémora les paroles de Sarcolem.

« Il faut empêcher les peuples d'apprendre l'arrivée des messagers de la déesse. Les prophéties sont encore plus dures à vaincre que des armées. Les folles chimères colportées par les chants du Mage ne doivent pas s'accomplir… »

Ayant enfin en main un élément à servir au roi lors de leur prochaine conférence mentale, Astarée parvint devant les murs du palais royal.

Le bâtiment ne valait ni celui d'Éloria ni, bien sûr, le splendide agencement des châteaux goroméens, tous superposés les uns sur les autres et qui faisaient la fierté de Sarcolem. Prisonnier des rues tortueuses de sa capitale, ce palais ne comptait que trois étages. Quelques corps de logis décorés de tours, une poignée de chemins de ronde, deux ou trois coupoles centrales faites de tuiles en argile blanche bordées de sculptures en nacre, une pléthore d'oriflammes accrochées à de hautes fenêtres en lancette – voilà de quel bois était faite la demeure ancestrale des rois d'Atinor.

Autre déception : le premier venu avait accès au palais. Nulle guérite, nul cordon de soldats n'étaient visibles.

Profitant du passage d'une carriole lourdement chargée de victuailles, Astarée se faufila dans la première des deux cours fermées par des grilles.

Il n'était pas besoin d'être un courtisan pour constater le pire laisser-aller qu'Astarée ait jamais vu dans un bâtiment public. Du linge sale traînait sur les carrelages de céramique, des reliefs de repas jonchaient les degrés de pierre. La jeune femme, nullement habillée pour se présenter devant un roi, n'eut cependant aucun mal à gagner les étages.

Traversant des antichambres tapissées de marbre et des enfilades de salles vastes, mais vides, aux fenêtres grandes ouvertes par lesquels s'engouffraient les vents, elle atteignit une succession d'appartements d'apparat semés de pièces ouvertes, sans plafond, où croissaient de nombreuses plantes vertes décoratives.

Des cruchons brisés, des vasques de cristal traînaient dans le plus grand désordre sur les tables et les tabourets incrustés de joailleries. Soudain, une silhouette se profila derrière elle. Se raidissant, Astarée dégaina un court sabrier qu'elle pointa sur le visage d'un jeune esclave effarouché.

— Mais que se passe-t-il, dans ce palais?

Le domestique n'eut pas le temps de répondre qu'un noble, ivre et bedonnant, jaillit d'une pièce voisine, le tira par un bras et le jeta sur une couche souillée de taches de vin. Relevant le bas de sa toge richement ourlée, l'homme se rua sur le malheureux en poussant une sorte de cri guttural.

Stupéfaite, Astarée entendit des pas dans le corridor. Elle n'eut que le temps de se jeter dans l'ombre d'un énorme ficus que des lamanes armés de haches et de pics pénétraient dans l'appartement et décapitaient le noble.

Astarée se rendit compte, alors, que de partout dans le palais montaient des hurlements de terreur. Les assassins firent aussitôt demi-tour et investirent les appartements voisins.

Le gros homme baignait dans son sang. Notant que l'esclave était toujours vivant, mais prisonnier sous le poids du mort, Astarée fit basculer le corps qui alla rejoindre la tête tranchée qui gisait un peu plus loin sur le carrelage.

Saisissant le garçon par les revers de sa toge, elle le secoua.

— Pourquoi lui et pas toi? Réponds!

Les lèvres tremblantes, Astarée écouta le discours décousu du jeune domestique. L'addition des mots « tuerie » et « péchés » lui permit de coller ensemble les différentes pièces du puzzle.

Un sentiment d'urgence montait en elle. Les pièces qu'elle visitait étaient jonchées de cadavres. Il s'agissait des corps de nobles ou de courtisans de sexe masculin; certain étaient affreusement mutilés. S'apercevant que deux hommes gisaient à moitié nus dans le même lit et que l'un d'eux respirait toujours même si son torse avait été lacéré, Astarée le souleva par la nuque.

— Sauvez… le roi! murmura le mourant.

La cristalomancienne revit Atinoë, cheveux au vent sous les embruns des chutes, ses habits faits de longs voiles de couleurs chatoyantes, son escorte uniquement composée de jeunes gens outrageusement maquillés.

— Le péché, murmura-t-elle en sentant que le temps filait entre ses doigts.

Convaincue que Lupia se trouvait non loin, elle ressortit son fragment d'améthyste et le plaça sur son front. Les effluves émanant de l'âme du sergent se trouvaient en effet tout près.

Sortant d'une salle d'apparat transformée pour l'occasion en chambre mortuaire dans laquelle s'entassaient des cadavres et des nuées de mouches et de taons, elle remonta la piste. Parfois, elle se collait contre un mur ou bien se cachait derrière une poterie finement ciselée.

L'odeur du sang supplantait à présent celle des fleurs et des fruits croissant dans les jardins. En pénétrant par les fenêtres du palais, le vent s'amusait à concentrer les remugles de chairs en certains endroits précis : entre autres dans les cages d'escaliers et les étroits corridors réservés aux domestiques. De temps en temps, un homme hurlait. Son corps défenestré s'écrasait dans les sentiers d'ordinaire soigneusement entretenus par les jardiniers royaux.

Des restants de matériel d'artiste abandonnés sur le sol : épées factices, masques brodés, ongles d'opérette et autres artéfacts de scène jetaient des taches de couleurs vives sur la blancheur opaline des dalles marbrées.

Attrapant un autre survivant – une danseuse en pleurs – Astarée lui arracha des aveux incohérents.

— Les lamanes tuent tout le monde, c'est horrible!

Mais la cristalomancienne, qui n'avait vu aucun cadavre de femme, avait son idée sur ce qu'essayaient de faire les prêtres d'Atinox.

Suivant toujours l'empreinte éthérique du sergent Lupia, elle se concentra sur les traits flasques de ce dernier. L'urgence se faisait de plus en plus pressante...

Elle retrouva son sergent dans un cabinet, pelotonné derrière un meuble en compagnie d'un jeune garçon qui s'enfuit à son approche. Vêtu d'une toge de femme, Lupia tremblait. Constatant que son torse à la forte pilosité était teint au henné – artifice de séduction employé par certaines courtisanes dans presque tous les royaumes du continent – , Astarée ressentit un profond dégoût l'envahir.

Une couche aux draps froissés avait été poussée au milieu de la pièce. Quelques hanaps vides et un plateau maculé de sauce traînaient à proximité. Faisant le lien entre le garçon à moitié nu, son expression affolée et l'ivresse avancée du sergent, Astarée eut immédiatement envie d'abandonner son homme – si on pouvait l'appeler ainsi – à son triste sort.

C'est sans doute ce qu'elle aurait fait si des pas précipités, ponctués de hurlements, n'avaient pas retenti dans l'appartement voisin.

Anticipant l'arrivée des lamanes assassins, la jeune femme retira sa capuche et se déshabilla entièrement. La colère et la rage décuplaient ses forces. Elle souleva Lupia et le poussa sur le lit. Elle venait tout juste de se glisser sous les draps quand quatre hommes assombrirent la pièce de leurs masses.

Ils considérèrent le couple enlacé. Trois lamanes éclatèrent de rire. Sans doute dérangé par la très courte chevelure brune de la fille, le quatrième tira la couverture de la pointe de son épée.

Feignant l'ivresse, Astarée se jucha sur le sergent allongé à plat dos. Le rire tonitruant du dernier tueur résonna longtemps sous les plafonds peints et les colonnes torsadées.

Lorsque le sergent émergea des abîmes où l'avaient entraîné les vapeurs de l'alcool, il mit quelques secondes avant de reconnaître le visage qui se tenait à quelques centimètres du sien. Finalement, ses sourcils s'arquèrent et il se raidit.

— Seigneur Astarée? hoqueta-t-il, stupéfait.

La cristalomancienne lui apparaissait dans toute sa féminité. Hagard, la tête lourde, Lupia détailla sa figure pâle, son menton pointu, ses traits délicats, le magnétisme effrayant émanant de ses pupilles vertes, et les mèches drues, mais courtes et brunes, qui la faisaient ressembler à un garçon. Comment avait-il pu, sous sa longue chevelure blanche de faux sage, la prendre pour un homme? Le souvenir, soudain, de son corps et de ses courbes chaudes contre sa poitrine velue le mit mal à l'aise. À considérer l'expression de la jeune femme, il était clair qu'Astarée n'avait pas aimé l'expérience plus que lui.

— Je vous croyais morte, ajouta-t-il en avalant péniblement sa salive.

Il voulut se lever, mais se sentait encore trop faible pour bouger. La cristalomancienne lui jeta quelques vêtements d'homme à la figure.

— Habillez-vous. Nous avons une mission à accomplir.

Les cris s'estompaient peu à peu. Le ciel, d'un gris métallique depuis qu'elle était entrée dans la cité, paraissait s'éclaircir. Les lamanes avaient-ils également assassiné cette tête folle d'Atinoë? Poursuivaient-ils ailleurs dans la capitale leur opération d'épuration? S'agissait-il d'un coup d'État orchestré avec l'appui de l'armée? Et, si tel était le cas, cette révolution était-elle organisée en sous-main par le roi Sarcolem?

Astarée n'en avait cure.

Passant de pièce en pièce, elle cherchait quelque chose. Dès qu'elle l'eut trouvé, elle vint s'assoir devant une coiffeuse. La plaque de bronze lui renvoya l'image d'une chambre en désordre et le reflet déformé d'une jeune femme à bout de forces.

Je résisterai! se promit-elle.

Elle posa la perruque de cheveux bruns sur sa tête, coiffa les longues boucles et réalisa soudain qu'il était vain de penser qu'elle pourrait jamais, avec ce subterfuge et le seul pouvoir de son regard hypnotique, retrouver l'aplomb et le panache que lui conférait jadis le postiche de mèches blanches qui était l'un des signes distinctif des membres de son Ordre. Au mieux passerait-elle pour un eunuque, au pire pour une femme de mauvaise vie.

Une pensée furtive lui traversa l'esprit. Shanandra et elle possédaient le don d'influencer les âmes, mais elles ne l'utilisaient pas de la même manière.

Considérant Lupia qui faisait nerveusement glisser sa grosse chevalière noire à son annulaire droit, elle arracha sa perruque de dépit, dégaina son sabrier et posa sa lame sur la carotide du sergent.

— Je suis un homme, entendez-vous? Et j'exige d'être obéie!

Malgré les apparences, retrouver les messagers n'était pas une tâche si ardue. Lorsque Lupia lui servit cette excuse pour demeurer allongé, elle tapota une des pochettes de cuir suspendues à sa ceinture.

— Ne vous en faites pas pour ça, je sais très exactement où ils sont et ce qu'ils font. Finissez plutôt de vous préparer.

À cet instant, elle éprouva la vive impression d'une présence invisible qui l'espionnait. Sortant d'une de ses pochettes son fragment de cristal vert sombre, elle le brandit dans la pièce.

— Je perçois des effluves de traîtrise autour de nous…

Et, pressant Lupia :

— Il faut réunir nos hommes au plus vite!

20

Orma-Doria

Torance tira sur les rênes. Les cuisses plaquées contre le flanc du cheval, le buste étiré dans un envol de parade, il faisait corps avec l'animal.

— Ooooh!

La colonne d'anciens esclaves s'étirait sur une verste et demie. De temps en temps, une dune en engloutissait une partie. La suite de ce long serpent humain réapparaissait plus loin, étroite ligne sombre découpée sur le sable aveuglant de lumière.

Ils avaient quitté les entablements rocheux deux jours plus tôt.

Le prince détaillait les groupes allant à pied, composés d'hommes, de femmes et d'enfants. Les familles marchaient ensemble. Les hommes qui avaient accepté de constituer une sorte d'unité de surveillance placée sous l'autorité de Gorth s'étaient scindés en deux groupes. Le premier progressait en avant-garde, l'autre cheminait en aval du convoi. Les femmes seules s'étaient jointes à celles qui avaient des enfants pour les aider à s'occuper de ceux-ci.

Quoique servant officiellement de sous-officier à Gorth, le géant roux était encore allongé sur une couche dans un des chariots. Il pestait de ne pas pouvoir servir à grand-chose, mais jurait qu'il serait sur pied bientôt. Lolène le veillait, de même qu'Épidorée, sa femme, qui ne détestait pas l'idée de pouvoir enfin materner son mari.

Alimas le marchand bénéficiait d'un regain de prestige après avoir si généreusement distribué le contenu de son chariot. L'attelage servait à présent à transporter ceux qui, à l'exemple d'Erminophène, étaient trop faibles pour marcher.

Torance fit demi-tour et repassa devant le convoi, saluant les uns, souriant aux autres, adressant à chacun un signe ou bien quelques paroles d'encouragement.

En s'approchant des enfants qui entouraient Shanandra et Lolène, le prince fit brusquement volte-face et s'éloigna.

La montagnarde tenait par la main des jeunes qui n'avaient pas de parents. Réfugiée auprès d'eux comme derrière les murs d'une forteresse, elle parlait et riait, mais ne parvenait pas à chasser l'énorme araignée qui avait fait son nid dans sa poitrine. Cheminant à ses côtés, Lolène feignait elle aussi la bonne humeur. Pourquoi tenait-elle à accompagner Shanandra? Celle-ci l'ignorait et ne tenait pas à le savoir.

Ces moments, à la fois beaux et terribles, vécus l'autre jour auprès de Torance, lui revenaient sans cesse à l'esprit. Autant son cœur et son corps se gonflaient de joie au souvenir des caresses, des baisers, de leur étreinte et de leur empressement sauvage. Autant l'araignée se crispait lorsqu'elle en arrivait à cette réaction incompréhensible qu'avait eue le jeune homme.

Elle posa une main sur son sternum, là où le prince avait posé la sienne pour la repousser. Des souvenirs encore plus anciens lui revenaient. Le voile que son oncle Elrick l'obligeait à porter. Les moqueries qu'elle supportait en silence. Le dégoût et la terreur que les autres ressentaient à son égard à cause de son don ténébreux.

Suis-je à ce point laide et méprisable?

Pourtant, elle ne pouvait se défendre de trouver Torance beau. À cheval ou à pied, en train de réconforter un homme ou de caresser la joue d'un enfant, le prince était magnifique. Au début, il avait refusé de prendre en charge tous ces démunis. Mais il s'était vite habitué à leur compagnie.

Elle le vit s'arrêter devant Épidorée et ses enfants. Torance descendit de cheval et hissa la femme et ses deux garçons. Il repartit en tirant l'animal par sa longe.

Une fois, déjà, le jeune homme avait agi ainsi.

Nous venions de nous rencontrer. Nous marchions au milieu de centaines de réfugiés…

Aujourd'hui encore, ce geste chevaleresque la touchait au plus profond de son cœur. Des larmes lui vinrent aux paupières, qu'elle chassa rageusement du revers de la manche. Qu'avait-elle bien pu faire de mal pour qu'il la rejette?

Un coup d'œil à Lolène raviva encore ses peines et sa colère.

Torance a-t-il été déçu de me voir en se retournant, alors que Lolène était en train de le masser? La voulait-il, elle?

La jeune guérisseuse elle-même n'avait pas l'air au meilleur de sa forme. À quoi songeait-elle? À qui? De temps en temps, toutes deux se regardaient. Gênées, elles baissaient la tête.

Soudain, certaines paroles de Lolène revinrent à la mémoire de Shanandra.

« Vous ressemblez tous deux à des guerriers qui s'observent avant de se combattre. »

Les images fugaces d'un rêve émergèrent. Un rêve de duel, de sang, de fièvre, de vengeance, de folie, le tout dominé par de hautes statues et des gradins sur lesquels hurlait une foule déchaînée.

Une main fluette quitta la sienne, vite remplacée par une autre. Ces orphelins promis à l'esclavage étaient touchants, affectueux, reconnaissants. Shanandra battit des paupières, prête à sourire à un visage tendu vers elle, quand elle se crispa.

— Lolène?

La jeune Élissandrienne avait de la difficulté à s'exprimer.

— Je suis désolée, murmura-t-elle.

Et ces quelques mots, qu'elle prononça avec autant de douceur que de clarté.

— Pour Torance et toi. Je sais pourtant, je le sens très fort en moi, que vous êtes faits l'un pour l'autre.

Shanandra pouvait à l'instant pénétrer dans l'esprit de la blonde, se venger, lui faire mal…

« Je ne t'ai pas initiée pour que tu foudroies, mais pour que tu amènes la paix et la lumière à ceux qui souffrent… » lui avait dit le Mage errant.

Elle s'arrêta quelques instants et prit Lolène dans ses bras.

— Je ne voulais pas, articula celle-ci en sanglotant. Torance est à toi, à toi seule…

En amont du convoi, le prince ordonnait un arrêt complet.

— Que se passe-t-il? s'étonna Shanandra en fronçant les sourcils.

Mais en vérité, elle pensait moins à cet imprévu qu'à cette merveilleuse facilité qu'avait Lolène de s'ouvrir, de s'offrir, et, aussi, de demander pardon. Accompagnées des enfants, la princesse et son amie rattrapèrent leur retard.

Torance discourait avec Gorth et deux hommes qui revenaient d'une expédition de reconnaissance.

— Ont-ils déjà trouvé les ruines d'*Orma-Doria*? s'enquit Shanandra sans attendre de réponse.

La journée avait été écrasante de chaleur. Heureusement, le crépuscule approchait. Les vivres étaient rationnés. Alimas qui connaissait apparemment l'immense plateau de Pélos, servait de guide. Un seul endroit, à son avis, pouvait s'avérer intéressant dans ce désert : les ruines légendaires d'Orma-Doria entourées de ses onze collines.

En quelques paroles échangées la veille avec Gorth et le marchand, Torance et Shanandra avaient avoué que les indices, reçus durant leur dernière transe dans le temple aquatique, n'étaient guère précis.

« On raconte que le géant Ormédon a eu une maîtresse, juste avant de rejoindre sa mère dans les mondes de lumière, avait raconté Alimas. Celle-ci était jeune, belle, brillante et très sensuelle. Amoureux fou, le géant lui aurait fait construire une fabuleuse cité dans le désert. Une cité portant son nom… »

— Orma-Doria, se rappela Shanandra.

Elle avait dit tout haut ce que Torance et les autres devaient penser tout bas. Pourquoi le Mage errant, après les avoir baladés dans plusieurs royaumes, tenait-il tant à les diriger vers ces ruines?

La réponse coulait de source. Les tablettes de Mitrinos devaient s'y trouver.

Cristin, présent lui aussi lors de ce bref conciliabule, avait émis une autre hypothèse.

« Vous avez déjà subi plusieurs initiations. Chaque fois dans un temple différent. »

Mais ne tenant sans doute pas à les troubler davantage, il n'avait pas poussé plus loin son analyse, ce qui n'avait fait qu'exacerber leurs inquiétudes. « Initiations? » s'était exclamé Torance en pouffant. Un rayon de couleur, des sons aigus, des brûlures dans le dos, mes voix qui m'assourdissent sans être plus compréhensibles. Et, pour finir, quelques images dans la tête! »

Guettant toujours le prince au bout du convoi, Shanandra sentait que le jeune homme était irrité par cette recherche qui, d'après lui, ne menait à rien.

Cette colère pouvait-elle seule expliquer sa réaction lors de leur étreinte manquée sous la cascade?

Lolène la ramena à la réalité.

— Je crois qu'ils ont trouvé quelque chose de l'autre côté de ce vallon.

Avant de repartir, elles se serrèrent l'une contre l'autre.

— Amie? demanda la montagnarde.

— Amie, répondit la jeune blonde.

Laissant les enfants à la charge de Cristin qui n'était pourtant guère à l'aise avec eux, elles rejoignirent les hommes. Quoique encore perturbée, Shanandra avait dépassé le stade de l'apitoiement. Torance avait l'air de surmonter ses inquiétudes en se dépensant sans compter. Pourquoi pas elle?

Le sable collait à ses chevilles. Des cailloux s'introduisaient dans ses galvas. Chaque inspiration lui brûlait les poumons.

Elle allait les rejoindre quand Torance grimpa sur son cheval. Il prit Gorth en croupe et ils partirent tous deux au galop. Le capitaine portait en bandoulière le tréborêt qu'il sculptait depuis leur départ des chutes d'Atinor. En voyants ses compagnons si forts, si beaux, la montagnarde ne put s'empêcher de penser qu'elle aurait aimé se tenir ainsi derrière le prince à la place de l'officier.

Devinant sa pensée, et même, allant au-devant de la suivante, Lolène lui murmura qu'un jour prochain, Torance lui apprendrait sûrement à monter à cheval.

— Serais-tu un peu voyante? plaisanta Shanandra.

Lolène éclata de rire. Paléas les rejoignit en courant et elle s'étrangla à moitié. Mais la princesse d'Orgk s'imaginait trop aux côtés de Torance pour s'en apercevoir…

✶

Un camp de fortune fut monté peu après à l'extrémité de la vaste cuvette de sable dominée par quelques monticules qu'Alimas nomma d'emblée des « collines ». Tout voyageur qu'il était, il ne devait sans doute jamais avoir vu les montagnes escarpées où avait grandi Shanandra pour appeler ainsi ces ridicules éminences arrondies! Ponctuée de hauts tumulus de roches solitaires, la cuvette était aussi ardente qu'une fournaise à ciel ouvert.

La montagnarde essuya son front moite et nota que les anciens esclaves, aussi déçus qu'elle par ce paysage aride et hostile, avaient les traits tirés. Les bras et le visage brûlés par le soleil, de nombreux enfants pleuraient. Certains d'entre eux faisaient de la fièvre. Lolène, déjà, s'affairait d'un groupe à l'autre.

À Paléas qui n'avait même plus la force de se plaindre, Shanandra laissa tomber en remuant à peine les lèvres.

— C'est donc ça, Orma-Doria? Je ne vois nulle ruine à l'horizon!

Stimulé par ce désaveu de la montagnarde, l'ancien voleur rétorqua qu'à son avis, Alimas ne jouait pas franc-jeu. Voyant combien sa réponse intriguait la jeune fille, il expliqua que ce marchand avait trop rapidement retourné sa veste. Et s'il était de mèche avec ses collègues pour leur tendre un piège?

Shanandra repensa à la hargne des autres négociants quand Torance avait remporté le combat et libéré leurs esclaves.

Autour d'eux, le camp prenait lentement forme. Harassés, les compagnons n'auraient sans doute pas envie de chanter ou de danser, ce soir! Les Romanchers s'étaient regroupés et n'avaient en effet même pas la force de nettoyer et d'accorder leurs instruments, récupérés dans les chariots des marchands. D'autres ethnies faisaient de même, se réunissaient et, fourbues, se laissaient tomber sur le sol.

Toujours prompt d'habitude à jouer les oiseaux de mauvais augure, Paléas résista à l'envie de dramatiser la situation. Après tout, les anciens esclaves pourraient ne pas tenter de les égorger durant leur sommeil! Ils pourraient aussi ne pas se révolter, demain ou après-demain, quand il n'y aurait vraiment plus rien à manger!

Une joie nouvelle, secrète et douce, gonflait la poitrine du garçon et lui donnait des ailes. Une fois encore, il chercha la silhouette de Lolène. L'ayant trouvée, il souhaita qu'elle se retourne, qu'elle sache qu'il était là. Mais elle lui tourna ostensiblement le dos.

Shanandra était sur le point d'aller prêter main-forte à la jeune guérisseuse – Paléas lui aurait aussitôt emboîté le pas –, lorsque Gorth vient à elle.

— Princesse, lui dit-il, Torance vous mande. Nous avons trouvé quelque chose…

✶

Le tumulus avait été sculpté au long des siècles par le vent du désert. Shanandra rechercha, dans sa pierre ocre et patinée, les traces d'un burin ou d'un ciseau.

Au bout de quelques minutes, elle se tourna vers Alimas sur lequel elle déversa sans s'en rendre compte toute son aigreur de la journée.

— Et vous prétendez que cet agrégat de roches est en fait le restant d'une ancienne colonne ayant appartenu à la cité ensevelie d'Orma-Doria?

Le marchand se mit à trembler violemment. Il manqua d'air et tomba au sol. Réalisant qu'elle l'agressait avec ses yeux, Shanandra s'empressa de l'aider à se relever.

— Je suis désolée.

Elle adressa une brève œillade à Torance et écouta les explications que fournissait Gorth.

— En vérité, nous n'en sommes pas certains, admit celui-ci. Mais regardez plutôt…

Au lieu de montrer le tumulus, l'ex-homme de silex pointa le sol. Torance sortit alors de sa réserve, s'agenouilla et toucha les pierres agencées les unes près des autres dans le sable.

— Nous n'aurions jamais remarqué ce motif sans un enfant curieux et le coucher du soleil, prétendit-il, exalté par ce qui ressemblait à une importante découverte.

Shanandra posa les mains sur ses hanches.

— Je ne suis pas certaine de vous suivre.

Cristin vint à son secours. De son ton studieux et précis mais nullement moralisateur, il expliqua que grâce aux rayons du soleil couchant se réverbérant sur la roche polie du tumulus, l'enfant avait découvert que ces pierres, soigneusement ajustées, composaient une sorte de pictogramme.

Shanandra s'éloigna de deux pas afin de considérer dans son ensemble ce que Torance appelait avec tellement d'enthousiasme un « motif ».

— On dirait un oiseau, finit-elle par avouer.

Autant l'érudit que Torance étaient émoustillés par sa réflexion.

— Plus exactement un éphron d'or, Shanandra! fit le prince.

Puisque c'étaient à peu près les seuls mots qu'il lui adressait depuis l'autre soir, elle haussa les épaules avec désinvolture.

— Et alors?

— Alors, souviens-toi des paroles que nous avons entendues durant notre transe, dans le temple d'Atinor!

La montagnarde tardait à répondre. Cristin prit la relève.

— Mais oui! L'éphron d'or du couchant…

Le reste de la phrase jaillit tout naturellement des lèvres de Shanandra.

— … vous conduira à la reine des mères.

Torance aussi avait entendu une phrase durant sa transe. Mais au moment de la dire, il fut coupé par Gorth, qui suggéra :

— Vous croyez que cette reine est en fait une autre statue?

Heureuse de voir que le capitaine prenait une part de plus en plus active à leur quête, Shanandra lui sourit. Apparemment, Gorth se sentait bien parmi eux. Il ne regrettait pas trop le fait d'avoir changé de camp.

Tout le monde se tourna vers Cristin qui était doué pour déchiffrer les énigmes. Pourtant, ce fut Alimas qui proposa une première solution.

— Peut-être faut-il chercher un second motif au pied des autres tumulus?

Cristin avait peine à l'admettre, mais le marchand n'avait sans doute pas tort.

— Non! s'exclama soudain Shanandra. C'est ici. Je le sens...

Elle déplaça une pierre, une deuxième.

Cristin fit la moue. L'altération de toute œuvre d'art était pour lui une insulte faite aux dieux. Mais déjà, Torance se joignait à la jeune fille.

— Elle a raison, dit-il. Creusons.

Gorth suivit le mouvement. Shanandra expliqua son intuition :

— À Nivène, nous sommes entrés dans un temple. À Éloria, nous avons atteint la crypte après être passés par de longs dédales souterrains. À Atinor, nous avons sauté dans une pierre trouée.

En conséquence, elle considérait comme naturel, pour accéder au prochain lieu d'initiation, de le chercher sous terre!

Peu à peu, les anciens esclaves se regroupèrent autour du tumulus et du pictogramme. Les derniers feux du soleil couchant léchaient le sable encore chaud. Pirius apporta des torches que l'on planta autour du trou qui commençait à s'élargir. Alimas et Paléas se munirent d'outils, ce qui hâta le travail.

Ils creusèrent trois heures durant avant de mettre à jour une grande statue de marbre clair.

Cristin, Torance et Gorth furent hissés hors de la fosse à la force des bras. Les vêtements salis, le visage et les mains noires de terre et de sable, ils se présentèrent devant Shanandra qui attendait, fébrile.

— Alors?

— Cette statue représente un énorme éphron d'or, déclara fièrement Cristin. Par contre, il a un visage humain. Je pense qu'il s'agit du dieu Ormédon en personne.

— Nous sommes donc bien à Orma-Doria! s'émerveilla Alimas.

Ses pupilles brillèrent d'avidité. Paléas soupçonna immédiatement que cette cité perdue devait regorger de richesses, et que c'était la raison pour laquelle le marchand les avait suivis.

La jeune montagnarde battait du pied. Apparemment, cette réponse n'était pas celle qu'elle attendait. Torance s'en aperçut, posa une main sur son épaule, mais la retira presque aussitôt.

Il se racla la gorge et annonça, en murmurant presque :

— Il y a une trappe au pied de la statue.

21

Le réveil des mères

La lueur grasse de la torche éclaira tour à tour plusieurs bassins en pierre de taille décorés de bas-reliefs. Cristin prétendit qu'ils dataient de plus de deux mille ans, l'époque à laquelle, selon lui, vivaient encore les treize fils et filles de la déesse.

Impressionné par le merveilleux état de conservation de ces reliques, le jeune érudit passa amoureusement ses doigts sur les sculptures miniatures d'hommes et de femmes portant des pagnes autour de la taille et des paniers de nourriture sur la tête.

— Ce devaient être des serviteurs de la princesse Orma-Doria. La légende raconte que la plupart des habitants de sa ville étaient en fait des esclaves.

Cristin n'avait besoin de personne pour exulter à la perspective de la découverte de ces reliquats surgis d'un glorieux passé. Il fut cependant déçu par l'absence d'enthousiasme de ses compagnons.

Mais peut-être que la fatigue de la journée et le stress de cette descente mouvementée dans un étroit goulot de plus de cent mètres de profondeur y étaient pour quelque chose?

Ils avaient dû nouer quatre cordes bout à bout pour leur permettre d'atteindre le sol. Un parterre carrelé de ravissantes mosaïques composées d'éclats de roches posés patiemment les uns à côté des autres.

— On dirait du quartz, supposa Pirius en regrettant de n'avoir pas emporté avec lui la moindre feuille d'ogrove pour dessiner.

Cristin avait de son côté oublié de demander à Lolène de lui remettre son précieux sécralum. Mais contrairement à l'ancien soldat qui tenait une des torches, il passait de découverte en découverte et cela suffisait pour le moment à son bonheur.

— Ça sent bizarre, ici! geignit Paléas.

— Pourtant, l'air n'est pas aussi ténu qu'il le serait dans un espace réellement confiné depuis des siècles, dit Cristin.

Gorth, qui progressait entre des bassins près de Torance et de Shanandra, supputa que cet énorme temple, situé exactement sous la statue de l'éphron d'or à tête d'homme devait être équipé de canaux d'aération secrets.

Entre les cuves décorées, mais vides – Cristin tenait à le préciser – couraient de nombreuses allées. Chacune d'elles conduisait au pied d'une statue.

Gorth brandit sa torche à bout de bras.

— Hélas! indiqua Torance, la flamme n'éclaire presque pas au-dessus de la poitrine de la déesse.

— Qu'est-ce qui te fait croire qu'il s'agit de la déesse? fit remarquer le jeune érudit.

Le prince haussa les épaules. Son hypothèse était influencée par l'identité de la statuette trouvée dans la crypte du palais royal d'Éloria et par celle des statues découvertes dans le temple aquatique.

Cristin demanda qu'on lui fasse la courte échelle. Juché sur les épaules de Torance et de Gorth, il confirma que le visage de cette statue n'était pas celui de la déesse.

— Il y a des différences notables, assura-t-il. Les yeux sont sculptés plus en amande et la bouche est bien plus ronde et sensuelle.

Tout en lorgnant les magnifiques lèvres de Shanandra, le prince émit l'idée que le géant Gorum, trop amoureux de sa jeune maîtresse, avait peut-être ordonné à ses artisans de donner aux statues le visage de sa belle.

— Sacrilège! s'exclama Cristin.

Mais son ami avait sans doute raison.

Agacée par toutes ces déductions religieuses ou archéologiques, Shanandra les rappela à l'ordre. Ils étaient las. Ne pouvaient-ils pas simplement trouver la « reine des mères », comme le spécifiait l'indice qui les avait menés jusqu'ici?

L'air était glacial. Les statues – Pirius, Cristin et Alimas en comptèrent vingt et une – paraissaient s'être penchées sur leurs socles pour les écouter discourir.

Après avoir fait le tour du temple essentiellement bâti sur le modèle classique; c'est-à-dire avec un large péristyle, deux pronaos, sortes de vestibules, un opisthodome destiné à recevoir les offrandes des adorateurs de la princesse Orma-Doria et un naos central, vaste et planté de colonnes entre lesquelles s'élevait chacune des vingt et une statue, ils durent se rendre à l'évidence.

— Ces statues sont toutes de la même hauteur, se désola Lolène. Comment identifier laquelle est la « reine »?

Depuis leur descente dans le temple, Paléas avait tenté à plusieurs reprises d'attirer la jeune guérisseuse à l'écart. Mais celle-ci s'était chaque fois dérobée. Commençant à se faire toutes sortes d'idées, le garçon ne prenait aucun plaisir à chercher, comme Alimas, s'il n'y avait pas des richesses cachées autour d'eux.

Tandis qu'ils tournaient et retournaient dans leur tête cette épineuse question de la taille des statues, Cristin constata qu'il en manquait tout simplement une.

L'érudit se tourna vers son auditoire ébahi.

— Dans la tradition gaïenne, vingt-deux est *le* chiffre sacré par excellence.

Shanandra saisit son raisonnement au bond.

— Et il n'y a que vingt et une statues représentant non pas la déesse, mais la princesse Orma-Doria…

— Cherchons encore, les encouragea Gorth.

Ce fut Alimas, en fouillant du côté des salles contiguës au naos central, qui découvrit non pas une statue, mais les débris de ce qui avait sans doute été une énorme statue élevée au centre du temple.

Cristin demanda que l'on place les torches au-dessus de sa tête. Son expression passa de l'enthousiasme à la tristesse, puis à la peur.

Parmi les débris se trouvait une grosse roche ronde sculptée, mais fracturée en plusieurs morceaux à coups de burins. Après avoir étudié chacun d'eux, Cristin en déduisit que cette roche volontairement abîmée avait figuré le visage de la « reine ».

— Est-il possible que la déesse ait fait détruire cette statue… par jalousie? s'enquit Lolène.

Tous songèrent à cette affreuse éventualité.

— Allons! les secoua Torance. Trouvons les tablettes et partons d'ici!

Espérant découvrir quelques pierres précieuses ou autres objets de valeur, Paléas mit la main sur une stèle gravée représentant la statue de la reine mère telle qu'elle avait été originellement conçue.

— Voilà! s'exclama Shanandra en montrant la stèle du doigt.

Des symboles figuraient sur le bas-relief. La montagnarde indiqua spécifiquement celui relié aux mains tendues et ouvertes de la déesse.

Le visage de Torance s'éclaira.

— Un éphron d'or avec, au-dessus, le symbole du soleil couchant!

Ils se sourirent, gênés.

*

Dans une salle très haute de plafond située derrière l'opisthodome, ils identifièrent un monceau de gravats empilés les uns sur les autres dans un équilibre précaire.

Shanandra étudiait le bas-relief. Une fois encore, cette statue avait été représentée dans l'attitude dite « de guérison ».

— Comme celle trouvée dans la crypte du palais royal et celles du temple aquatique, fit remarquer Lolène.

— Drôle de position, tout de même, dans un temple! ironisa Paléas.

Sauf si nous nous trouvons dans un temple de guérison et non pas dans un sanctuaire au sens strict du terme, se dit Lolène en se dégageant quand le voleur essaya de la prendre par les épaules.

— Nous devons trouver les mains de la statue, fit la montagnarde.

Ils contemplèrent la montagne de débris. Que s'était-il passé pour que cette statue ait été si violemment détruite? Et au cours de quel événement tout aussi étrange le temple s'était-il retrouvé prisonnier sous terre?

— À mon avis, proposa ironiquement le marchand, la princesse Orma-Doria n'a pas accepté que son divin amant donne la préséance à la déesse sur la stèle centrale de son temple.

Tandis que Torance, Gorth et Shanandra cherchaient un moyen d'escalader sans provoquer d'effondrement, Cristin discourait de nouveau sur les aventures de Mitrinos et de Shébah qui, si l'on en croyait les légendes, s'étaient réfugiés un temps dans les ruines de la cité.

— Poursuivis par les sœurs guerrières de Shébah qui voulaient à la fois les punir et récupérer les tablettes volées, ils ont livré ici un combat décisif. On raconte que Mitrinos était plus à l'aise avec la philosophie qu'avec le maniement des armes.

— Autrement dit, pérora Paléas en fouinant de son côté, c'est la fille qui a combattu pour eux deux!

Sans relever le sarcasme, Cristin spécifia que ce serait dans ces ruines, également, que Mitrinos et Shébah seraient devenus amants.

— Je croyais qu'ils l'étaient déjà! fit remarquer spontanément Shanandra.

Devant la surprise de Cristin, elle dut cependant avouer qu'en fait, elle ne savait pas.

— Comment aurais-tu pu? l'excusa Cristin.

— J'ai trouvé! s'exclama Torance.

Il expliqua que la seule façon d'explorer le sommet de l'amoncellement de débris sans danger était de brandir une torche et de… s'envoler!

Devant l'expression de ses compagnons, il esquissa quelques mouvements avec les bras.

— Avec les serpents lumineux! insista-t-il, agacé par leur lenteur d'esprit.

Il tendit sa main à Shanandra en hésitant, puis commanda :

— Viens!

Se rappelant que ces rubans d'énergies les avaient aidés à maintes reprises, notamment à constituer un solide pont entre deux parois abruptes, la montagnarde s'empara d'une des torches. Juste avant que Torance n'ordonne à ses serpents de s'enrouler autour d'eux, elle prit le sachet de cuir contenant la pierre du destin dans sa main. Un instant plus tard, ils s'élevaient à la verticale du monceau de débris.

Comme l'avait pressenti la jeune fille, les mains de la déesse, brisées au niveau du poignet, se trouvaient au sommet. Ils en firent le tour à plusieurs reprises, éclairant de leur flamme des gravats de différentes dimensions.

— Là! fit Torance en repérant trois énormes doigts.

Des deux mains tendues et à l'origine scellées entre elles, il n'en restait qu'une seule d'intacte, posée telle une plume sur le fragile échafaudage de roches, de cailloux et de poussière. Doucement, ils s'agenouillèrent dans la paume ouverte.

Que cherchaient-ils, exactement?

Torance avait espéré trouver les fameuses tablettes. Mais la main était vide. Shanandra détailla, à la sourde clarté dispensée par la torche, le contour des doigts fins, le dessin confus des lignes tracées dans la paume. En trouvant le pictogramme de l'éphron d'or chapeauté de ceux du soleil couchant et du soleil levant, elle s'exclama.

— Ici!

D'en bas leur parvenaient les voix inquiètes de Cristin et de Lolène. Tout allait-il bien?

La main menaçait de glisser à tout instant. À quatre pattes, les deux adolescents la stabilisèrent. Posée sur la pierre, la torche grésillait.

— Ici, répéta Shanandra en posant tour à tour un doigt sur les deux cavités qui s'ouvraient sous les pictogrammes.

— Tu veux dire que… balbutia Torance.

Shanandra sortit la pierre du destin de son gousset de cuir et après une brève hésitation, la déposa à l'intérieur de la première anfractuosité. La gemme s'y logea avec un petit bruit aigu d'horlogerie.

— Tu es sûre de ne pas t'être trompée de trou? s'enquit Torance, tous ses muscles bandés et prêts au pire.

— Je l'ai mise dans la cavité au-dessus de laquelle se trouve le…

La jeune fille n'eut pas le temps de terminer sa phrase qu'un grondement sourd émana de la pierre. L'instant d'après, ils étaient tous deux enveloppés par un halo de lumière verte.

Une douleur au cœur les força à s'allonger à plat ventre sur la main géante. L'amoncellement de débris menaçait de s'effondrer. Mais la clarté était si intense, le son – un *éééé* grave et solennel – si assourdissant qu'ils en avaient à peine conscience. Torance prit le poignet de Shanandra. Vu les circonstances, la montagnarde n'éprouva ni colère ni sentiment de satisfaction.

Une autre initiation…

Elle attendit la suite avec appréhension. Le Mage errant allait-il leur parler? Leur révéler enfin l'emplacement des tablettes?

La jeune fille était sur le point de penser que tout cela ne menait à rien, quand elle eut la sensation très nette d'être jetée hors de son corps.

Planant entre le sol et le plafond, elle vit ses compagnons courir dans tous les sens. Gorth criait que le temple leur tombait dessus. Alimas leur demandait d'attendre encore un peu, car ce genre de séisme pouvait ouvrir des salles qu'ils n'avaient pas encore vues. Paléas rétorqua que le marchand n'était intéressé que par l'appât du gain. Cristin trancha la question en poussant Pirius vers la corde qui pendait dans le goulot.

— Et Torance? Et Shanandra? s'écria Lolène en refusant d'abandonner ses amis.

Touchée par le courage et l'abnégation de la jeune guérisseuse, la montagnarde fut brusquement entraînée très haut dans la salle par une force ascensionnelle inconnue. Au moment de s'écraser contre le plafond tapissé de roches, elle sentit le décor se disloquer. Effrayée, elle se protégea la tête avec ses mains et hurla.

Une lumière douce et diffuse jointe à des parfums délicats de fleurs la força à sortir de sa torpeur. Elle se retrouvait à l'air libre.

Il fait jour, se dit-elle, et je vis un rêve…

Un jeune homme se tenait debout à ses côtés et s'adressait calmement à une foule qui l'écoutait avec dévotion. Des paroles sortaient de sa bouche, s'élevaient dans l'air diaphane et retombaient sur les silhouettes recueillies, sur les visages extasiés.

Une aura de couleur rose pâle diaprée d'étoiles minuscules enveloppait l'assistance. Shanandra se sentait en paix, en équilibre, enveloppée d'amour. Elle se demanda d'abord si le soleil, en ce lieu si proche de l'idée qu'elle se faisait du paradis de la déesse, avait des rayons roses. Mais elle se rendit vite à l'évidence.

Elle-même faisait partie intégrante de cette aura qui subjuguait la foule. Sa conscience était réduite à un point en suspension. Son corps était devenu aussi vaste qu'un temple.

À la pensée qu'elle jouait un rôle – quel qu'il fût – dans ce moment unique d'abandon, de partage et d'écoute total, Shanandra fut soulevée par une telle vague d'amour qu'elle s'abandonna complètement à cette sensation. Une dernière image un peu macabre prit forme dans son esprit : celle d'un sarcophage poussiéreux abandonné aux ténèbres depuis des siècles.

Torance aussi avait été tiré hors de son corps et propulsé dans un monde où la lumière, bien qu'éclatante, n'était pas aveuglante.

— Shanandra! s'exclama-t-il en cherchant la princesse.

Son cœur battait à tout rompre. Sentant encore l'empreinte de la main de la montagnarde dans la sienne, il était sûr qu'elle ne pouvait être loin. Soudain, une voix impérieuse le cloua sur place.

— Ainsi, tu es de retour. As-tu appris ta leçon, garçon?

Autour du Vénérable toujours revêtu de sa splendide quiba au tissu moiré se tenait une dizaine de disciples. Le flot tranquille d'un ressac argenté léchait leurs galvas.

— Quelle leçon? rétorqua Torance, plein de ressentiment.

Les élèves de Mérinock se mirent à chuchoter et à plaisanter entre eux. Fâché de se voir en quelque sorte mis en accusation devant des adolescents dont il ne distinguait même pas les traits, le prince se rebiffa.

— Vous vous moquez de nous depuis trop longtemps, Mage!

Rassemblant ses serpents de lumière autour de lui, il se positionna face au Vénérable.

— Le moment est venu de parler sans détour. Où se trouvent les tablettes que nous devons apporter aux peuples?

Sans se démonter, le vieil homme lui expliqua que le temps était venu, au contraire, d'apprendre enfin à écouter au lieu d'essayer seulement d'entendre.

— Vos paroles ne m'impressionnent pas! le défia Torance.

— Tu étais bien plus sage, autrefois!

— Assez parlé par énigmes!

Mérinock leva une de ses mains. Deux globes transparents apparurent au-dessus de lui.

— Une sphère de moyenne dimension pleine de connaissances oubliées et une autre toute petite, presque vide, attentive, avide… et, termina-t-il tristement, sottement en colère contre l'irrémédiable.

Irrémédiable, vraiment, douta Torance.

Tout à coup, ses voix, dont il n'avait jamais jusqu'à présent saisi le sens, devinrent plus nettes. Des mots, des paroles, des phrases entières jaillirent de la grosse sphère et s'écoulèrent dans la petite.

En reconnaissant sa propre voix, le prince resta pétrifié de surprise.

Peu après, la plage, les disciples, les deux sphères, la silhouette même du Mage errant furent réabsorbés dans la lumière. Un tourbillon balaya le sable et les vagues frangées d'écume.

« Ne te ferme pas à la vérité, Torance! » s'entendit-il se crier à lui-même.

Recroquevillé, le jeune homme se prit la poitrine à deux mains. La brûlure était trop intense. Respirer. De l'air! Cette cave était un véritable tombeau. Une vive douleur l'étreignait au niveau du cœur. Ses mains étaient maculées de sang.

Son ancien cauchemar ressurgissait des ténèbres. Il devait défendre sa vie.

Il aperçut Shanandra penchée sur lui. Effrayé à l'idée qu'elle puisse brandir un kaïbo, il voulut placer ses bras devant son visage pour se protéger.

Mais ses poignets étaient noués dans son dos par de solides liens.

— Calme-toi, lui susurra la montagnarde.

Persuadé qu'il mourait, il hurla.

22

L'éclaircisseur de rêves

Une main ferme se posa sur le front de Torance. Peu à peu, les spasmes s'estompèrent, son rythme cardiaque revint à la normale.

Il fit le point sur un visage inconnu. L'homme lui paraissait sans âge. Mais si l'on observait bien ses traits à la fois rudes et chaleureux, les fines rides au coin de ses yeux perçants et celles, plus longues et profondes, qu'il portait de chaque côté de la bouche et du nez, on pouvait deviner une âme qui avait voyagé, vécu, souffert, aimé et déchanté des choses de la vie.

— Ne fais pas de gestes brusques, lui dit Shanandra. Ne nous oblige pas à resserrer tes liens.

La tête et le corps du prince bouillaient littéralement de colère et d'émotions diverses. Son instinct le poussait à secouer sa torpeur, à se dresser, à appeler à son secours les serpents qu'il voyait onduler et flotter tout autour de lui. Mais une sagesse nouvelle, refoulée et cependant bien présente en son cœur le forçait à plus d'objectivité.

— Que s'est-il passé?

Shanandra confia en aparté à l'inconnu que Torance redevenait lui-même. Elle l'aida à s'asseoir sur sa couche sans pour autant dénouer ses cordes.

Lolène était assise à ses pieds. Son fidèle sac de cuir reposait sur ses genoux. Le prince en déduisit qu'il avait dû souffrir de fortes fièvres ou de délire et que la jeune blonde l'avait soigné avec ses massages et ses onguents.

— Nous avons subi une nouvelle initiation, Torance, poursuivit la montagnarde en lui prenant la main.

Le prince se crispa, mais se détendit aussitôt. Il se rappelait sa transe, la sensation d'arrachement, son transport sur une plage immaculée où l'attendait le Mage errant.

— Puis il y a eu l'écrasement du temple.

— L'écrasement?

Les fondations avaient tremblé. Les compagnons étaient remontés à la surface.

— Te rappelles-tu l'autre phrase entendue dans le temple d'Atinor?

Torance récita de mémoire :

— « L'éphron d'or du levant te reconduira vers la lumière. »

Shanandra répéta le mot « reconduira ». Le prince approuva :

— Il y avait un deuxième pictogramme, une deuxième cavité…

— Oui, Torance. Une pour enclencher le mécanisme d'initiation, l'autre pour activer une sorte de système de sécurité.

Le jeune homme respira l'odeur familière du cuir humide. Un jour timide allumait les visages posés au-dessus de lui tels des bibelots précieux. Lolène se leva, souleva une bâche.

Nous sommes sous une tente, se dit-il.

Shanandra poursuivit.

— Lorsque le temple a menacé de s'écrouler, tu as sorti la pierre de son trou initial pour la placer dans la cavité voisine. Ça a permis…

— Je ne me souviens de rien, la coupa Torance.

Un léger brouhaha s'élevait de l'extérieur de la tente. Le prince sentait confusément la présence proche de dizaines de gens, peut-être davantage.

— Que s'est-il passé? redemanda-t-il, la bouche sèche.

Shanandra lui caressa machinalement les doigts.

— Quand le deuxième mécanisme s'est enclenché, la main sur laquelle nous nous tenions a été propulsée vers le haut. Nous nous sommes retrouvés à la surface, et…

— J'ai fait un cauchemar, se remémora soudain Torance. Le même que lorsque nous sommes arrivés dans l'oasis des Baïbans.

L'inconnu s'avança.

— C'est à cause de ce cauchemar, jeune homme, que nous avons dû te maîtriser de force.

— Tu étais fou, reprit Shanandra. Tu voulais te battre contre tout le monde. Et même contre moi. Gorth et Erminophène ont dû t'attacher.

Ce disant, elle trancha ses liens, la preuve qu'elle le croyait revenu à de meilleurs sentiments.

Torance se leva avec peine. L'homme lui donna un fruit oblong de couleur orangée. C'était juteux, sucré, rafraîchissant. La tête lui tournait encore un peu. Shanandra le soutint. Sa présence était rassurante, surtout après les terribles images qui l'avaient assailli.

— Trouver les singes de feu, maugréa-t-il comme s'il évoquait précisément l'une de ces images.

— C'est en effet le prochain indice, déclara suavement l'inconnu.

Torance recula d'un pas afin de mieux examiner ce dernier. Ni jeune ni vraiment vieux, il était grand et solidement bâti. Ses manières et ses habits dénotaient l'homme rusé et intelligent habitué à prendre des décisions, à commander.

— Mais qui êtes-vous?

À l'extérieur de la tente, les murmures allaient croissant.

— Torance, l'avertit Shanandra, il s'est passé des choses étranges, cette nuit.

Considérant les traits crispés du jeune homme frondeur, l'inconnu fit un geste d'apaisement.

— Je suis un éclaircisseur de rêves. J'accompagne les autres pour…

— Quels autres?

Le prince contempla l'étoffe du manteau que portait l'homme : un tissage particulier fait de laine brute. Ce vêtement, à la fois épais et léger, devait être très confortable. Un coup d'œil à sa ceinture ne révéla aucune arme visible.

Il reporta son attention sur la figure du mystérieux personnage, y trouva des défauts qui, d'une certaine manière, le rassurèrent : nez puissant, mâchoire volontaire, menton fendu, dentition jaunie et imparfaite, front obscurci par un lacis de rides, chevelure clairsemée sur le crâne, mais plantée d'épaisses mèches blanches et bleues sur les côtés de la tête.

Les mèches bleues prouvent que cet homme a du sang noble dans les veines. *Mais de quel pays vient-il?*

— Un éclaircisseur de rêves est là pour aider le rêveur à voir plus clair en lui. Et vous semblez tous deux avoir grand besoin de mes services.

La montagnarde résuma pour le prince quelques-unes des explications déjà fournies par l'inconnu :

— D'après lui, nous avons déjà vécu quatre initiations. Chacune d'elles a réveillé des pouvoirs ou des dispositions qui sommeillaient en nous.

L'homme au manteau tissé énuméra les quatre villes ou temples visités : Nivène, Éloria, Atinor, Orma-Doria.

— Ces lieux ont aussi bénéficié de nos visites, ajouta la jeune fille. Ils se sont en quelque sorte réveillés.

Mais Torance n'écoutait plus. En deux enjambées, il fut sur l'éclaircisseur de rêves, qu'il saisit brutalement au collet.

— Êtes-vous au service du Mage errant? s'enquit-il avec froideur.

L'inconnu dénoua tout aussi brusquement la prise du jeune homme et lui maintint sans effort les bras écartés.

— Le Vénérable me visite en rêve et m'envoie là où ma présence est requise, jeune prince.

La voix, quoique douce, était ferme. Shanandra posa une main sur l'épaule du prince.

— Je t'en prie, écoutons-le.

— Maintenant que nous sommes tous calmés, reprit l'éclaircisseur, il est temps pour vous d'en apprendre un peu plus sur votre quête…

✶

À l'extérieur de la tente, Gorth, Cristin, Pirius, Paléas et Erminophène restaient songeurs. Franchement, l'ancien capitaine n'avait pas aimé intervenir pour maîtriser le prince. Non qu'il ne se sentît pas de taille! Mais Torance exprimait une douleur et une frayeur qui lui étaient propres. Les cauchemars, d'après le capitaine, faisaient partie intégrante de la personnalité. Si on ne les affrontait pas, ils nous dévoraient de l'intérieur.

Gorth en avait fait l'amère expérience à plusieurs reprises et il pensait que Shanandra, qui était elle-même impliquée dans les rêves en question, aurait dû accepter le défi au lieu de lui ordonner de ficeler le jeune homme.

Un guerrier a le droit et le devoir de confronter ses peurs. Sinon, il perd la chance de devenir vraiment un homme.

Paléas renifla bruyamment. Gorth savait que si le garçon ne l'aimait pas, c'était sans doute à cause de ce qu'il avait pu faire ou dire du temps où il se trouvait dans le camp de la cristalomancienne.

Cristin observait les gens rassemblés autour de la tente. Certains d'entre eux ne pouvaient encore croire en ce qui s'était produit durant la nuit. De son côté, le garçon était satisfait…

Soudain, des éclats de voix jaillirent de la tente.

— C'est impossible! s'écria Torance. Nous ne pouvons pas! Nous ne savons pas!

Tous se turent et écoutèrent.

Les mots « peur », « mission choisie » et « devoir sacré » retentirent.

Un long silence suivit.

Les pans de la tente s'écartèrent vivement. Torance se dressa dans la lumière éblouissante et déjà chaude du matin. Il vit la foule rassemblée à ses pieds, les hautes colonnes dressées, les bâtiments épars jonchant la cuvette de sable ainsi que les vingt et une statues de la princesse Orma-Doria, qui n'avaient plus revu le soleil depuis des siècles et qui paraissaient étonnées.

— Qu'est-ce que… commença-t-il.

Ses jambes étaient toutes molles. Un violent étourdissement menaçait de le jeter au sol.

Cristin s'approcha de lui.

— La cité a jailli des entrailles de la terre. C'est un miracle!

— Et ces gens? demanda Torance, la bouche toujours aussi sèche.

— Ils sont arrivés ce matin avec l'homme qui se trouve sous votre tente. Il lui adressa un clin d'œil guilleret. En plus, ils apportent avec eux de l'eau et des vivres en quantité!

— Impossible, répéta le prince en repensant à ce que venait de révéler l'éclaircisseur de rêves.

Ne sachant pas quoi lui répondre, Cristin laissa la place à Shanandra.

— Tu ne m'as pas laissé finir, tout à l'heure, le gronda-t-elle gentiment. Ces gens sont venus pour nous.

Il la dévisagea sans comprendre.

— Accepte les faits, Torance. Ils nous attendaient. Ils nous cherchaient. Nous sommes venus.

Elle prit son bras.

— Allez, courage!…

23

Le voile de compassion

Le choc de ces centaines de gens qui le dévisageaient fut terrible. Vacillant sur ses jambes, Torance se demandait si ces hommes et ces femmes étaient vraiment venus spécialement pour eux. Habitué aux fastes de la vie princière, à la politesse raffinée mais distante des nobles, des courtisans et des ambassadeurs, il n'était pas préparé à un contact aussi direct et profond.

Les ruines de la cité ressuscitée étaient noires de monde. Assis sur les colonnes éboulées, sur des dalles ou à même le sol, ces « fidèles » – comme les avait nommés l'homme du Vénérable – marchaient depuis des semaines. Venus de plusieurs royaumes, et même des lointaines terres nordiques de Reddrah ou de Vorénor, ils attendaient. Mais quoi?

Cette question angoissait le jeune homme. Seul réconfort : il voyait toujours évoluer autour de lui ses serpents lumineux. Par dizaines, par centaines, ceux-ci l'accompagnaient, glissaient sur ses épaules, effleuraient son visage.

Shanandra souriait aux femmes, tendait ses mains aux enfants.

Ce sont les Servants du Mage errant qui leur ont parlé de nous. Dans toutes les villes du sud et du nord, dans les montagnes, les déserts…se dit-elle, réellement impressionnée.

« Mais que veulent-ils de nous? » s'était exclamé Torance, sous la tente.

« Puiser le réconfort et l'espoir. Capter un peu de la lumière que la déesse a mis en vous. »

Le prince n'avait pas aimé le ton pontifiant employé par l'éclaircisseur de rêves.

Shanandra n'était pas certaine de tout comprendre avec sa tête. Par contre, les paroles de l'inconnu se frayaient un chemin jusqu'à son cœur.

« Vous devez partager avec eux la connaissance de la déesse », avait ajouté l'inconnu.

C'est alors que Torance avait clamé que la chose était impossible.

« Nous n'avons pas encore trouvé les tablettes de Mitrinos! Nous ne les avons pas lues et encore moins traduites! »

L'éclaircisseur de rêves avait ri.

En colère, le jeune homme était sorti de la tente.

Maintenant, il marchait sur les mosaïques bordant les cuves de pierre. Il s'étonna qu'elles soient désormais non plus vides, mais remplies de sable. Il voulait s'accroupir sur le sol, prendre une poignée de sable dans sa main. Il l'avait fait en arrivant dans l'oasis des Baïbans, en entrant dans Éloria, devant les chutes d'Atinor, et même dans les silencieuses pièces semées de monolithes où Shanandra et lui avaient failli…

Ces gens l'intimidaient. Pourtant, il fit ce à quoi il venait de songer; il s'agenouilla au sol près d'une vieille femme au visage aussi ridé qu'un fruit trop mûr et plongea sa main dans le sol. Torance respira ensuite sa poignée de sable en s'efforçant de maîtriser les battements de son cœur.

De son côté, Shanandra ne se sentait pas coupée de cette foule, mais au contraire complètement investie dans une réalité qui ressemblait tant à celle vécue dans son dernier rêve qu'elle avait de la difficulté à dissocier les deux.

La montagnarde ne percevait ni hostilité, ni haine, ni rage, ni colère.

Seulement l'attente. L'attente d'un signe...

Parvenu à la même conclusion, Torance se demandait encore ce qu'ils pouvaient bien dire ou faire. Ses mains étaient moites. Conscient d'endosser une sorte de rôle, il était également conscient de la responsabilité qui pesait sur leurs épaules. Après s'être relevé, il eut peine à avancer.

Jusqu'à présent, leur quête avait surtout été une lutte pour échapper à Astarée. Depuis la transe vécue dans les montagnes d'Évernia, sur le pont de lumière, cette quête avait plutôt pris des allures de chasse au trésor. À présent...

Il déglutit avec difficulté, sourit nerveusement à un jeune couple qui serrait ses trois enfants en bas âge.

Le silence. Obsédant. Sur les ruines grandioses, sur les vieilles pierres et les colonnes, les frises ébréchées, les murs d'anciens palais éboulés. Ce silence immense, jusque dans le ciel couleur ocre et son soleil diffus, ses nuages bas et sombres comme si les éléments imitaient les hommes et attendaient quelque chose.

Le silence, aussi, dans sa tête. Qu'étaient devenues ses voix? *Sa voix,* pouvait-il dire après avoir finalement réalisé, dans son rêve de la nuit passée, que c'était lui qui tentait de se faire entendre... de lui!

Les deux sphères en apesanteur, la grosse et la petite. Les deux consciences. L'une libre, savante et immortelle; l'autre confinée dans un corps de chair.

Ces déductions lui venaient de ses derniers face à face avec le Vénérable.

Pendant ce temps, Cristin, Paléas, Gorth et les autres se tenaient en retrait. Par pure précaution, le capitaine avait déployé ceux qu'il appelait « ses » hommes autour des ruines. Mais il était évident que personne, ici, n'avait d'intention belliqueuse vis-à-vis des deux messagers. Bien au contraire!

Pirius toucha le bras de Cristin. Celui-ci sursauta.

— Où est passé l'inconnu entré sous la tente?

L'érudit était trop tendu pour répondre. Il s'imprégnait de cette scène et espérait que Pirius en faisait autant.

Soudain, un homme se leva. S'adressant à Torance, il lui posa une question.

Voilà! se dit simplement Shanandra.

Elle se hissa sur une grosse colonne, prit appui sur une dalle, s'assit en tailleur. De son promontoire, elle dominait les centaines de personnes rassemblées au centre des ruines autour du prince.

Plongée dans l'émotion de son rêve, elle ne se posait plus aucune question. Détachée de tout, elle sentait qu'elle quittait son individualité comme on abandonne un tas de vieux vêtements.

Torance faisait-il de même?

Si oui, il ne devait pas trouver ça facile. À moins que la lumière présente en eux depuis leur première initiation ne trouve naturellement son chemin en lui et presque, *malgré* lui?

Elle battit des paupières. Puis elle sourit en réalisant que le ciel n'était plus ocre, ni rouge, ni gris, mais rose. Rose pâle et scintillant de millions d'étincelles dorées qui tombaient sur la foule tels de ravissants flocons de neige. Lorsqu'elle prit enfin conscience que ce voile immense et invisible émanait en vérité de ses yeux, elle s'abandonna complètement.

À cet instant précis, débarrassée de toute peur, tracas, angoisse et obsession, chaque personne se mit à l'écoute.

Et Torance, lui, commença à parler…

« Êtes-vous vraiment les messagers annoncés par la prophétie? » avait demandé un homme.

— Nous le sommes, lui assura Torance d'une voix forte, mais douce.

Les mots sortaient de sa gorge tout seul.

— Pouvez-vous nous protéger, nous sauver du despotisme? demanda un autre homme en se levant à son tour.

La voix spirituelle du prince s'écoulait naturellement, de la grosse sphère à la plus petite…

— Nous vous assurons que chacun doit se sauver lui-même. Les enseignements de la déesse, occultés par les lamanes de toutes les confessions et les monarques de tous les royaumes, sont inscrits dans vos cœurs. Il vous suffit de vouloir vous libérer et vous serez libérés.

La foule réagissait au ton, aux paroles. D'autres hommes se levaient. Une femme demanda soudain :

— Comment pouvons-nous nous mettre à l'écoute de nos cœurs?

Torance marchait à présent au milieu des gens. Souriant aux uns, prenant la main des autres, il était animé d'une flamme perceptible par tous.

— Méditez, car les préceptes de base, placés en chacun de vous par la déesse, y sont encore aujourd'hui écrits au fer rouge.

Une autre femme demanda si méditer et prier avait le même sens.

— Les lamanes nous demandent de prier les géants, ajouta-t-elle.

— Les géants sont les fils et les filles de la déesse. Ils ont quitté nos Terres depuis des siècles. Vous pouvez leur parler dans le secret de vos cœurs, mais vous n'avez pas besoin d'un lamane pour vous adresser directement à la déesse.

Torance voulut approfondir sa réponse, mais un autre homme s'enquit :

— Quels sont ces préceptes, inscrits dans nos cœurs, que veulent nous cacher les rois et les lamanes?

Cristin retint son souffle. Il avait demandé à Lolène de lui tendre son sécralum de bois. Pirius, lui, avait réclamé ses feuilles d'ogrove et ses pastels. Adossé à une stèle de granite, l'ancien soldat dessinait fébrilement tandis que Cristin, effrayé à l'idée de manquer une seule des paroles du prince, laissait courir sa main sur son parchemin.

Au même moment, un des pèlerins, la figure cachée par un profond capuchon de toile, pensait surtout au pouvoir ténébreux de la jeune montagnarde.

Elle a affiné sa technique. Elle tuait d'un seul regard. Elle peut maintenant envoûter des foules entières...

Il tira son voisin par le bras. Tous deux sortirent du cercle de ruines. Lorsqu'ils eurent marché jusqu'en périphérie de la cité d'Orma-Doria et qu'ils atteignirent un banc de rochers, ils se cachèrent.

Astarée découvrit alors son visage.

Elle avait peine à respirer normalement. Blême, elle sortit de sa poche son poing fermé et l'ouvrit sans s'occuper de ses doigts qui tremblaient. Le sergent Lupia aperçut le fragment de cristal blanc laiteux qui pulsait dans la paume de la jeune cristalomancienne.

Celle-ci se tourna vers lui et balbutia en grimaçant :

— Morphiques, ils sont devenus morphiques...

Lupia frémit, car ce terme désignait tout ce qui était mauvais et sombre dans l'homme.

Après s'être retrouvés à Atinor, ils s'étaient présentés à la caserne du palais où certains de leurs soldats cuvaient leur vin. Il leur avait fallu trois jours pour rassembler les autres, disséminés à travers toute la cité. Puis ils avaient chevauché vers l'ouest durant des jours et gagné la mer. Après avoir traversé le détroit des « trois frères » sur des chaloupes puant le mauvais poisson, ils avaient finalement atteint le royaume d'Ormédon.

Là, ils avaient rencontré les émissaires envoyés par le roi Balcusor. Astarée s'était étonnée de trouver sur ce rivage autant d'alliés en même temps. Suspicieuse, elle avait tout d'abord songé à une fuite d'informations. Comment, en effet, puisqu'elle ne l'avait plus rejoint par télépathie depuis l'oasis des Baïbans, Sarcolem avait-il pu savoir qu'elle aborderait la Terre d'Ormédon en ce jour précis au lieu dit des «Trois frères», une bande de terre dégagée nappée de magnifiques rochers dentelés? Mais elle était éreintée par des journées entières de chevauchée.

Se mêler aux fidèles rassemblés par les Servants du Mage errant dans les villes du royaume d'Ormédon avait, ensuite, été aisé. Assez mystérieusement, chacun semblait savoir que les deux messagers de la prophétie se trouvaient dans le désert de Pélos et qu'ils devaient faire une halte dans les ruines mystiques d'Orma-Doria.

Cette course sans repos s'était achevée le matin même, quand les silhouettes élancées d'une vingtaine de statues, captant la lumière rougeâtre du soleil, leur avait indiqué le chemin.

Astarée n'avait pas eu le temps de s'interroger sur la présence de ces ruines légendaires que personne, à ce jour, n'avait pu découvrir. Elles étaient là et c'était tout ce qui comptait.

Lupia observait la cristalomancienne. S'accrochant à son éclat de roche translucide, celle-ci paraissait aussi fatiguée qu'au sortir d'un violent combat.

Astarée était pour sa part heureuse d'avoir pu tenir la redoutable force télépathique de Shanandra en échec.

Grâce au pouvoir de mon cristal de protection…

Elle posa ses lèvres sur le fragment froid et luminescent, et soupira en s'épongeant le front.

— Nous sommes partis juste à temps.

Lupia n'était pas certain de comprendre l'allusion. Il s'était senti très bien au sein des fidèles. Pour la première fois depuis des années, il n'avait plus éprouvé le poids de son corps ni celui de ses fautes, de ses remords. La tension, même, causée par son ambition secrète de gravir les échelons militaires, ne l'avait plus taraudé. Il réalisa avec une certaine tristesse qu'il venait peut-être de connaître, au cœur de ces ruines, des bribes de la paix véritable. Celle située au-dessus de tous les plaisirs. Celle qui venait à bout de toutes les turpitudes.

— Et que faisons-nous à présent? demanda-t-il, encore hébété.

— L'heure est grave. Je dois contacter le roi de toute urgence. Ensuite, nous rejoindrons le camp de notre allié.

24

Rencontre au sommet

Astarée souffrait d'avoir été obligée de monter en croupe derrière le sergent sur un étalon rétif. Les épaules osseuses d'Arménite Lupia dressées sous son nez, elle sentait les soubresauts de chaque foulée dans tout son corps. Il émanait du sous-officier une odeur indéfinissable de cuir et de sueur qui lui donnait la nausée. Afin de tromper son mal, Astarée prit son fragment de cristal bleu dans une main et le serra tout en se concentrant sur l'image du roi Sarcolem.

C'était la première fois qu'elle tentait une transe télépathique sur le dos d'un cheval lancé au galop. Elle en avait prévenu le sergent, mais celui-ci ne semblait nullement en tenir compte dans la manière dont il conduisait sa monture. Le vent plaquait des millions de fins cristaux de sable sur ses joues, ses jambes, ses bras. Cet assaut ne facilitait guère l'établissement du contact mental entre son âme et celle du roi!

La cristalomancienne prit tout d'abord l'indispensable précaution de se forger mentalement une image d'elle-même conforme à ce qu'attendait Sarcolem : celle du jeune homme frêle, mais déterminé, passionné et intraitable, que celui-ci avait l'habitude de côtoyer. La pensée angoissante qu'aucune femme ne siégeait au sein de l'Ordre des Cristalomanciens aggrava ses crampes d'estomac. Sévrinus Polok, son vieux maître, l'avait bien prévenue : si elle voulait s'approprier des secrets transmis de bouche à oreille d'homme depuis la nuit des temps, elle devait aussi se préparer à en subir les conséquences.

La déesse seule sait ce que ces mystiques imbus de leur personne et jaloux de leur pouvoir seraient capables de faire s'ils apprenaient qu'un des leurs est une femme!

Elle se consola en se persuadant qu'aucun de ces babouins enturbannés, qui vivaient dans l'opulence et la luxure à longueur d'année, n'aurait supporté les privations et les épreuves de ce long périple qu'elle s'était imposé tel un chemin de croix personnel.

L'image de son visage de sphinx encadré par les longues et folles mèches du traditionnel postiche de cheveux blancs bien ancrée en tête, elle vogua en esprit jusqu'à Goromée. De temps en temps, un cahot plus violent que les autres menaçait de rompre le fil énergétique qu'elle lançait hardiment à travers l'espace et le temps. Insufflant toujours plus de sa propre énergie mentale dans sa manœuvre, elle rit tout bas en constatant une fois de plus qu'aucun cristalomancien de l'Ordre n'aurait ainsi risqué de se briser les os dans une pareille entreprise.

Signe tangible de l'intérêt qu'il accordait à cette mission, le roi fut prompt à lui répondre.

— Cristalomancien! s'exclama-t-il.

Que pouvait-il bien faire en ces heures encore matinales, dans son luxueux ensemble de palais semés de luxuriants jardins exotiques étagés les uns sur les autres? Se promenait-il en compagnie de sa jeune reine? Rencontrait-il des ministres ou bien un des nombreux lamanes appartenant à l'une ou l'autre des douze confessions présentes dans le royaume?

Le roi prenait soin, cette fois-ci, de brouiller volontairement ses pensées. Il apprend vite, se dit la jeune femme, à la fois fière de son royal « élève » et contrariée par ses fulgurants progrès. La fois précédente, elle l'avait en effet surpris en train de faire l'amour à la reine. Fâché, le monarque n'en avait pas moins abandonné sa couche pour prendre son appel, ce qui avait à la fois étonné et comblé la cristalomancienne.

— Votre Majesté! s'écria Astarée.

Ce ton, aussi impérieux que celui employé par Sarcolem, dut intriguer celui-ci, car il répliqua sèchement :

— Comment vont les choses, à Orma-Doria?

Le fait que le roi sache qu'elle se trouvait au milieu des ruines la stupéfia. Mais il s'agissait sans doute d'une fuite mentale involontaire de sa part. Elle prit son courage à deux mains et entreprit de tracer au roi un portrait fidèle de la situation.

— De messagers, Torance et Shanandra se sont changés en prédicateurs de bas étage. La révélation du contenu des tablettes de Mitrinos ne représente plus le seul danger. Dans toutes les villes que j'ai traversées, Sire, des foules en délire se rassemblent. Partout l'on trouve des émissaires du Mage errant. Le pire, c'est que les rois de ces pays laissent parfois faire les choses.

Longtemps, Sarcolem resta silencieux. Pas une seule pensée ne filtrait de son esprit véritablement caparaçonné. Astarée reconnut bien là sa prudence coutumière. Alors que sa tête rebondissait contre le dos de Lupia et qu'elle sentait le sergent aussi raide qu'un bloc de marbre, le roi tardait toujours à répondre.

Avait-elle été trop directe? Où donc Astarée avait-elle commis un impair dans cette série de phrases envoyées par télépathie au roi des rois?

Le monarque laissa finalement filtrer son sentiment profond.

— Je constate que les différentes initiations qu'ils ont subies rendent les messagers plus forts de jour en jour.

— Il y a eu le temple de Nivène, votre Majesté, approuva Astarée, le lieu où Shanandra a extrait la pierre du destin du thorax du jeune prince. Ensuite, la crypte d'Éloria. J'étais également présente dans le sanctuaire aquatique d'Atinor et j'ai appris, tout à l'heure, que la nuit passée ils avaient vécu une nouvelle expérience mystique.

Se sentant vidée de ses forces, elle tenait néanmoins à transmettre au roi le maximum d'informations dans le minimum de temps. Dans ce but, elle projetait dans un ordre plus ou moins aléatoire une succession ininterrompue d'images. Celle du temple de Nivène vivifié par un flot d'énergie inconnue après qu'elle eut capturé les deux messagers. La crypte souterraine du palais royal d'Éloria, illuminée d'une clarté similaire. L'impressionnante résurrection du temple aquatique ainsi que ses hautes statues qui défiaient à présent le ciel. Et pour finir, la cité en ruine de la légendaire Orma-Doria, cachée à la face du monde depuis des siècles… jusqu'à ce matin!

— L'intérieur, le bas, l'eau et la terre, commenta le roi Sarcolem.

Cette réflexion du monarque, comme la précédente d'ailleurs, atteignit la jeune femme, mais ne laissa aucune empreinte véritable dans son esprit conscient. La fatigue, sans doute.

Astarée raconta ensuite au monarque par le menu sa brève rencontre avec Balcusor, le souverain du royaume d'Ormédon. Par manque de temps et aussi pour éviter de l'assommer avec des remarques d'ordre personnel, elle passa sous silence l'opinion qu'elle avait de ce dernier.

— Ce roi veut devenir notre allié, lui certifia Sarcolem. Il a de bonnes raisons de vouloir s'associer avec la Gorée. Il acceptera la proposition que vous allez lui transmettre de ma part.

Cette dernière réponse soulagea Astarée d'un grand poids. Devinant sa pensée avant même qu'elle ait terminé de la formuler, le roi ajouta qu'il comprenait qu'elle ne pouvait pas, avec ses seuls hommes, circonvenir des centaines de fidèles et s'emparer des deux messagers.

— Vous serez aidé.

Le mot « fidèle » revêtait, dans la pensée du roi, un sens péjoratif. À cet instant, les défenses mentales du monarque s'affaiblirent. La colère qui bouillonnait en lui fracturait sa coque de protection. En quelques bouquets d'images, Astarée perçut des bribes de ses projets quant à un royaume de Gorée « élargi ». Ce terme précis soutenait et structurait toute la pensée du roi. Les visages des six autres monarques de ce que l'on appelait communément « le continent central » apparurent dans un cercle de feu. Astarée eut la fulgurante intuition que Sarcolem en personne activait les flammes rousses qui léchaient et dévoraient les souverains.

Mais elle se sentait trop sur le point de tomber de cheval pour analyser ces fuites de pensées. Elle comprit simplement que si le cristal bleu de communication était très utile, il pouvait également être employé à de nombreuses autres fins et qu'il contenait en premier lieu une sorte de vice caché. L'échange de pensées entre deux interlocuteurs ne pouvait pas, en effet, être totalement contrôlé.

— Cristalomancien, décida finalement le roi, il est impératif et pressant pour vous de me ramener ces deux adolescents à Goromée solidement ficelés et vivants.

Le mot vivant éclata littéralement dans la tête d'Astarée qui sourit avec complaisance. Elle connaissait parfaitement la raison pour laquelle Sarcolem tenait à recevoir livraison de Torance et de Shanandra « vivants ».

Décidément, le roi voulait le beurre d'évrok, mais aussi le profit que l'on pouvait tirer de celui-ci!

Moi aussi, je veux en profiter! s'avoua-t-elle sans honte en s'apercevant, mais trop tard, que sa pensée risquait d'être captée par Sarcolem.

Celui-ci n'eut pas l'air d'y attacher la moindre importance. Il répéta simplement qu'Astarée devait agir au plus vite.

— Cristalomancien, vous serez loyalement récompensé. Il importe que le Grand Œuvre mis en branle par Évernia saute au visage de tous ces Mages prétentieux. Il est essentiel que les peuples ne puissent jamais avoir l'occasion de venir grossir les rangs de leurs prétendus fidèles.

— La quête des messagers s'arrêtera à Orma-Doria, promit Astarée.

Le contact fut ensuite brutalement rompu.

Lupia sentit le poids du visage de la jeune femme reposer dans le creux de sa nuque.

Elle s'est endormie. C'est bien…

Les sabots du cheval résonnaient à présent sur un sol de roche, si bien que le sergent devait guider la bête avec prudence. Pour comble de malchance, le ciel s'assombrissait. Jamais encore Lupia n'avait remarqué une telle fadeur dans le vent du désert. De gros nuages couleur de sang s'amoncelaient, roulaient les uns sur les autres et grondaient comme si les géants eux-mêmes, réveillés et amusés par les pensées humaines, se préparaient à assister à un spectacle grandiose donné en leur honneur.

Un détail préoccupait Arménite Lupia : avait-il lancé son cheval dans la bonne direction?

✶

Se présenter sans fards ni postiche devant le roi Balcusor d'Ormédon était un véritable supplice pour Astarée. Après avoir chevauché des heures durant, son corps lui faisait horriblement mal. Dans sa tête cognait encore le fracas de chaque galop.

Elle avait été introduite à l'intérieur de la tente royale dès son arrivée au camp, dressé au milieu de nulle part sur une terre plate et craquelée de chaleur, sous un ciel aux teintes brutes de métal et d'argent vieilli. En pénétrant sous les lourdes toiles, elle avait accueilli la fraîcheur ambiante avec une volupté presque sensuelle.

Encadré par deux gardes en armes se tenant aussi immobiles que des statues, le roi Balcusor restait tapi dans l'ombre. Assis sur un siège de campagne en bois finement sculpté et incrusté de gemmes, il était vêtu de deux pellos amples et confortables. Il portait une *togea vulgaria* de coton blanc ourlée aux manches de somptueux parements de couleur pourpre – cette distinction indiquait qu'il était également le plus important lamane de sa confession, et une *togea ceremona*, un pello sombre au tissu plus épais dont le sinus tombait en somptueux plis, de son épaule gauche sous son bras droit. En plus du décorum artificieux qui l'oppressait – riches soieries tendues entre les poteaux, coffres splendidement ouvragés, lampes à huile artistiquement trempées dans de l'or pur –, Astarée conservait une réserve méfiante vis-à-vis du roi lui-même.

En arrivant en Terre d'Ormédon, elle n'avait fait que lui parler à travers le tissu de sa luxueuse chaise à porteurs. Maintenant qu'elle le contemplait enfin, sans cérémonie ou presque, elle réalisait à quel point ses intuitions avaient été prémonitoires.

D'âge moyen, Balcusor, trente-huitième du nom, avait les cheveux recouverts par le traditionnel bourmouq ormédonais, un voile de soie bleue maintenu sur le front par une fine couronne de cuir. Sa barbe parfaitement taillée, son visage ainsi que ses traits paraissaient coulés dans un masque pour le moment sans expression. Sur sa gorge brillait le séculaire médaillon en argent massif de sa famille, gravé à l'effigie du géant Ormédon – un éphron d'or à tête d'homme – marqué du monogramme personnel du roi.

Astarée avait la désagréable impression d'être passée en revue, et pire encore, d'être proprement déshabillée. Au bout de quelques minutes d'un silence pesant, tout son être se rebella. Même si elle ne portait plus le postiche traditionnel de son Ordre, elle était la grande cristalomancienne de Gorée! Une des plus proches collaboratrices du roi des rois! L'envie lui démangeait de faire sentir le pouvoir de sa colère à ce monarque de pacotille qui tentait aussi ostensiblement de l'impressionner. Mais pour rabattre la superbe de cet homme qui prétendait être dans son pays l'âme réincarnée du géant Ormédon lui-même, il lui faudrait user de plus de subtilité.

Se rappelant les paroles de Sarcolem – en l'occurrence que Balcusor avait un pressant besoin de devenir l'allié de la Gorée – , elle se campa devant celui qui n'était finalement qu'un homme et se présenta en qualité d'ambassadeur extraordinaire.

— Je suis Astarée Polok, grand cristalomancien royal et j'ai une proposition à vous faire de la part de mon Seigneur, Sarcolem le Magnifique.

Dardant sur lui son regard hypnotique et espérant que la demi-pénombre dissimulerait ce que son pouvoir ne pourrait totalement cacher de sa féminité, Astarée attendit anxieusement la réponse.

Balcusor n'était pas un impulsif. On ne demeurait pas le roi d'un des plus grands pays du continent central en jouant les têtes folles. En voulant montrer sa grandeur à l'envoyé de

Sarcolem – ici en plein désert – il cherchait surtout à conserver ses acquis.

Sarcolem, il ne l'ignorait pas, avait des vues sur son royaume. Les raisons qui poussaient Balcusor à rechercher l'appui du roi des rois étaient multiples et complexes. Mais il en était une qui lui tenait plus particulièrement à cœur…

Depuis que l'ambassadeur extraordinaire était entré; depuis, même, qu'il l'avait entraperçu la première fois sur la côte orientale de son pays, un faisceau de détails troublants, entre autres dans son apparence gracile, ne cessait de l'importuner.

Par les rapports que lui avaient fournis ses agents en place à Goromée, Balcusor connaissait l'étrange cristalomancien de réputation. Entré très jeune dans l'Ordre, protégé par son tuteur, le grand Sévrinus Polok, Astarée avait fait preuve d'intelligence et même de génie. Sarcolem l'avait pris sous son aile pour une raison inconnue. Depuis ce jour ou presque, Astarée était « en mission spéciale » pour le compte du roi des rois.

Et voilà qu'il m'arrive avec la proposition que j'attendais depuis longtemps.

— Je viens, poursuivait en effet la jeune femme, vous offrir notre aide militaire pour vous aider à vaincre votre ennemi juré.

Balcusor cilla, mais se garda de réagir.

— Elk Sifoun, l'ancien gouverneur de *Midon*, qui s'est autoproclamé roi, est un furoncle dans votre pied.

Cet Astarée connaissait bien l'histoire de son pays. Balcusor hocha la tête de côté sans qu'un seul pli ne fasse tressaillir ses lèvres épaisses.

Maintenant qu'elle était entrée dans une conversation dont elle pouvait tirer les ficelles, la cristalomancienne se sentait redevenir elle-même. Faisant les cent pas devant le roi toujours lourdement assis et immobile, le ton de sa voix monta d'un cran.

— Vous voulez récupérer la riche cité minière de Midon, je veux m'emparer de deux adolescents…

Ce dernier mot ourla d'un sourire rusé la bouche fardée du monarque. Les souverains des Douze Royaumes connaissaient tous la prophétie du Mage errant. *Le prince et la princesse issus de l'esprit de la déesse viendront. Et la face du monde en sera changée pour toujours.*

Ainsi, Sarcolem aussi avait peur. Astarée suivait instinctivement les pensées du monarque.

— Mon Seigneur Sarcolem souhaite agir pour le bénéfice de vous tous, ses frères et ses sœurs rois et reines, poursuivit-elle. Ces messagers, vous ne l'ignorez pas, menacent l'homogénéité des royaumes.

Balcusor savait surtout que Sarcolem agissait essentiellement pour servir ses propres intérêts.

Il décolla enfin ses lèvres et se racla la gorge.

— Ainsi, Seigneur cristalomancien (il inclina légèrement son front cerclé de cuir), vous m'offrez aujourd'hui l'aide que les ambassadeurs de votre roi me refusent depuis tant d'années?

La réplique était cinglante, mais suffisamment enrobée de gentillesse, de componction et de faux-semblant pour ne pas paraître insultante. De son côté, Astarée se rappelait ses leçons de géopolitique. Balcusor voulait récupérer Midon par les armes. Mais la cité, isolée en plein désert, solidement défendue par de hauts remparts et protégée autant par des mercenaires grassement payés que par des ententes commerciales signées avec les rois des pays voisins, était inexpugnable.

Son prétendu roi, Elk Sifoun – surnommé le fourbe, et même le fou, vendait à très bas prix ses minerais de cuivre et de fer à Sarcolem, Phrisus d'Élissandre et Calliope d'Élorîm contre leur protection tacite, sinon leur reconnaissance officielle de son titre de souverain de la cité de Midon. Et cela, au nez et à la barbe de Balcusor qui en était pourtant le maître légitime!

Balcusor doit penser qu'Elk Sifoun ne remplit plus ses devoirs auprès de Sarcolem, et que c'est pour cette raison que celui-ci s'abaisse, par mon entremise, à demander son aide.

Honnêtement, Astarée ignorait pourquoi Sarcolem avait décidé de retirer sa protection au roi fourbe de Midon. Et elle s'en moquait. Seule comptait l'aide que pouvait lui apporter Balcusor, ici et maintenant, pour qu'elle puisse remettre la main sur Torance et Shanandra.

En réponse à la question à peine voilée du roi, Astarée pencha à son tour respectueusement le buste.

— Oui, Votre Majesté. Mon Seigneur est prêt, si vous nous aidez, à vous prêter une de ses unités d'hommes de silex.

Nouveau clignement de paupières du roi.

Les hommes de silex ou hommes sans âme étaient l'arme secrète de Sarcolem. Qu'il puisse ainsi s'en départir était une aubaine formidable. On racontait que ces hommes avaient été entraînés pour devenir des bêtes de combat, des brutes sans peur qui obéissaient aveuglément aux ordres jusqu'à la mort. Grâce à eux, Sarcolem tenait en respect les armées de tous les rois. Et il était disposé, maintenant, à lui en confier une unité!

Les pensées de Balcusor allaient bon train. Cette proposition était la preuve formelle que les deux messagers de la déesse faisaient vraiment très peur à Sarcolem. Par voie de conséquence, Balcusor était proche de croire que si le roi des rois en venait à cette extrémité, cela signifiait que tous les royaumes – y compris le sien – étaient réellement menacés.

Adoptant immédiatement une attitude plus amicale, il se leva et posa une de ses mains alourdies de bagues sur la frêle épaule du cristalomancien.

— Mon ami, commença-t-il onctueusement, vous assurerez le roi des rois de ma pleine et entière collaboration à son projet.

Astarée soupira discrètement

— En arrivant, fit-elle, gênée de sentir la main du roi s'appesantir sur elle, je n'ai vu qu'une centaine de cavaliers.

— Le reste de mon armée est en marche et nous aura rejoints sous peu.

Balcusor était troublé. Cette chair, sous le pello de coton, était bien trop douce, bien trop fine. Une idée étrange lui vint en tête, qu'il rejeta aussitôt. Le cristalomancien paraissait certes efféminé et fragile, mais de là à penser que peut-être…

Astarée se rejeta en arrière, doucement, mais fermement.

— Sous peu, répéta-t-elle, comme si la chose lui posait un problème.

— En effet.

— Mais le temps presse! objecta-t-elle.

Elle sortit de la tente sans y avoir été invitée.

— Que faites-vous? s'enquit Balcusor même s'il savait qu'il ne serait pas entendu.

Le roi fronça les sourcils et se fit violence pour secouer la pesanteur de son corps rendu trop gras par l'abus des vins, des mets et des femmes. L'opportunité amenée par Sarcolem était cependant trop belle pour qu'il se fâche à cause de ce manquement à l'étiquette royale.

Astarée cherchait son sergent. L'ayant repéré assis sur un tabouret devant un de leurs soldats prêts à monter à cheval, elle se faufila entre les hommes de Balcusor.

Celui-ci attendit son porte-ombrelle et ses gardes du corps personnels avant de lui emboîter le pas.

— Que faites-vous? gronda à son tour Astarée en se plantant derrière Lupia.

Le sergent prit un air contrit, termina de plier la feuille d'ogrove qu'il scella en y apposant le plateau de sa grosse chevalière en galcite noire.

— Veuillez m'excuser, mon Seigneur, je terminais d'écrire quelques mots.

Il remit sa missive à un homme brun et taciturne aux bras et aux mains couverts par une impressionnante pilosité.

— Une lettre? éructa Astarée.

— À ma famille, Seigneur. Il ajouta en souriant avec sa bouche trop molle : j'ai une femme et trois enfants qui m'attendent à Éloria.

Troublée par cette révélation, la jeune femme allait répondre quand Balcusor la rejoignit.

— Vous êtes sorti si vivement, commença-t-il avec cérémonie, que…

La jeune cristalomancienne contempla le ciel sombre strié de lourds nuages gris aux ventres bas et arrondis.

— Je ne peux me permettre d'attendre l'arrivée de votre armée pour intervenir, Majesté.

— Mais…

Comment pouvait-elle lui expliquer le malaise – pire, le terrible pressentiment – qui l'assaillait si soudainement?

— Je dois retourner à Orma-Doria sur-le-champ.

Elle se tourna vers Lupia.

— Vous resterez auprès du roi et le guiderez jusqu'aux ruines le moment venu. Moi, je pars devant.

Elle dévisagea Balcusor.

— Avec votre permission, Majesté, je vous emprunterai une dizaine de vos cavaliers.

— Certes, mais je…

Le roi observait à son tour le ciel.

Sentant qu'il pourrait bien tenter de la retenir, Astarée sauta sur un cheval déjà harnaché. Elle leva une main et tira de l'autre sur les rênes. Sa monture se cabra nerveusement.

— Rejoignez-moi au plus vite avec vos troupes, Majesté, et vous aurez votre unité d'hommes de silex pour combattre Elk Sifoun!

Cette déclaration était sans en avoir l'air lourd de menaces. Balcusor esquissa un sourire vexé, mais n'osa pas, comme l'avait prévu Astarée, l'empêcher de quitter le camp.

Elle fouetta les flancs de son cheval. Une petite troupe de soldats s'ébranla aussitôt et la suivit. En quelques minutes, ils furent hors de vue. De plus en plus bas, le ciel menaçait à présent de toucher terre.

Demeuré près du roi, Lupia l'entendit dire à un de ses gardes du corps que sa couleur n'annonçait rien de moins qu'une tempête de sable.

✶

Du coin de l'œil, Astarée surveillait la progression de cette main géante déguisée en nuages qui cherchait à les rattraper. D'après les hommes, la tempête venait du sud. Mais tel un monstre guettant sa proie, elle venait plutôt de partout à la fois.

— Plus vite! Plus vite! s'emporta-t-elle.

Son cristal mauve de poursuite serré dans sa main, Astarée était sûre de pouvoir retrouver l'emplacement des ruines d'Orma-Doria, dont elle avait fixé des images dans sa mémoire. Sa certitude s'appuyait bien entendu sur sa confiance dans l'art de la cristalomancie (n'avait-elle pas retrouvé le sergent Lupia?), mais également sur son instinct.

Depuis qu'elle avait accepté cette mission, une sorte de fil magique et invisible la guidait. Comment expliquer autrement cette sensation étrange qu'elle avait de suivre sa propre voie, et, aussi, un plan précis fait d'embûches et de coups du sort. Une course follement intelligente pensée par un autre.

Elle souhaitait approfondir cette question, quand un des hommes hurla que les vents changeaient de direction. Une colonne tourbillonnante se détacha du ciel marbré d'éclairs rouges.

Le sol tremblait. Les nuages s'allumaient d'yeux dessinés dans les lourdes volutes de sable en mouvement. Les anciens géants se moquaient-ils d'eux? De leur faiblesse? De leurs sottes ambitions?

Une dune aussi haute qu'une colline avançait droit sur eux. Astarée cria à ses hommes de mettre pied à terre, de se coucher et de tenir les rênes des chevaux de manière à ce que les bêtes restent tranquilles.

Les mots s'étranglèrent dans sa gorge. Les soldats, heureusement, connaissaient cette consigne et s'activaient fébrilement. Astarée se hissa sur sa selle et contempla, terrifiée, la colonne de sable se ramasser sur elle-même.

L'instant d'après, celle-ci s'abattit sur la troupe.

25

Et soufflent les vents

Lolène servait aux compagnons rassemblés sous la bâche du chariot un mélange de pommes de terre en morceaux aromatisées d'épices cuites dans du lait de barbousier et de l'huile de bardane.

Assoupi au fond de l'attelage, Torance se raidit soudain, se leva et sauta dans le sable tourbillonnant. La dernière image de sa vision persistait entre ses paupières mi-closes. Un homme immense au visage recouvert d'une longue quiba argentée se tenait sur la crête d'une éminence et tendait les bras au ciel. Obéissant à sa volonté, les nuages roulaient sur eux-mêmes, encadrés de typhons et de cyclones hurlants.

Une main posée contre son front, l'autre plaquée sur sa bouche, le jeune homme scrutait le paysage. Près de lui, le chariot progressait laborieusement. Tout autour et dans un ordre plus ou moins bien établi par Gorth et ses hommes, les anciens esclaves marchaient et les attelages de ceux que l'éclaircisseur de rêves avait appelés « leurs fidèles » roulaient.

Torance remarqua que ces gens pouvaient bien avoir tout quitté pour venir les trouver, ils n'en étaient pas généreux au point de faire monter avec eux ceux qui peinaient dans le sable brûlant. Ce détail l'agaça sans pour autant lui faire oublier l'arrogante silhouette du Vénérable, penché de tout son poids sur leur troupe.

Sentant une présence dans son dos, le prince se retourna vivement. Qui s'attendait-il à trouver? Gorth cheminait en avant-garde. Erminophène, remis de sa blessure, fermait la marche. Tous deux communiquaient grâce à Pirius, monté sur un vieux palefroi emprunté aux « fidèles », et qui servait à tous d'estafette.

Shanandra demanda doucement :

— Tu rêvais?

— Ne sens-tu pas sa présence, toi aussi?

La jeune fille scruta le gigantesque couvercle de casserole qui enveloppait le groupe sans jamais empiéter sur son espace vital.

— C'est formidable, fit-elle en s'humectant les lèvres.

Torance cracha dans le sable à la manière de Paléas.

— J'ai vu le Mage. Il me riait au nez!

— Tout le monde nous regarde. Rentrons…

Après l'épisode de ce que Cristin appelait déjà « le sermon dans le champ de ruines », Shanandra avait été prise de fièvre : conséquence, sans doute, de sa puissante concentration et de l'énergie qu'elle avait distillée sur l'assistance. Torance avait pour sa part été atteint de délire. Les soins de Lolène n'avaient pas été un luxe.

De retour sous la bâche, chacun les accueillit à sa façon. La jeune Élissandrienne aida Shanandra à installer le prince sur une couche. Cristin leur adressa un signe amical de sa plume en roseau taillé. Paléas se renfrogna.

Quel était le problème du jeune voleur? Shanandra avait cessé de se questionner à ce sujet. Deux jours plus tôt, elle avait surpris le garçon en train de tirer Lolène par le bras. Tous deux s'étaient tus en l'apercevant.

Ensuite, la tempête s'était abattue partout autour d'eux, mais sans chercher à les effleurer! Les fidèles avaient crié au miracle.

Et cet enthousiasme proche du fanatisme n'avait fait qu'aggraver les tortures morales de Torance.

— Je sais que tu es bouleversé, lui avait murmuré Shanandra.

— Tu ne sais rien, avait férocement rétorqué le jeune homme.

Quand il était de mauvaise humeur, l'instinct de la jeune fille la poussait à répondre, à argumenter. Mais depuis l'incident survenu dans les monolithes, quelque chose en elle s'était brisée. Enfermée dans son propre carcan d'angoisses, Shanandra avait laissé Torance remuer seul ses mystérieux tourments.

Peu après, Gorth, de retour des ruines, avait soulevé la bâche. Son visage était grave et assombri encore plus que d'habitude par une épaisse couche de grains de sable collée sur ses joues mal rasées.

— Qu'y a-t-il? s'était enquis la montagnarde.

— Descendez voir…

Et, effectivement, ils avaient vu.

Une coupole géante, sorte d'épais filet énergétique tirant sur l'or et constellé de mouches roses, était posée sur eux. Les vents avaient beau souffler, la tempête paraissait respecter autour d'eux un large espace dégagé.

Gorth avait pointé le ciel.

— J'ignore ce qui nous protège ainsi, mais « il » avance...

Shanandra avait compris que s'ils ne voulaient pas sortir du périmètre, ils devaient suivre ce qu'à défaut d'autre terme elle avait décidé d'appeler « la coupole ».

Cela faisait à présent trois jours qu'ils avaient quitté les ruines d'Orma-Doria et qu'ils suivaient pas à pas la coupole.

D'après les estimations savantes de Cristin, celle-ci se déplaçait en direction du Nord.

Sous la bâche du chariot, chacun gardait le silence. De temps en temps, ils entendaient rire le groupe de Romanchers. Traînant derrière eux la main en galcite marbrée sur laquelle Torance et Shanandra avaient vécu leur dernière initiation, ces nomades paraissaient à l'abri des soucis et des contrariétés. Ils répétaient à qui voulait l'entendre qu'ils suivaient les messagers de la déesse et qu'à ce titre, ils ne craignaient rien ni personne. Cette coupole dans le ciel n'en était-elle pas la preuve?

Quelle belle façon de vivre et de penser! ne put s'empêcher de songer la montagnarde.

De son côté, Torance était songeur. Il n'en revenait toujours pas. De messager, voilà qu'il devenait un de ces prédicateurs de province qui débarquaient dans les villages, ameutaient les gens et annonçaient la fin du monde ou bien de mauvaises récoltes si les chefs ne les recevaient pas avec tous les honneurs.

Était-il en train de se transformer en ce genre de parasite?

Il repassait sans cesse dans sa mémoire le film des événements survenus juste après que Shanandra et lui soient sortis de la tente de l'éclaircisseur de rêves.

La voix qui avait coulé de sa bouche pour répondre aux questions des fidèles était bien la sienne. Il en était conscient, mais avait été en quelque sorte réduit au rang de simple spectateur. Un autre que lui tirait les fils d'une pantomime grotesque à laquelle tout le monde, pourtant, avait crue.

Comment lui, Torance d'Élorîm, qui n'était pas plus prophète que Paléas était roi, avait-il pu répondre avec autant de finesse, de calme, de justesse et d'autorité à des questions relevant de la plus complexe philosophie? Il avait certes beaucoup appris depuis le début de son long périple en compagnie de Shanandra. Mais de là à imaginer qu'il pourrait agir comme un prédicateur!

Que devenait leur quête des tablettes perdues de Mitrinos? Shanandra avait l'air de penser que quelque chose d'important venait de se produire. Il se rappela leur discussion…

— Souviens-toi du Grand Œuvre.

Justement, Torance n'y tenait pas tant que ça.

— Ai-je réellement joué les prophètes?

Cristin leur assurait que la déesse avait parlé par sa bouche.

— La grande sphère se déversant dans la plus petite, bredouilla Torance.

— Le rêve que nous avons fait tous les deux dans la vallée maudite, pendant qu'Astarée nous tenait enchaînés?

— Oui.

Ils avaient ensuite fait le point sur le contenu de leur dernière transe.

— J'ai vu un sarcophage couvert de poussière, fit Shanandra.

Torance évoqua quant à lui la sensation de mourir, mais il lui cacha qu'en fait Shanandra elle-même tenait un kaïbo au-dessus de sa tête et tranchait sa veine jugulaire. Par extension, Torance s'était souvenu de ce rêve, vécu juste avant d'atteindre l'oasis des Baïbans.

— Il y avait une foule rassemblée sur des gradins, des statues de singes hurlants.

Shanandra le dévisageait.

— Les singes de feu…

Aucun d'eux n'osa plus évoquer en détail ce rêve obsédant.

✶

Paléas s'ennuyait depuis le début de la tempête. Après avoir soulevé un coin de la bâche pour respirer autre chose que l'air confiné de l'attelage, il reçut en pleine figure une rafale de vent.

Lolène refusait toujours de répondre à une question très simple : l'aimait-elle? Ce qui s'était produit entre eux l'autre nuit ne paraissait nullement la déranger. Par contre, cela hantait le garçon. Mille questions lui venaient à l'esprit. Avait-elle apprécié leur étreinte? Avait-elle fait semblant d'avoir du plaisir? S'y était-il mal pris?

Ce chariot qui se traînait, l'attention de chacun entièrement concentrée sur Shanandra et sur Torance, le silence de Lolène ajouté à la précarité de leur situation – tout portait sur les nerfs de Paléas. Il voulait fuir l'attelage, le convoi, les faces hagardes des fidèles et celles des anciens esclaves. Il savait toutefois que son manque de courage ou ce qu'il préférait, lui, appeler sa prudence ou sa ruse l'empêcheraient de commettre cette erreur. Alors, il se rongeait les ongles tandis que Cristin oubliait ses propres angoisses en écrivant fébrilement.

Le jeune érudit ne sentait plus ses doigts. Les feuilles d'ogrove se succédaient sur sa planchette de kénoab noir, s'entassaient en rouleau dans le sécralum de bois. Le niveau de son encre baissait dangereusement dans la fiole en terre cuite. Les mots coulaient en lui avec la force d'un torrent de montagne.

Extrait du manuscrit de Cristin d'Algarancia.

« *Les lois de la déesse, clairement édictées par le messager, eurent…* »

Corrigeant le temps du verbe de manière à alléger son texte, il reprit :

« *… ont eu un effet salvateur sur les fidèles recueillis. Les questions se sont ensuite succédées à une vitesse folle. À chacune d'elles, Torance a donné une réponse limpide.* »

Soudain, il s'arrêta. Il avait écrit les questions et retranscrit fidèlement les paroles de Torance. Chacune des lois se trouvait à présent consignée sur ses feuilles.

Il inspira profondément, se remémora la qualité du silence régnant au-dessus des ruines. Son sentiment émerveillé de vivre un moment unique.

Sa main restait en suspens. Un blocage était survenu. Deux questions lui venaient, qu'il transcrivit en ne parvenant pas à contrôler le tremblement qui agitait convulsivement ses doigts.

« *Qu'est devenu l'homme qui s'est présenté à Torance et à Shanandra comme étant l'éclaircisseur de rêves?* »

Depuis le sermon, Cristin avait en effet cherché cet homme dans tout le camp et interrogé nombre de fidèles. Non seulement on ne savait pas où était passé cet inconnu, mais personne n'en avait même jamais entendu parler.

Vers quelle mystérieuse destination cette tempête qui nous protège, mais qui nous retient en même temps prisonniers, nous conduit-elle?

Car à sa connaissance, la dernière initiation n'avait révélé aucune piste pas plus que le nom de la prochaine étape.

✶

Au même moment, dans un autre chariot progressant en tête du convoi, Épidorée, la femme du géant roux devenue apothicaire par la force des choses, lavait les plaies des blessés et soignait des piqûres de scorpions et des coups de soleil.

Sur le plancher de l'attelage avaient été allongés quatre autres personnes : un homme atteint de fièvres, une femme sur le point d'accoucher, un jeune enfant victime d'une indigestion et une femme tombée de cheval qui portait des blessures au visage.

Cette dernière intriguait l'opulente Reddrinienne, qui caressait pensivement les mèches brunes et courtes de la jeune femme.

Deux hommes d'Erminophène avaient découvert l'inconnue à plat ventre dans le sable. Couché sur le flanc, son cheval, un étalon marqué du chiffre du roi Balcusor, était déjà mort.

De l'avis d'Erminophène, cette femme devait avoir voulu échapper à l'armée de Balcusor. Pourquoi, sinon, avait-il retrouvé les cadavres d'une dizaine de soldats non loin de l'endroit où gisait la blessée?

La rouquine désinfecta les joues griffées par les vents et le sable. Les traits aigus de la jeune femme semblaient crispés par une douleur qui la poursuivait jusque dans ses rêves. À première vue, ses blessures au front et au menton n'étaient pas si graves. Par contre, son bras gauche avait anormalement gonflé au niveau du coude.

— Je ne suis pas équipée pour la soigner. Peux-tu faire venir Lolène?

C'est après le départ de son mari, en cherchant à améliorer la position de la blessée, qu'Épidorée avait été intriguée par les bourses de cuir suspendues à la ceinture de l'inconnue et par les cristaux que celles-ci contenaient.

26

Un ciel en or massif

Après les avoir menés vers une destination inconnue, la tempête s'était peu à peu essoufflée, ses vents avaient faibli. La coupole de protection qui leur était devenue presque familière s'était estompée pour laisser la place à un ciel aussi clair et doré qu'une aube d'été : celle d'un jour nouveau après une très longue nuit.

— Le dégagement du ciel est de bon augure, déclara Alimas le marchand.

Au bout de quelques instants d'hébétude, ils se rendirent compte de leur erreur. La voûte céleste était bel et bien dégagée, mais pas aussi vide ni pure qu'elle leur avait tout d'abord semblé. Des ombres entachaient la lumière, la découpait en tranches fines, projetait sur le sol, non plus constitué de sable mais d'une terre dure et ferme, une alternance de pénombre et de jour qui ne cessait de les étonner.

— C'est une nuée d'éphrons d'or! s'exclama le Goréen, fort surpris.

Cristin s'en voulait. Il avait senti le subterfuge. Mais de là à imaginer que le ciel puisse être à ce point empli de ces énormes mammifères volants aux corps de lion munis d'ailes dorées taillées en forme de triangle, il y avait un pas qu'il n'avait osé franchir, ne serait-ce qu'en imagination.

La prochaine tirade du commerçant le laissa tout aussi pantois de surprise.

— Il est dit dans les chants prophétiques répandus dans les Douze Royaumes par les Servants de Mérinock le Mage, que les éphrons d'or viendront en aide aux messagers de la déesse.

Cristin croyait connaître la plupart des extraits de la célèbre prophétie. Mais celle-ci avait été tellement fragmentée avec les années et était narrée ou chantée dans les villes et les villages depuis si longtemps que, il devait se l'avouer, bien des aspects de celle-ci demeuraient encore cachés.

— La question est de savoir de quelle manière la chose est possible, termina le négociant, plus bas, en murmurant dans sa barbe.

S'apercevant que l'érudit le dévisageait avec insistance, il se racla la gorge, fit mine de s'enrouler dans les pans de son pello de laine et laissa entendre que s'il était à ce point informé, c'était parce qu'il voyageait beaucoup.

— Mes parents aussi étaient des marchands…

Les anciens esclaves et les nouveaux fidèles s'amusaient à compter les éphrons dans le ciel. Il y en avait de toutes les tailles. Des mâles tout en muscles, des femelles plus effilées aux ailes auréolées de cercles roses et mauves. Les plus jeunes poussaient des cris aigus pour quémander l'appui de leurs aînés afin qu'ils les aident à stabiliser leur vol. Les nouveau-nés restaient invisibles à l'œil nu, car ils étaient confortablement installés dans un cocon de chair sous les ailes protectrices de leurs mères.

Les plus gros mesuraient près de six mètres d'envergure et devaient peser une tonne. Chez ceux volant à basse altitude – principalement les mâles dominants de l'escadron – on distinguait parfaitement les pattes aux solides griffes, les reflets gris ou bruns de leur peau légèrement miroitante (car constellée de minces écailles), leurs têtes d'aigles au bec de sauriens et leurs drôles d'oreilles pendantes et garnies d'épaisses touffes de poils.

Paléas ne se gêna pas pour les comparer à des évroks, ces mastodontes aux flancs laineux des montagnes d'Évernia.

— En moins trapu et en plus rigolos, ajouta-t-il un tantinet plus guilleret en recueillant, pour la première fois depuis de longs jours, l'attention de Lolène.

— Leur beauté, leur intelligence et leur férocité en font des rapaces dignes d'éloges, s'empressa de corriger Cristin. Toutes les légendes ou presque parlent de leur courage, mais aussi de leur amitié pour l'homme.

Le jeune voleur haussa les épaules, voulut cracher au sol, se ravisa à la dernière seconde, ouvrit la bouche pour ajouter un commentaire acerbe et se fit derechef couper la parole par Pirius.

— Je croyais que ces animaux avaient disparu de la surface des Terres?

— Beaucoup le croient, approuva rapidement Cristin. Mais puisque l'éphron est l'animal symbole du géant Ormédon, il est logique de penser que les dernières meutes vivent cachées dans ce pays.

— En tous les cas, en voir autant dans le ciel a toujours été considéré comme un heureux présage, répéta Alimas.

Son opinion devait être partagée par tous, car des vivats, des cris de soulagement et même des chapelets de rire secouaient les membres de la caravane. Gorth, Erminophène, mais aussi les deux messagers se tenaient à quelque distance. Les mines sombres, les traits tendus, ils considéraient les hautes murailles devant lesquelles les avait conduits la tempête de sable.

Une ville se cachait derrière les épais murs de pierre. Le groupe avait longé une partie de l'enceinte et tiré des conclusions qui laissaient chacun dans une inquiétante perplexité.

— Dix ou treize mètres de hauteur, estima Gorth en réponse à une question muette de Torance.

— Treize plus que dix, renchérit Cristin en les rejoignant, tout essoufflé. Treize est un chiffre sacré dans de nombreuses traditions religieuses, mais aussi dans l'art sacré des constructeurs de jadis.

Contrarié par le fait que toutes les portes de la ville étaient closes, Gorth ne releva pas la précision apportée par le jeune érudit.

Il mit une main en visière sur son front, considéra les créneaux et les têtes sombres à demi cachées derrière les merlons. Des mâchicoulis hérissés de lances laissaient clairement entendre que la ville se préparait à soutenir un siège. Couronnant les tours, de solides hourds de bois dominaient les esplanades aménagées au pied des murailles.

— Je suppose que des soldats sont cachés dans ces galeries accrochées aux remparts et se tiennent prêts à nous tirer dessus? railla Paléas.

Son sarcasme tomba à plat. Shanandra ajouta que d'après des gravures de villes semblables, vues autrefois dans la bibliothèque de la citadelle d'Orgk, les espaces libres près des murs d'enceinte étaient d'ordinaire réservés aux boutiquiers ambulants et aux flâneurs.

Torance considéra la meute des fidèles, les chevaux aux gueules ourlées de bave, leurs chariots stationnés à une centaine de mètres des murailles.

— Nous avons dû faire peur aux habitants.

Cette ville sise en plein désert et ramassée sur elle-même l'étonnait. Pour quelle obscure raison le Mage errant les avait-il conduits ici?

En arrivant, ils avaient vu les lourdes portes se refermer l'une après l'autre. Le bourdonnement habituel des villes, mélange de discussions animées entre amis ou voisins, cris des charretiers, harangues des marchands, annonces des hérauts, réprimandes des gardes en faction, s'était brusquement tu.

Agglutinées les uns contre les autres, les maisons étaient faites de briques blanchies au soleil et de toits plats garnis de vieilles poutres. Par-ci par-là émergeaient quelques bâtiments officiels. Mais ce n'était qu'une première impression, car de l'endroit où ils se tenaient la masse des tours leur cachait l'essentiel de la ville.

La lumière du jour tombait presque à la verticale et les faisait cligner des paupières. Fatigué de longer des murs à faible distance en gardant le cou tendu et le nez dans les airs, Torance s'arrêta devant à la hauteur de la septième porte et s'épongea le front du revers de la main.

— Je ne vois qu'une façon de leur prouver nos bons sentiments.

Shanandra fronça les sourcils.

— Je pourrais aller leur parler en termes édifiants de notre mission, mais dans un premier temps, plaçons tout notre or, nos bijoux et nos objets de valeur dans un seul chariot. Faisons-leur un cadeau qui leur prouvera nos bons sentiments.

Lolène se glissa jusqu'à Shanandra et déclara qu'il était impératif d'entrer dans cette cité. Étonnés, ses compagnons l'interrogèrent.

— L'état de la femme enceinte devient préoccupant, expliqua la jeune guérisseuse.

Soudain, l'énorme porte bardée de bronze devant laquelle ils se trouvaient grinça et s'entrouvrit légèrement. Une douzaine de soldats lourdement équipés de cottes de mailles tombant jusqu'aux genoux, de casques, de lances et de boucliers cloutés jaillirent de l'interstice et les encerclèrent.

Leur chef dégaina un long sabre à la lame courbe.

— Sa Majesté Elk Sifoun veut vous voir.

Torance calma l'ex-homme de silex qui dégainait son glaive.

— Justement, commandant, nous désirons nous aussi parler à votre roi.

Le militaire montra l'arme que Torance tenait dans ses mains.

Celui-ci se tourna vers Paléas à qui il remit le kaïbo hérité de son combat contre Erminophène.

— Prends-en soin jusqu'à mon retour.

Le voleur soupesa le long bâton et sourit de toutes ses dents. Le prince s'adressa ensuite à Gorth :

— Je vais tenter de persuader le roi d'accepter notre tribu et de nous laisser entrer.

Et, pour Lolène :

— Je sais que tu as des blessés. Garde-les en vie jusqu'à notre retour.

Le capitaine ne relâchait pas son attention. Outre le fait que les manières brutales de l'officier lui rappelaient de mauvais souvenirs, il avait vaguement entendu parler de cet Elk Sifoun.

Toujours encadrés par les soldats silencieux, Torance et Shanandra se détachèrent du groupe.

— Je viens avec vous! décida alors Gorth de son propre chef.

Il toucha Erminophène à l'épaule. Entre eux s'étaient tissés les liens inhérents aux hommes de guerre qui se comprennent sans l'aide des mots. Le géant roux accepta d'endosser, momentanément du moins, la responsabilité de la sécurité de l'ensemble des fidèles.

Torance s'adressa au géant :

— Parle-leur, Erminophène. Dis-leur que nous n'en aurons pas pour longtemps. Que ce soir, peut-être, ils pourront entrer dans la cité, festoyer et se reposer enfin.

Gorth, Torance et Shanandra furent ensuite poussés à l'intérieur des remparts.

Cette ville à l'aspect sévère, tout en hauteur et sans végétation apparente n'inspirait aucune confiance au géant roux. Malgré la chaleur qui menaçait de devenir étouffante, un désagréable frisson courait le long de sa colonne vertébrale.

Nul ne prit garde à la silhouette enveloppée dans un manteau sombre et qui cherchait, elle aussi, à entrer dans la ville…

✶

Les premières impressions se révèlent souvent les plus justes. Torance en fit la curieuse expérience alors qu'accompagné de Shanandra et de Gorth, il remontait une longue avenue étroite bordée de monde. Le teint foncé, les cheveux crépus, les traits grossiers, les orbites rondes et brillantes, la plupart des citadins gardaient la tête enfoncée dans leurs épaules. Les pauvres étaient vêtus de hardes crasseuses. Les riches restaient allongés à l'ombre de leurs confortables litières. Gorth remarqua que les serviteurs de ces nobles aux manières discrètes étaient armés de sabriers ou de haches.

La rue montait à l'assaut d'un entrelacs composé d'arcs, de portes cochères et de profonds tunnels percés dans les façades des maisons. Le torchis de certaines masures était si sec qu'on pouvait presque l'entendre geindre. De quelques fontaines vétustes coulait une eau rare et fangeuse.

Mais le silence mortifié de la foule était encore plus impressionnant.

À deux ou trois reprises, Torance crut déceler sur certains visages une joie vite réprimée. Mais le temps qu'il se retourne, l'homme ou la femme s'était couvert les cheveux d'une ample capuche ou bien d'un châle de soie effrangé.

Dans le ciel subsistaient quelques éphrons d'or, mais le gros de la nuée s'était enfui vers le nord. Après avoir franchi deux courts tunnels ponctués de postes de garde, Gorth, Torance et Shanandra furent conduits devant une porte double matelassée de feuilles en vieil or estampillé de médaillons représentant des singes au poitrail velu.

Cette image, bien plus encore que la touffeur de l'air, le manque total d'arbres et les lourds effluves de parfums entêtants, mit les deux messagers au supplice. Des lambeaux de sourdes sensations mêlés de souvenirs obsédants émergeaient à la surface de leur conscience.

À défaut de pouvoir tenir une poignée de terre dans sa main, Torance posa les doigts sur la brique de ce qui constituait probablement le porche du palais royal.

Peurs, souffrances, misères…se dit le jeune homme.

Gorth marchait à leur côté. L'insistance du colosse à vouloir les accompagner dans ce lieu étrange et secret était réconfortante. Sa silhouette courtaude, mais massive, la cadence martiale de son pas, sa face même, mal rasée et bourrelée de cicatrices, leur paraissaient un gage de sécurité.

Fort heureusement, d'autres protecteurs aussi silencieux, mais cent fois plus lumineux, se glissaient, invisibles, entre eux, autour d'eux. Torance sourit à la pensée de ses fidèles serpents. Au fil de ses aventures, leur vue lui était devenue la plus douce des satisfactions. Il avait appris à en devenir le maître. Le fait de les contrôler, les projeter, les enrouler à distance autour des objets et des êtres lui paraissait un art admirable d'origine presque céleste.

Ils traversèrent une antichambre aux murs vides, un large corridor de pierre nue, descendirent les degrés d'un escalier surveillé par plusieurs hommes en armes, longèrent une galerie au plafond à voûtes au bout de laquelle d'autres portes en bois gémirent. Un appel d'air frais les sortit de leur torpeur. Ils débouchèrent finalement sur une vaste salle plantée de colonnes et furent dirigés vers un espace où s'entassaient une vingtaine de personnes vêtues de lourds pellos noirs et bruns.

Torance reconnut aussitôt les odeurs qui émanaient de ces robes : celle de l'étude solitaire, de la vie monacale. Celle, aussi, de la plus sévère intransigeance.

— Des lamanes, chuchota-t-il en guise d'explication à ses compagnons.

Devant un dais surmonté d'un énorme bas-relief représentant un singe hirsute couronné se tenait un homme grand et maigre perdu dans les larges plis de sa robe de cérémonie.

Gorth nota ses lèvres aussi diaphanes que sa silhouette, ses violentes quintes de toux qui menaçaient de le jeter par terre. Shanandra remarqua l'étroitesse de son visage et celle de sa boîte crânienne. Torance s'étonna de l'anormale longueur de sa barbe, soigneusement huilée, qui descendait en une interminable tresse noire jusqu'à ses pieds chaussés des plus étranges sandales aux bouts pointus qu'il ait jamais vues.

Elk Sifoun éloigna ses interlocuteurs en secouant ses mains osseuses, et ramassa avec une lenteur calculée les pans de sa traîne royale. Montrant tour à tour le ciel par-delà l'embrasure d'une fenêtre et la sculpture du singe, il déclara ensuite sur un ton solennel :

— Quoiqu'en pensent les gens du roi Balcusor, l'éphron d'or n'était pas l'unique symbole du dieu Ormédon. Le géant avait à ses côtés plusieurs animaux. Deux compagnons parmi ces volatiles prétentieux, certes, mais aussi un singe nommé *Gréfoum*…

Le roi terminait-il une conversation entreprise plus tôt avec ses lamanes?

Non, se dit Shanandra, il s'adresse à nous en langage codé.

Ce dernier mot s'imprima dans son esprit. Mais en quoi ces paroles simples pouvaient-elles ressembler à un code ou pire encore, à un avertissement caché?

On sépara brusquement Gorth des deux jeunes messagers. Le capitaine fit mine de résister ; quatre soldats posèrent la pointe de leurs glaives sur sa gorge. Torance et Shanandra furent poussés aux pieds du roi.

— Mes lamanes m'assurent que mon jour de gloire approche. Que l'arrivée, après une tempête de sable, des deux messagers de la prophétie dans ma cité en est le présage, leur murmura Elk Sifoun.

Il se pencha à la fenêtre, contempla la basse ville et ses habitants craintifs. Il ajouta que son peuple avait le cœur déchiré.

Il se retourna vivement, gonfla sa voix.

— Mon cœur aussi est déchiré! Car je crois, moi, que la nuée d'éphrons d'or aperçue dans mon ciel est plutôt annonciatrice de misères et de violences!

Il s'approcha de Shanandra qui ne put s'empêcher de reculer et de chercher la main du prince. La vue de ce visage à la fois étriqué et nerveux, de ces yeux globuleux ornés de khôl et du faisceau de veinules bleues qui battaient au front et aux tempes du roi était angoissante. Son corps tout entier exhalait une puanteur à tuer des mouches.

Se tournant vers ses lamanes, le seigneur autoproclamé de Midon leur annonça qu'il était temps, pour eux tous, de connaître la vérité…

27

La mise au défi

Lorsque Astarée reprit connaissance dans le chariot-hôpital tenu par Épidorée, elle sut presque aussitôt quelle était sa situation. Cette lucidité presque effrayante tant elle était précise et rapide l'avait souvent aidée à conserver son calme par le passé. Mais jamais autant que pendant ces minutes où Lolène s'était penchée sur elle et avait inspecté son visage et son coude endoloris.

L'opulente Reddrinienne entretenait la flamme qui crépitait dans le creuset en bronze. Les lueurs dansantes faisaient rougeoyer ses grosses joues.

Les gémissements de la future mère allongée aux côtés d'Astarée s'élevaient sous les entrecroisements de toile. Tandis que Lolène lavait les égratignures de son front et de son menton, la cristalomancienne gardait prudemment les yeux clos. Glissant sa main droite vers ses pochettes en cuir, elle perçut les déformations causées par ses cristaux et se rasséréna. De temps en temps, elle battait des cils.

La rousse ne m'aime pas. Lolène ne m'a toujours pas reconnue...

Si la chose advenait, Astarée aurait-elle la force de brandir son cristal rouge? De l'allumer? Que faire si elle était traînée devant Shanandra et Torance? Et, suprême humiliation, devant Gorth?

Elle revécut en quelques secondes sa chevauchée dans le désert, le ciel de plus en plus sombre, les hurlements des hommes lorsque l'énorme dune les avait ensevelis. Astarée avait senti son cheval glisser sous elle. Allait-elle périr écrasée sous des tonnes de sable? Une panique noire l'avait saisie au creux du ventre.

Heureusement, elle avait la vie bien chevillée au corps et une chance insolente. Alors que les soldats de Balcusor étaient tous morts, elle-même avait été retrouvée et secourue.

Les traits fins et délicats de Lolène étaient tendus. Non que les soins à apporter aux blessés fussent trop ardus. Seulement, la tempête soufflait dans ses oreilles depuis trop d'heures, le sable se logeait partout : dans les galvas, sous les vêtements, dans la bouche lorsque l'on parlait et même dans les narines! Et surtout, elle était agacée par les incessantes œillades que lui lançait Paléas.

Les garçons étaient-ils stupides? Le voleur ne pouvait-il pas accepter le fait qu'elle avait besoin de temps. Elle devait réfléchir à ce qui s'était passé entre eux, pour approfondir les sentiments et les émotions qui l'étreignaient.

Ennuyée plus qu'agacée – Lolène se croyait incapable d'éprouver la plus petite once de colère – , elle évitait de songer à ce qu'Épidorée lui avait dit juste avant d'entrer sous la bâche.

« Cette jeune femme blessée est bizarre. Je n'ai pas confiance… »

Lolène n'était pas loin de penser que tout le monde, dans ce convoi, paraissait « bizarre ».

Elle banda machinalement le front de la blessée, marmonna que son coude, quoique douloureux, n'était pas brisé. Elle s'agenouilla ensuite près de la future maman.

Fâchée que Lolène n'ait pas l'air de prendre ses intuitions au sérieux, Épidorée ruminait seule dans son coin.

Dès que la femme du guerrier sauta hors du chariot pour prendre un peu d'air ainsi que des nouvelles de ses deux fils, Astarée bougea sous sa couverture. Chaque muscle lui faisait mal, mais elle se redressa tout de même. En sortant, Épidorée avait déclaré que les malades devaient maintenant se reposer.

Astarée en profita pour se glisser dehors et se fondre dans le camp.

Elle trouva sans mal le chariot dans lequel Torance avait ordonné que soient rassemblés tous les objets de valeur abandonnés en guise de paiement par les marchands. Juchés sur le marchepied près du cocher, deux hommes montaient la garde. Astarée se félicitait d'avoir pu surprendre une discussion entre deux fidèles cheminant à côté du chariot-hôpital en mouvement.

La jeune cristalomancienne était impressionnée par ce que les gens appelaient « la coupole ». Mais souhaitant en priorité se mettre hors de danger, elle devait se retrouver en position de force.

Et l'or, c'est le pouvoir…

Marchant derrière le chariot-coffre-fort, elle supporta quelque temps sans se plaindre la douleur qui sourdait de son coude. Au bout d'un moment, elle sortit d'une de ses pochettes son fragment de tourmaline verte. Le fameux cristal – dit « de lecture des morts » – pouvait servir à différents usages, tout comme les six autres dont elle disposait. Et en premier lieu, si elle concentrait adéquatement l'énergie de la pierre, à soulager toutes sortes de douleurs.

Plaçant la pointe du cristal contre son coude, elle fit le vide dans son esprit et « chercha » la vibration de la roche. Quand elle la trouva, elle fit irradier son os endolori. Suivant toujours le chariot, elle attendit ensuite le moment opportun pour agir.

La nuit était sans doute tombée depuis longtemps, mais le ciel, recouvert de la fameuse coupole de protection, paraissait maintenant invariablement terne et brun. Cette atmosphère particulière, ajoutée à la monotonie de cette traversée au pas, pesait sur le moral des fidèles.

Insensiblement, la coupole au-dessus de leur tête ralentit et s'arrêta complètement, permettant à chacun de se laisser enfin tomber sur le sol.

Astarée en déduisit que l'intelligence qui veillait sur eux leur ménageait en quelque sorte une accalmie. Et, en effet, les fidèles bien mis comme ceux vêtus de haillons et les Romanchers eux-mêmes s'endormirent bientôt pêle-mêle sans demander leur reste.

La jeune cristalomancienne feignit de les imiter. Peu après, elle ne fut pas étonnée de voir plusieurs hommes ramper vers le chariot-coffre-fort.

Les gardes furent maîtrisés sans qu'une goutte de sang ne soit versée.

Où se trouvaient Torance, Gorth et Pirius? Dormaient-ils?

Ne tenant pas à demeurer les mains vides, Astarée se faufila sous la bâche et rejoignit les voleurs. Au nombre de trois, ceux-ci paraissaient agir de leur propre chef. Le partage du butin se fit sans bruit et ne dura que quelques minutes.

Astarée plongea sa main droite dans un sac de cuir, en retira une poignée de fins rubis luminescents. Un autre voleur trouva des émeraudes de la taille d'un œuf. Un seul commentaire fusa parmi eux, mi-moquerie, mi-grognement :

— Je comprends pourquoi les marchands ne voulaient pas nous abandonner leur butin!

Astarée laissa les trois hommes repartir en se retenant de rire tellement ils ployaient sous le poids de leur rapine. Nul besoin d'être un génie pour comprendre qu'un vol commis en de pareilles circonstances serait vite élucidé et puni.

Gorth n'aura aucun mal à retrouver ces hommes et ces bijoux, décida la cristalomancienne en n'emportant avec elle qu'une seule poignée de joyaux et quelques plaquettes en or.

Quelques heures plus tard, la coupole se disloquait, le ciel réapparaissait au-dessus de leurs têtes et les impressionnantes murailles de la cité de Midon barraient l'horizon.

Astarée connaissait les habitudes, les espérances, les désespoirs et les faiblesses des citadins vivant dans les grandes villes fortifiées isolées de tout et de surcroît soumises au pouvoir brutal des seigneurs de guerre.

Même si les portes de la ville restaient hermétiquement closes, elle n'eut pas de mal à attirer l'attention d'un des badauds juchés sur les créneaux et de l'appâter avec quelques rubis. Une corde tomba le long du rempart.

Quelques minutes plus tard, Astarée assistait à la procession des gardes royaux escortant les deux messagers et l'ex-homme de silex jusqu'au palais.

La présence de son capitaine aux côtés de Torance et de Shanandra étonnait la cristalomancienne. Quelque part – était-ce orgueil de sa part ou bien autre chose? – elle fondait toujours l'espoir de récupérer l'officier.

Un mouvement de foule faillit l'écraser contre un mur. Se rappelant son expérience vécue dans la ville d'Atinor, un sentiment de panique monta douloureusement dans son ventre.

Mais il fallait surmonter cette frayeur et faire face. Ne voulant pas manquer la prochaine initiation des deux messagers, elle résolut de les suivre où qu'ils aillent. Une main dans son sac de rubis, elle ne manquerait sûrement ni d'idées ni de complices pour parvenir à ses fins.

Voilà bien une autre chose que ne feraient jamais les autres cristalomanciens, se félicita-t-elle pour se donner du courage.

✶

La première chose que demanda Torance fut que le roi Elk Sifoun ouvre les portes de sa ville pour accueillir les quelques centaines de rescapés de la tempête.

— Nous rassemblons en ce moment une sorte d'offrande au trésor de votre État, expliqua diplomatiquement le prince de sa voix la plus assurée.

Sifoun paraissait s'amuser autant qu'un jeune enfant. Sauf que rien, dans sa physionomie, ne pouvait laisser croire en la présence d'un esprit enfantin chez cet homme dur habitué à gouverner.

Shanandra remarqua que les lamanes restaient à bonne distance de leur seigneur pendant que celui-ci écoutait les doléances du jeune homme.

Le roi fait semblant, comprit la montagnarde.

Torance se rendait-il compte du danger?

Les deux messagers ainsi que le monarque voulaient obtenir des informations les uns des autres. Sifoun hocha sa longue tête et leur proposa une sorte de jeu.

— D'accord, fit le prince. Nous poserons chacun une question à tour de rôle.

Dans la salle se rétrécissait le cercle des lamanes piqués de curiosité et celui des courtisans agglutinés. Les quintes de toux du roi dominaient le bruit des respirations. La luminosité déjà déficiente baissa encore d'un cran.

— Je commence, décida Sifoun. Si vous êtes bien les messagers envoyés par la déesse, comme le soutiennent mes lamanes, prouvez-le-moi!

L'assistance au complet se raidit à cette annonce. Le roi sourit finement. Le bas tout ridé de son visage se contracta légèrement.

Pourquoi veut-il s'assurer de notre identité avant d'accepter de recevoir nos gens dans sa cité? s'inquiéta Shanandra.

Le prince étendit ses bras de chaque côté de son corps. Mains ouvertes, il réunit le majeur et l'index de chacune d'elles et visa deux lamanes. Ces hommes furent aussitôt enlevés dans les airs.

Hébétés et effrayés, les pontifes aux estomacs distendus par l'excès de bonne chère s'offusquèrent, ce qui causa l'hilarité du monarque.

En une fraction de seconde, Gorth devina que parmi la douzaine de lamanes présents, Torance avait judicieusement choisi ceux qui paraissaient détenir l'autorité sur leurs condisciples.

Le roi complimenta le prince pour sa prestation qu'il qualifia néanmoins de tour de passe-passe digne d'un magicien.

— À mon tour, rétorqua le jeune homme en faisant brutalement retomber ses victimes.

Il échangea un rapide coup d'œil avec Shanandra.

— Y a-t-il un temple de feu dans votre cité?

Si le roi fut surpris par la question, il n'en laissa rien paraître.

Bien, se dit Shanandra, car après l'initiation de l'eau et celle de la terre…

Il y avait également leur rêve commun de foule excitée réunie dans une arène, de grandes statues de singes hurlants.

— Nous avons des temples, assura le roi.

Ses orbites déjà rondes semblèrent s'agrandir.

— À moi. Je veux maintenant voir la fameuse pierre du destin!

Shanandra ouvrit les plis de son pello, ôta la pierre du gousset de cuir qu'elle portait autour du cou, puis tendit la gemme à Elk Sifoun.

Le monarque eut l'air déçu par l'aspect vénal de ce joyau vaguement bleu, ovale et cabossé, aux faces veinées de ridules noires aussi appelé, dans les anciennes traditions, la « larme de la déesse ».

— Prince! Montre-moi aussi la cicatrice que tu portes à l'abdomen, exigea Sifoun.

Torance souleva les pans de son pello, exhiba l'excroissance de peau séchée qui maculait de reflets blancs son torse de bronze.

— Pas à l'abdomen, corrigea le jeune homme, mais à l'emplacement exact du sternum. À moi!

Il ouvrit la bouche; Shanandra fut plus rapide.

— Avez-vous un vieux sarcophage poussiéreux? s'enquit-elle brusquement.

La question était judicieuse. Shanandra croyait en effet que leur nouvelle initiation devait se dérouler dans un temple de feu, et que la statue dans laquelle ils placeraient la pierre du destin se trouverait, elle, à l'intérieur du sarcophage apparut durant sa dernière transe.

Persuadée que chaque initiation les rendait plus fort et les rapprochait de ce Grand Œuvre mystérieux dont leur avait parlé le Mage errant, elle tenait à aller jusqu'au bout de ce qu'elle continuait à appeler « leur quête ». Torance, lui, était persuadé que leur poursuite des tablettes de Mitrinos n'était plus aussi essentielle, désormais, mais que...

Le roi rit de nouveau.

— Notre cité est très ancienne, princesse. Rassure-toi, nous avons de nombreux sarcophages.

Il fit un geste vif de la main. Deux soldats traînèrent une silhouette recroquevillée sur les dalles de pierre.

— Voici un prisonnier. (Le roi se tourna vers Shanandra.) Jeune fille, tu ne m'as pas encore fait la démonstration de ton pouvoir.

La montagnarde contempla le tas de vêtements froissés et, surtout, le capuchon de toile qui recouvrait la tête du malheureux. Les mains entravées par des cordes, celui-ci geignait quand les gardes le secouaient par les épaules.

Incrédule, Shanandra marqua une pause.

— Ne dit-on pas, princesse Shanandra de la forteresse d'Orgk, ironisa le roi, que ton regard peut donner la mort?

Une vague de colère monta en l'adolescente. N'avait-elle pas déjà été suffisamment persécutée à cause de ce don que lui avait presque imposé le Mage errant?

— J'attends! gronda le monarque.

Torance comprit que son amie était plongée dans une sorte de panique silencieuse. Il toisa le roi et ses courtisans.

— Nous sommes ceux que nous prétendons être!

Elk Sifoun feignit de se radoucir. Autant de changements dans l'attitude de ce dernier ravivaient les craintes de Gorth qui connaissait bien le cœur des hommes de pouvoir.

— Que de fougue, prince! fit le roi en s'approchant du prisonnier.

Il s'agenouilla, retira brusquement la cagoule.

— Peut-être ceci convaincra-t-il ton amie de me donner satisfaction?

Torance, Gorth et Shanandra restèrent figés d'effroi.

— Astarée, murmura Shanandra en s'approchant de la jeune cristalomancienne.

— Elle s'est introduite dans mon palais dans le but de surprendre notre conversation. N'ai-je pas eu raison de l'inviter? pérora Elk Sifoun.

Il ricana encore, faillit s'étouffer en toussant et, cette fois-ci, Gorth eut la confirmation de ses premières impressions : cet homme morphiquement intelligent était également atteint d'un brin de folie.

Les gardes appuyèrent la pointe de leurs glaives sur la nuque de la jeune cristalomancienne. Le roi poursuivit en désignant ses lamanes.

— Mes serviteurs ici présents suivent en esprit vos pérégrinations depuis le début. Votre réveil sur la crique immaculée d'Élissandre, votre passage à Nivène, votre séjour dans la vallée maudite et dans les montagnes, votre arrivée à Éloria après avoir affronté une violente tempête. Ils m'ont conté les merveilles que vous avez accomplies au temple d'Atinor ainsi que la résurrection des ruines d'Orma-Doria.

Torance et Shanandra restaient bouche bée. Sifoun ajouta qu'il les attendait depuis longtemps.

Une nouvelle question vint naturellement à l'esprit des deux messagers.

— Pourquoi est-ce que je tiens à m'emparer de vous? les devança le roi.

Il désigna Astarée.

— Mais pour la même raison qu'elle, voyons!

La jeune cristalomancienne accusa le coup, mais se redressa aussitôt. Était-il possible que les lamanes d'Elk Sifoun soient, comme elle et le roi des rois, au courant des recherches et des découvertes de Sévrinus Polok?

Sifoun reprit, plus gravement :

— Vous possédez une force que vous ne soupçonnez pas. Un pouvoir dépassant l'entendement dont Mérinock le Mage lui-même n'a jamais osé vous parler.

Torance et Shanandra se dévisagèrent, interloqués. Le Vénérable, ils le savaient, était capable de toutes les roueries pour que s'accomplisse son Grand Œuvre. Mais qu'en était-il donc de leur recherche des tablettes de Mitrinos? Le danger, pour les rois, n'était-il pas de voir se propager parmi les peuples les commandements cachés de la déesse?

— On a abusé de votre crédulité, conclut Elk Sifoun en feignant la compassion.

Astarée s'adressa au seigneur de Midon :

— On dit que vous avez brisé votre alliance avec Sarcolem! Que vous refusez désormais de lui vendre vos minerais!

Le roi rétorqua qu'il en avait besoin pour servir ses propres projets.

Ce dernier mot mit le feu aux poudres. Astarée, qui s'était fait dépouillée de tous ses cristaux sauf d'un seul par ses geôliers, décida que le moment était venu d'agir. Glissant une main sous son manteau, elle ouvrit le talon de son galva gauche et en tira son fidèle cristal rouge.

Allumé par la force de son psychisme, le fragment de roche jeta des éclairs dans la salle. Frappées de plein fouet, plusieurs colonnes vacillèrent. Du crépi et des gravats se détachèrent du plafond.

Dans la confusion, Astarée fut empoignée par un des gardes. Gorth agit d'instinct, renversa l'homme éberlué et porta aussitôt une main tachée de sang à son côté. Le garde exhiba fièrement la dague qu'il venait de lui planter dans le flanc; le poing de Gorth s'abattit sur sa tête. La cristalomancienne en profita pour arracher au soldat la ceinture qu'il lui avait confisquée.

Criant de frayeur, les courtisans se bousculaient et se piétinaient pour gagner les larges portes surbaissées. Astarée inondait toujours la salle de ses rayons aveuglants. L'un d'eux frappa Shanandra en plein visage. Torance fut pour sa part légèrement brûlé au ventre et s'écroula.

Lorsque l'ordre fut enfin rétabli, Elk Sifoun constata que la cristalomancienne et le militaire qui accompagnait les deux messagers avaient disparu.

— Qu'on me les retrouve! gronda-t-il.

Il s'agenouilla ensuite dans les longs plis de sa robe de cérémonie et caressa les mèches brunes saupoudrées de poussière de Shanandra. Recroquevillée près de son compagnon sous une pellicule de poussière, la jeune montagnarde se tordait de douleur.

Il écarta les pans du pello, arracha le lacet de cuir.

Un à un, les douze lamanes vinrent respectueusement s'agenouiller aux pieds du roi. Le maître lamane se releva, baisa la main de Sifoun et assura que maintenant tout était prêt pour que s'accomplisse la destinée de Midon.

Oui, se réjouit le monarque en dégageant la pierre du destin de son écrin de cuir, tout est prêt…

28

La Leçon de courage

La silhouette massive du géant roux Erminophène se dressa au-dessus de Cristin et de Pirius qui contemplaient depuis quelques minutes les longs panaches de fumée blanche qui s'élevaient à la verticale de la cité.

— Hum… fit le jeune érudit.

Le soldat blond posa sur son bras une main apaisante.

— Penses-tu vraiment que nos amis soient en danger?

L'ombre portée par le colosse leur coupa brusquement le soleil. Ils se retournèrent.

— Nous venons d'arrêter trois hommes qui cachaient des joyaux volés dans leurs affaires, dit Erminophène en serrant les dents.

Celui-ci était tout à fait le genre de personne à avoir près de soi dans les moments difficiles : carré et trapu, mais également doté d'un sens de l'analyse aussi tranchant qu'un couperet, il se dégageait de lui autant de force tranquille que d'intelligence.

Chose rare chez un esclave sans éducation, se dit Cristin en secouant la tête, l'air de dire que la situation était déjà assez complexe.

Peu après le départ des deux messagers et de Gorth, ils avaient en effet appris que le chariot-coffre-fort avait été pillé.

Erminophène poussa les trois accusés devant lui. Le garçon comprit que le colosse se retenait de sévir. Le nez au ras du sol, l'échine courbée, les voleurs n'en menaient pas large.

Plus préoccupé par ses propres intuitions et par les volutes de fumée qu'exalté par la perspective d'un pénible interrogatoire, Cristin contempla le visage du géant.

D'après ce qu'il avait entendu dire, Erminophène était un pêcheur venu du lointain royaume nordique de Vorémnor. Drossé sur les côtes goréennes par une violente tempête, il avait été capturé par des chasseurs d'esclaves. Chez son ancien maître, il avait fait la connaissance d'Épidorée, une rousse à la peau claire originaire du royaume de Reddrah. Leurs fils étaient nés, le maître était mort, les héritiers avaient vendu toute la domesticité pour s'acquitter de sordides dettes de jeux.

Ces informations coulaient naturellement dans l'esprit du garçon tandis que les trois voleurs respiraient à peine. Sentant que l'on attendait de lui qu'il prenne une décision, Cristin regretta l'absence de Torance et de Shanandra. Eux possédaient cet instinct de commandement indispensable à toute entreprise humaine alors que lui excellait uniquement dans les savantes déductions et les discours philosophiques ou religieux.

— Eh bien? commença-t-il, soucieux de se montrer juste.

— Ils prétendent qu'une femme, ou pour le moins un garçon aux manières très efféminées, se trouvait avec eux.

Cristin était distrait par Paléas qui répétait à quelque distance du camp des mouvements de srim-naddrah, l'art martial dérivé des danses portant le même nom et qui incluaient dans son enseignement des techniques de combat au kaïbo.

Comme d'habitude, l'ancien voleur se croyait vraiment seul au monde! L'embarras de Cristin se changea en une sourde colère.

Effrayé par l'intensité de ses émotions, il tenta de se calmer. La présence de Pirius lui redonna confiance. Lolène, qui se tenait non loin dans le chariot-hôpital, passa sa jolie tête blonde par l'échancrure de la bâche de cuir et lui adressa un sourire timide malgré sa fatigue et ses craintes : la future mère pouvait perdre ses eaux à tout moment et le bébé se présentait mal. Lolène craignait le pire si jamais ils ne pouvaient pas entrer dans la cité et requérir les soins d'un lamane guérisseur.

Puisque Cristin tardait à lui répondre, Erminophène poursuivit :

— Dans mon pays, le vol est passible de l'amputation d'un membre, au choix du criminel.

Trop de détails se bousculaient dans la tête de l'érudit. La crainte des accusés, le ciel trop bleu, le brouhaha incessant des fidèles dans son dos, les imposantes murailles qui les dominaient et les forçaient à une pénible attente. Ces soudaines volutes de fumées en provenance du cœur de la cité.

Tous ces éléments se confondaient en un magma confus dans son cerveau d'ordinaire si ordonné.

Erminophène attendait toujours une réponse…

Mais la vie, poursuivit mentalement le jeune érudit, n'est pas une suite de rouleaux d'ogrove soigneusement rangés sur une tablette de bibliothèque.

Sans en avoir vraiment conscience, il marcha vers l'endroit où se tenait Paléas. Au géant roux qui levait un sourcil étonné, il aboya presque :

— Nous avons retrouvé les bijoux volés, c'est le principal! Torance et Shanandra ne sont pas des juges, mais des messagers. Et nous aussi.

Manquant de souffle tant il se sentait fébrile, il se tut un instant, fit encore quelques pas, reprit un ton plus haut :

— Nous ne sommes pas un État, mais une caravane. Ces gens ne sont pas nos sujets.

Hésitant sur ce qu'il y avait à comprendre dans ces paroles, Erminophène ordonna à ses hommes d'attacher les voleurs à un des chariots. Curieux et inquiet à la fois, il suivit Cristin.

Il n'était pas le seul à s'interroger. Pirius et Alimas l'imitèrent. Lolène, qui les observait depuis que les traînées de fumée entachaient le ciel au-dessus de la cité, leur emboîta également le pas.

Arrivé près de l'endroit où s'entraînait Paléas, Cristin posa les poings sur ses hanches.

Totalement isolé dans un univers bien à lui, Paléas suait sous l'accablante chaleur. Avec application, croyait-il, il répétait inlassablement les quelques exercices que lui avait enseignés Torance sur le rivage du royaume d'Atinox. Les deux pointes du kaïbo accrochaient la lumière du soleil. Le long bâton tournoyait autour de l'axe de ses épaules. Les lames fendaient l'air avec un sifflement aigu qui plaisait beaucoup à Paléas.

Cristin n'en pouvait plus de cette insolence pleine de morgue.

Prendre sans jamais rien donner en retour, se morigéna l'érudit en réalisant que cet énoncé pourrait figurer au préambule d'une analyse sur la vie en société ou bien, plus simplement, sur l'amitié.

Au bout de quelques minutes, Paléas prit cependant conscience qu'un cercle s'était formé autour de lui. Ces gens avaient-ils été attirés par son adresse au kaïbo?

Depuis que Torance avait daigné faire de lui son partenaire d'entraînement, quelque chose avait changé en Paléas.

Lui-même ignorait quoi au juste, mais il avait remarqué ce changement et voulait, selon sa propre expression, en tirer le maximum.

Sa passion subite pour le kaïbo n'était-elle qu'un exutoire à ses déboires amoureux?

Non, se dit-il en comptant avec surprise Cristin au nombre de ses admirateurs. Cela a commencé bien avant notre halte au pied des monolithes.

Sans y prendre garde, il se rappela Astarée et ses tentatives de séduction.

Elle voulait faire de moi un traître…

En un éclair, il revit la poitrine nue de la jeune cristalomancienne. Il conservait dans une de ses poches le fragment de cristal ambré qu'elle lui avait donné. Plus parce que le joyau devait avoir quelque valeur qu'en guise de souvenir, pensait-il.

Et puis…

À cet instant précis, la voix âpre de Cristin brisa le fil de ses réflexions.

— J'observe ton manège, tu sais, glapit l'érudit. Et si tu veux savoir, je ne suis pas surpris que Lolène ne veuille pas de toi!

Interloquée, la jeune blonde se raidit. Paléas se figea également. Son kaïbo s'immobilisa dans l'air surchauffé.

— Tu es indifférent à la souffrance humaine, poursuivit le garçon. Tu ne penses qu'à toi!

Paléas fit lentement demi-tour, le kaïbo bien à l'horizontale à la hauteur du ventre de Cristin.

— Peuuh! cracha l'érudit. Tu te crois brave parce que tu tiens une arme! Mais le vrai courage, c'est de prendre parti, c'est de s'investir dans une cause, c'est d'aider ses amis! Si Torance était ici, il te rosserait comme tu le mérites!

Le visage de Paléas était indéchiffrable. Autour de lui, le silence devenait insupportable. Erminophène comprit la gravité de la situation et tira son glaive.

Toute son aigreur sortie, Cristin lâcha d'un ton las :

— Continue de t'amuser, tu ne nous es décidément d'aucune utilité.

Tournant le dos au voleur, il se pencha sur l'autre problème qui l'inquiétait : l'absence prolongée de leurs amis entrés dans la cité ainsi que la fumée.

Paléas leva brusquement son kaïbo vers l'épaule de l'érudit… Pirius tira Cristin en avant… La lame du kaïbo rencontra le métal du glaive d'Erminophène. Paléas resta hébété. Puis, violemment repoussé par le géant, il tomba sur son séant dans le sable.

Perdu dans sa propre bulle, Cristin ne s'était aperçu de rien. Il fixa le ciel et informa Pirius que cette fumée ne provenait pas d'un incendie.

— Ce doit être de la poussière en suspension. Il a dû se produire quelque chose, mais quoi?

Les gens ressemblés regagnèrent le camp en silence. Erminophène restait près de Paléas, toujours recroquevillé. Pirius surprit alors le sourire humide et très doux que leur adressait Lolène.

Il secoua Cristin par le bras, le ramenant de force à la réalité.

— Je crois que Lolène t'aime beaucoup, tu sais… chuchota-t-il.

Cristin hocha la tête. Il savait. Plus exactement, il s'en doutait.

— Vas-tu lui parler… de nous?

Cristin le dévisagea, les traits tirés, l'œil aussi sombre que tout à l'heure. Sa langue claqua d'impatience.

— Torance et Shanandra sont en danger. Nous le sommes tous. Occupons-nous de ce qui presse vraiment.

Il fit appeler Erminophène.

— Nous devons absolument entrer dans cette ville fortifiée, assura-t-il.

Au même instant, une violente explosion ébranla la muraille. Une des lourdes portes de la ville volait en éclats. Un bruit de cavalcade s'éleva, dominant les nuages de poussière et les cris d'épouvante poussés par les citadins.

— Trois chevaux! s'exclama Pirius.

Les bêtes passèrent sous leur nez.

— Trois cavaliers et un blessé, marmonna-t-il en comptant les fugitifs.

— Je rêve! s'écria Cristin.

Il dut reculer pour ne pas être renversé. Il n'en était pas certain, mais il croyait avoir reconnu Gorth et Astarée…

*

La jeune cristalomancienne se cramponnait aux rênes. Un coup d'œil en arrière lui confirma que les deux citadins grassement payés pour traîner Gorth très affaibli et pour les aider à s'enfuir de la cité la suivaient de près.

Ces deux jeunes, des miséreux dont elle avait acheté les services avec un minuscule éclat de rubis, ne pourraient jamais plus revoir leur famille. Mais ce détail ne la troublait pas outre mesure. Chacun dans la vie devait apprendre à assumer les conséquences de ses choix. Peut-être ces hommes avaient-ils autant qu'elle l'aventure et le goût du risque dans le sang?

Pour Astarée, seule comptait la certitude qu'elle avait de trouver du secours dans le désert. D'aucuns auraient pu la croire folle. Mais son cristal mauve de poursuite serré dans un de ses poings, elle savait que son intuition était la bonne.

Une tension horrible, pourtant, lui comprimait la poitrine. Avait-elle pris la bonne décision en abandonnant Torance et Shanandra aux griffes de ce roi cupide?

S'il est vrai que Sifoun est au courant du pouvoir secret que possèdent les deux messagers et de la manière de s'en emparer…

Cette épouvantable perspective lui donna des frissons glacés malgré la chaleur encore écrasante.

Un dernier coup d'œil en direction des murailles qui commençaient à s'estomper dans la lumière aveuglante la rasséréna. Elle ne permettrait pas à Sifoun de lui voler le résultat des recherches menées par Sévrinus Polok. Le savoir de son maître décédé était son héritage à elle. Le partager avec Sarcolem était une chose : s'en voir dépouiller par un roitelet de pacotille en était une autre.

Je reviendrai, je prendrai cette ville et je destituerai ce fou, se promit-elle en fouettant les flancs de son cheval.

29

Le capharnaüm

Torance déplaça sa jambe droite avec précaution de manière à ce que la tête de Shanandra, qui reposait sur sa cuisse, ne glisse pas sur les dalles poussiéreuses. Allongée près de lui, la jeune fille gémissait doucement. Depuis qu'ils avaient été jetés dans cette pièce souterraine sans fenêtre, ils n'avaient presque pas bougé.

Combien de temps s'était-il écoulé? Quelques minutes auparavant, les deux maîtres lamanes du roi étaient venus poser leurs fronts contre les barreaux en fer. Devisant à voix basse, ils avaient ensuite quitté le souterrain.

À chaque inspiration, la cage thoracique du prince se soulevait et lui arrachait des râles de douleur. Sans cesse lui revenait à l'esprit l'enchaînement des derniers événements.

Astarée s'est rebiffée quand le roi a prétendu être capable de s'emparer de notre pouvoir secret et de l'extraire…

Ces deux mots, « pouvoir » et « extraire » accrurent encore sa rage et sa souffrance.

« On a abusé de votre crédulité », s'était moqué Elk Sifoun.

Le pire, songea le prince, c'est que je m'en doutais. Depuis la crypte d'Éloria où nous étions censés trouver les tablettes de Mitrinos.

Un détail important mais occulté revint au premier plan de ses préoccupations. Quel pouvait être ce pouvoir dont avait parlé le roi?

Suivant le parcours erratique de ses pensées, Shanandra murmura qu'ils ne devaient pas perdre espoir. Ému par la force intérieure de la montagnarde, le prince retrouva son enthousiasme. Il tâtonna pour prendre le creuset en étain, la bassine d'eau tiède, les bandes en coton et le brûloir qu'on leur avait remis avant de refermer sur eux la lourde grille de ce qui ressemblait à une prison.

Grâce à la mèche trempée dans le doigt d'huile de barnane, l'obscurité n'était pas complète. À quelques mètres, derrière les barreaux, se tenaient les silhouettes de deux soldats chargés de les surveiller.

Sifoun n'est pas si intelligent que ça. Il sait ce dont je suis capable et il laisse malgré tout des hommes nous garder!

Mais son bras était si lourd, la brûlure de son ventre si vive qu'il pensa, comme le roi sans doute, qu'il était trop faible pour utiliser ses serpents lumineux.

Torance trouva finalement la pommade dans le creuset, en prit un peu sur ses doigts. Il revit la jeune esclave qui s'était tenue dans l'embrasure de la grille, juste avant que celle-ci ne se referme.

« Cet onguent va soulager les douleurs de ton amie. N'oublie pas, ensuite, de bander ses yeux pour les protéger des impuretés, de la lumière et de la poussière. »

Après l'avoir prévenue qu'elle risquait d'avoir un peu mal, Torance badigeonna avec délicatesse les paupières closes de Shanandra avec la mixture visqueuse. Il trempa ensuite le linge dans la bassine de grès et lava son front, son visage et sa gorge.

La montagnarde frissonnait de fièvre. Craignant qu'elle ne glisse sur le sol dur et froid, Torance la serra davantage.

Après plusieurs minutes, la jeune fille commença à ressentir les effets bénéfiques de la pommade médicamenteuse et se détendit. Sa joue bougea contre la cuisse du jeune homme.

— Approche le brûloir, demanda-t-elle dans un souffle.

— Mais la lumière risque de…

— Fais-le.

Interloqué, Torance obéit. La mèche éclaira la peau brune, les traits bien dessinés, la bouche sensuelle, les sourcils fournis et les longues mèches mouillées de sueur. Les paupières de Shanandra se soulevèrent à peine. Quelques secondes passèrent dans un affreux silence.

La jeune fille réprima un spasme, se mordit les lèvres jusqu'au sang.

— Quoi? s'effraya Torance.

— Je ne vois rien, gémit-elle.

Le prince lui caressa les cheveux. Une boule d'angoisse se formait dans sa poitrine à l'endroit exact où il avait longtemps porté la pierre du destin. Une haine féroce commençait à poindre, tout entière dirigée non pas contre Elk Sifoun ou Astarée, mais contre le Mage errant.

Apparemment calme, Shanandra hurlait dans son âme. Des images issues de son passé ressurgissaient. Elle revoyait le reflet de son visage voilé dans la plaque de bronze poli. Son oncle Elrick lui répétant que son regard était dangereux, mais qu'il pouvait lui être utile dans sa croisade contre la famille des Bardérault. « Je ne deviendrai jamais un assassin à votre service! » se récriait Shanandra.

Elle revoyait également le Vénérable d'Évernia, leurs retrouvailles en pleine tempête de neige dans les bois entourant la forteresse d'Orgk. Elle se sentait alors au bord du désespoir. Elle était prisonnière, sa mère venait de mourir. Elle désirait une autre chance, une autre vie. Connaître les pays au-delà des montagnes, éprouver sur ses joues la tiédeur parfumée de la brise océane, et sur son corps la chaleur du soleil sous des latitudes plus clémentes.

Mérinock lui avait offert toutes ces choses inespérées avec, en plus, le frisson de l'aventure ainsi que la perspective d'une noble quête.

Shanandra attrapa les mains de Torance et les serra de toutes ses forces. Son corps roidi par la peur d'avoir perdu la vue, elle se laissa submerger par l'émotion. Comprenant son angoisse, mais ne sachant quoi faire d'autre, le jeune homme la tenait dans ses bras, la berçait doucement.

La montagnarde aurait-elle repoussé l'offre du Vénérable si elle avait su d'avance qu'elle y perdrait la vue? Haletante, la mâchoire crispée, elle dut bien s'avouer que non.

Non. Car la chance d'une nouvelle existence avait forcément un prix. Même si elle était tentée d'en vouloir à Mérinock, Shanandra ne pouvait faire autrement que d'accepter, aujourd'hui, toutes les conséquences de sa décision. Résolue, malgré ces souvenirs déplaisants, à ne pas se laisser aller au désespoir, elle étouffa le cri qui voulait sortir de sa gorge et se prit à espérer que sa cécité n'était due qu'au choc qu'elle avait reçu. Elle ne pouvait pas avoir réellement perdu la vue! Contrairement à Torance qui se défendait mal contre l'impétuosité de sa nature, elle s'obligea à ne pas haïr le Mage errant.

Le prince lui massait la nuque. Elle devinait le garçon adossé contre la paroi de leur prison. Elle sentait les muscles de ses cuisses se tendre. Sa joue frôla son entrejambe. Shanandra en perçut la chaleur, la dureté. Lentement, presque sans le vouloir, la main de Torance descendit sur son cou, écarta le tissu moite du pello. À son corps défendant, ses doigts explorèrent la peau plus douce qui tendait sa poitrine.

Le souffle de Shanandra s'accéléra. La douleur s'atténuait. La pommade remplissait parfaitement son office. Ce répit lui permit de se persuader que ses yeux n'étaient pas morts, mais seulement blessés.

Torance saisit son sein gauche dans sa paume et en palpa le galbe soyeux, en pinça le bout durci. Shanandra gémit sourdement, frotta plus vigoureusement sa joue contre l'entrecuisse du prince. Ses lèvres s'humectèrent. Une chaleur bienfaisante et exigeante inonda son ventre.

Soudain le prince lâcha son sein.

Pas encore! s'offusqua Shanandra.

Il se leva et laissa la jeune fille pantelante d'un désir inassouvi.

— Qu'y a-t-il? ne put-elle s'empêcher de demander d'une voix âpre.

— Cet endroit n'est pas une prison, mais un entrepôt, murmura le jeune homme.

Éclairant de son brûloir l'amoncellement de statues ébréchées en bois, en bronze ou en terre cuite, et des objets hétéroclites d'usage domestique tels que des tables anciennes, des chaises et quelques bas-reliefs datant sûrement de plusieurs siècles, Torance se remémorait une fois encore le contenu de leur dernière transe.

De quoi Shanandra avait-elle parlé? En se redressant, il avait craint de raviver sa brûlure au côté. Mais il était si exalté par la vue de ce fouillis que son mal le dérangeait à peine.

— Un entrepôt! Et alors? geignit Shanandra en rajoutant de l'onguent sur ses paupières.

Le prince mit quelques secondes à répondre. La jeune fille l'entendit fouiller, déplacer des objets. Une série de raclements sur le sol la fit songer à un socle en pierre que l'on poussait avec difficulté.

— Eh! hurla un des gardes, restez tranquilles ou bien…

L'homme émit une sorte de râle étranglé.

— Que fais-tu? s'enquit Shanandra.

Le deuxième garde tomba face contre terre sans émettre la moindre protestation.

— Je me débarrasse de nos geôliers, répliqua le prince.

Satisfait de constater qu'il avait recouvré assez de force pour utiliser de nouveau ses serpents lumineux, il dégagea le monument qui reposait sous le fatras d'objets entassés.

— Un socle de pierre, Shanandra! s'exclama-t-il.

La montagnarde pestait intérieurement de ne rien voir. Le jeune homme guida ses mains. Shanandra les trouva chaudes et moites, mais elle sentait bien que tout désir avait, provisoirement du moins, quitté le corps du jeune homme.

— De minuscules bas-reliefs sont sculptés dessus.

— S'agit-il d'un sarcophage?

— Ça y ressemble, fit Torance.

Il distinguait une grande plaque fixée sur un ouvrage de maçonnerie de forme rectangulaire mesurant une vingtaine de centimètres de haut.

— Une statue de la déesse se trouve forcément à l'intérieur, assura Shanandra. Nous y placerons la pierre et…

Elle tâta son cou. Son cœur fit un bond dans sa poitrine.

— La pierre!

— Le roi a dû te la prendre. Voyons ce que nous disent ces bas-reliefs.

Torance approcha la mèche de son brûloir et demanda :

— Tu crois vraiment que cet endroit est également une sorte de temple? Qu'une nouvelle initiation nous y attend?

— Que vois-tu sur ces bas-reliefs?

Le jeune homme fronça les sourcils.

— Deux combattants armés de kaïbos. Un homme entre deux âges et une femme jeune…

Son angoisse augmenta d'un cran.

— …ainsi que des spectateurs.

— Est-ce un duel? s'étrangla Shanandra.

Après un silence, elle laissa tomber :

— Mitrinos et Shébah.

Elle passa ses doigts sur la surface rugueuse des sculptures.

— Tu crois que notre rêve nous a révélé une parcelle de leur vie? voulut savoir Torance.

— Cristin nous a dit qu'ils étaient amis et, même, amants. Pourquoi, alors, se seraient-ils battus à mort? répliqua Shanandra. Ça n'a aucun sens.

— Il y a une sorte de pictogramme…

Torance frotta la pierre cachée sous une épaisse couche de poussière, découvrit une silhouette démembrée stylisée.

— Un homme décapité.

— Mitrinos! glapit Shanandra.

Sans s'en rendre compte, Torance appuya trop fort avec son doigt sur la table de pierre. Le pictogramme s'enfonça. Un déclic déchira le silence.

Ils retinrent leur souffle.

Le sarcophage émit des plaintes sourdes. Ses parois vibrèrent. Les dalles sur lesquelles il reposait se fracturèrent.

— Attention! hurla Torance.

Il saisit Shanandra par le bras, tenta de s'éloigner des dalles fissurées… Le sol se déroba sous leurs pieds.

✶

Torance envoya *in extremis* ses serpents de lumière pour constituer un matelas et adoucir leur chute. Après avoir vérifié que Shanandra n'avait pas été assommée, il ramassa sa mèche et son brûloir avant qu'il ne s'éteigne et inspecta les parois de cette chambre souterraine.

Les murs étaient constitués de pierres assemblées les unes sur les autres. Le scellant ressemblait à un mortier fait à base de boue séchée. Le sol était parsemé de racines noueuses. L'endroit sentait la terre, la glaise, la décomposition végétale.

N'ayant aperçu aucun arbre dans la cité, le jeune homme se demanda à quelles sortes de végétaux ces racines pouvaient bien appartenir. Les mains sur les hanches, il contemplait l'excavation par laquelle ils étaient tombés, quand Shanandra, qui avait rampé au centre de la chambre, lui demanda :

— Qu'est-ce que ceci?

Le prince tendit son bras. La mèche éclaira furtivement une masse de pierre de forme octogonale, posée sur le sol telle une boîte géante.

— Une stèle? proposa Torance en en faisant le tour.

Shanandra fit non du menton.

— En tous les cas, il n'y a aucune inscription gravée sur les côtés.

Il promena sa mèche devant le visage de la jeune fille.

— Tes yeux! Des améliorations?

— Je ne vois toujours rien, rétorqua-t-elle en tâtant la jonction entre les rebords de ce qu'elle nommait un sarcophage et la plaque qui en constituait sans doute le couvercle.

— Peux-tu l'ouvrir?

— Tu penses toujours y trouver une statuette de la déesse?

Puisque Shanandra ne daignait répondre, le prince haussa les épaules, s'arc-bouta, mais lâcha immédiatement un cri de douleur à cause de son ventre endolori.

— Je vais essayer autre chose.

Il rassembla ses serpents devant lui et les dirigea vers le sarcophage. Lorsque ceux-ci enveloppèrent totalement le monument funéraire, le prince comprima brusquement l'espace situé entre ses deux mains ouvertes. Répondant à la volonté de leur maître, les serpents exercèrent une forte pression contre les parois qui se mirent presque aussitôt à se fendre.

— Pas trop fort! commanda Shanandra en se guidant à l'oreille, sinon tu risques d'endommager la statuette.

Torance dégagea les morceaux du couvercle brisé, approcha son brûloir. Repoussées par la flamme, les ténèbres reculèrent jusqu'au fond du réceptacle.

— Que vois-tu?

— Recule! ordonna Torance en tirant violemment la montagnarde par le bras.

Jaillissant du sarcophage par dizaines, des serpents bien réels tombèrent lourdement sur le sol. Usant de ses reptiles luminescents, le prince les repoussa aux quatre coins de la pièce.

— Alors? s'impatienta la montagnarde.

Torance s'assura que le sarcophage était vide avant de se pencher à nouveau et d'y introduire son bras jusqu'aux épaules.

— C'est profond…

Il tira de la boîte plusieurs tablettes en argile de forme oblongue. Shanandra posa ses mains dessus, suivit de ses doigts les fins reliefs des textes cunéiformes gravés au burin.

Torance restait ébahi.

— Les tablettes de Mitrinos…

— Enfin! s'exclama Shanandra dans un soupir.

Le prince les compta.

— Il y en a quatre.

— C'est tout?

La montagnarde se rappelait l'énoncé des lois de la déesse, livré à voix haute par le prince devant les fidèles. Compte tenu de la grosseur des caractères gravés, il était peu probable que toutes les lois aient pu tenir dans aussi peu d'espace.

— Cherche encore, dit-elle. Il doit y en avoir d'autres!

Torance se pencha de nouveau. Son cœur tambourinait dans sa poitrine. Son doigt rencontra un minuscule anneau en fer. À part cet étrange objet scellé dans la base du sarcophage, le monument était noir et vide. Intrigué, il tira dessus et attendit.

Mais rien ne se produisit.

Soudain, les parois déjà ébranlées par les serpents lumineux s'effondrèrent sous lui. La base céda à son tour. Le jeune homme tomba un mètre plus bas et fut accueilli par un craquement sec.

Son nez effleura un tissu rêche enduit d'une poussière gluante qui le fit éternuer. Prenant appui sur ses mains, il tenta de se relever, mais d'autres craquements retentirent.

Ayant ramassé le brûloir à tâtons, Shanandra le lui tendit.

— Qu'y-a-t-il sous le sarcophage?

Torance était blême.

Se dépêtrant de la masse d'ossements et de vêtements à moitié décomposés, il fit un bond en arrière.

Shanandra posa une main sur son bras.

— Tu trembles?

Il la serra contre lui.

— Tu trembles, répéta-t-elle, incrédule et inquiète.

— Il faut sortir d'ici au plus vite! laissa tomber le prince d'une voix blanche.

Il ramassa nerveusement les quatre tablettes, les tendit à Shanandra. Un interstice consécutif au premier éboulement laissait entrevoir un filet de lumière dans une des parois.

— Recule!

Regroupant ses reptiles, Torance les lança à l'assaut du mur fragilisé. À chaque coup de boutoir, la chambre souterraine menaçait de s'effondrer.

— Tu veux nous tuer ou quoi? le réprimanda Shanandra en tenant serrées contre sa poitrine les quatre tablettes.

— Il faut sortir d'ici!

Lorsque la brèche fut suffisamment large, le jeune homme y poussa la princesse. Ils débouchèrent dans un étroit tunnel.

— Sortons de cette cité, retrouvons Cristin et les autres, ânonna le prince. Nous n'avons aucune initiation à vivre ici.

Shanandra sentait, rien qu'à la raideur de son bras, qu'il avait du mal à se contrôler. S'arrêtant net, elle le plaqua contre le mur.

— Que s'est-il passé?

Shanandra effleura de la main la joue du prince.

— Tu es glacé.

Il la tira de nouveau : elle résista de toutes ses forces.

— Je veux savoir. Qu'as-tu vu sous le sarcophage?

— Viens!

Mais la jeune fille ne bougeait pas d'un pouce.

— Il y a une issue au bout de ce tunnel, s'énerva Torance.

— Je veux savoir, répéta Shanandra entre ses dents.

Il reprit son souffle, frissonna, posa sa bouche contre son oreille.

— Il y avait deux squelettes à l'intérieur, murmura-t-il en réprimant les sanglots qui montaient dans sa gorge. Ils étaient enlacés. L'un d'eux avait la tête tranchée.

30

La vie ou la mort

Le vent du désert hurlait au-dessus du campement royal. Le corps bienheureusement plongé dans une eau chaude et parfumée, Astarée sentait sous ses doigts la fine porcelaine de la baignoire de voyage personnelle du roi Balcusor. S'étant déshabillée et lavée sans l'aide d'aucun domestique – ce qui avait dû soulever la curiosité, voire la méfiance du monarque –, elle se laissait bercer par le vacarme des milliards de grains de sable affolés qui battaient la toile des tentes.

Pendant qu'elle restait immobile, le menton au ras de l'eau, qu'elle respirait lentement et que chaque partie de son corps s'abandonnait à une détente totale, son esprit vagabondait librement.

Sa fuite de la cité de Midon, les premiers nuages dans le couchant annonçant ce qui ressemblait fort à une nouvelle tempête, les mines réjouies des deux jeunes hommes qu'elle avait engagés pour l'aider à surveiller Gorth; ces images se mélangeaient et se superposaient à d'autres. Leur jonction avec l'armée du roi, dont Astarée avait pressenti l'arrivée grâce à son cristal de poursuite. L'ordre quasi parfait des troupes déployées avec faste entre les dunes rougeoyantes.

La cristalomancienne s'était présentée à Balcusor et lui avait aussitôt demandé la raison de sa présence aussi près de la ville retranchée de Midon. Anxieusement, elle avait guetté sa réponse.

« Nous vous avons suivi jusqu'aux ruines d'Orma-Doria, mais vous étiez déjà repartis. »

« Repartis? »

Depuis quelque temps, déjà, Astarée se sentait espionnée. Elle ne savait ni par qui ni comment, mais ce danger latent l'agaçait énormément. Aussi était-elle attentive aux explications du roi, mais aussi à l'expression de son visage.

« Autour des ruines, avait répondu celui-ci, nous avons découvert plusieurs mourants. Ils avaient sans doute été séparés du reste des fidèles par la violence des vents. »

De retour aux voluptueuses sensations que lui procurait son bain, elle douta que Balcusor ait pu interroger ces mourants, et que ceux-ci lui eussent révélé que les messagers faisaient route vers Midon.

Un élément essentiel lui échappait encore pour comprendre le malaise qu'elle ressentait au creux de sa poitrine.

Heureusement, j'ai pris mes précautions…

Rassérénée, elle perdit brièvement pied avec la réalité et se mit à rêver.

Elle se retrouvait sur ce rivage immaculé d'un autre monde où elle avait déjà rencontré Pélinor. À travers le brouillard lumineux filtraient les paroles de celui qu'Astarée avait, pour éviter de l'appeler Mérinock ou Mage errant, décidé de nommer « le maître ». Curieuse et inquiète à la fois, elle s'approcha pour écouter et eut la vive impression de n'être qu'une enfant effrontée que l'on aurait tenue à l'écart d'une conversation entre adultes.

Le maître parlait avec emphase de la destinée. Chaque homme avait-il une mission particulière à accomplir? Si oui, en était-il prisonnier?

Lancée aux disciples, cette vaste question suscitait bien des réactions. Pour les uns, une mission acceptée était sacrée et il fallait, une fois plongé dans le monde de la chair, s'y soumettre corps et âme. Pour d'autres, les circonstances et les hasards de l'existence pouvaient nous faire déroger de cette mission. L'homme étant une âme libre, il avait le droit tout aussi sacré, selon ces derniers, de transformer à tout moment sa mission de vie. Et même, si celle-ci devenait trop lourde à porter, il avait le droit de s'y soustraire.

Astarée crut reconnaître la voix impérieuse et vibrante d'émotion de Torance, qui semblait défendre cette dernière théorie. Passionnée par ce débat philosophique onirique, la cristalomancienne avait également un avis sur cette épineuse question. Mais elle se sentait si exclue du groupe et si coupable d'écouter en cachette, qu'elle hésitait à entrer dans la lumière pour rejoindre le cercle des disciples.

Soudain, une présence dans son dos fit bondir son cœur dans sa poitrine. L'homme était petit, mais trapu. Son visage restait dans le brouillard lumineux.

— Pourquoi es-tu là? lui demanda-t-il doucement.

— Je… commença Astarée, effrayée à l'idée d'être reconnue et punie.

— Pourquoi ne te joins-tu pas à nous?

L'inconnu lui toucha l'épaule. Un choc électrique pas désagréable du tout lui fit pousser un cri de surprise.

L'instant suivant, le rêve perdit de sa réalité et la jeune cristalomancienne reprit contact avec la réalité. Le vent âpre battait la toile de sa tente, la nuit opaque enveloppait le camp, la voix chuchotante des gardes parvenait jusqu'à elle. La lueur sourde de quelques feux protégés des rafales par des peaux de bêtes tendues sur des piquets plaquait ses reflets glauques sur les toiles.

Une silhouette se glissa subrepticement sous son abri. Instinctivement, Astarée s'empara de son cristal rouge.

— Qui va là? gronda-t-elle en se cachant la poitrine.

— Ce n'est que moi, Seigneur...

Un des deux jeunes hommes qu'elle avait amenés de Midon baissa la tête.

— As-tu trouvé quelque chose?

Le Midonien sourit dans la pénombre, déposa un panier en osier sur le sol près de la baignoire. Il salua avec respect et ressortit sans un mot.

Astarée souleva le couvercle et étouffa un hoquet de dégoût. Elle étudia l'objet qui se trouvait à l'intérieur du panier et sourit à son tour. Son étonnement passé, elle se replongea avec délices dans l'eau qui commençait, hélas, à tiédir.

Elle ne songeait plus ni à ce qui se trouvait dans ce panier, ni aux litres d'eau prélevés dans la réserve privée de Balcusor pour remplir son bain, ni au travail des esclaves qui avaient patiemment fait chauffer le précieux liquide sur des feux de fortune.

Les oreilles pleines du vacarme des milliards de grains de sable affolés, Astarée se rappelait ce précepte philosophique ramené de sa rêverie et, aussi, de cet homme qui l'avait invitée à se joindre aux disciples.

Elle se leva, se sécha, prit un des larges pellos déposés sur la couche par un domestique silencieux et invisible. Elle s'assit sur le tabouret en bois et observa son visage dans le reflet de la plaque de bronze poli. Malgré sa fatigue, ses yeux verts étincelaient. Par habitude, elle arrangea son pello de manière à masquer sa poitrine sous les plis, posa une quiba sur sa tête et un fin diadème de cuivre sur son front pour stabiliser le tissu moiré. Pour finir, elle se chaussa de galvas en étain rehaussées de minuscules éclats de cornaline.

Elle prit ensuite le panier et gagna le porche de toile où l'attendaient ses deux comparses. En marchant, elle sentit un filet de vent jouer entre ses jambes nues sous le pello de soie. Un agréable esprit de licence, joint au danger omniscient qu'elle sentait autour d'elle, lui donna plus que jamais auparavant la sensation d'être une femme.

Était-ce dû aux circonstances ou à la joie d'être encore en vie après avoir échappé au roi fou de Midon mais, pour la première fois, elle ne refoulait plus ce plaisir d'être une femme. Une femme belle et désirable. Une femme à l'affût sur le point d'obtenir satisfaction.

— Est-ce que tout est prêt? s'enquit-elle.

Les deux jeunes hommes hochèrent la tête.

— Le sergent Lupia? Gorth?

Nouveau mouvement de menton.

— Bien. Alors, ne tardons pas.

Malgré l'heure avancée, les *militatis apprenteis* – les serviteurs des soldats qui dormaient, eux, à poings fermés – préparaient l'équipement de leurs seigneurs. Quelques vives étincelles jaillissaient sur les flammes où étaient affûtés les glaives et la pointe des lances. Des esclaves polissaient sans relâche des boucliers, nettoyaient des lames avec des pierres ponces trempées dans un mélange de glaise abrasive et de chaux.

J'ai promis à Balcusor que l'unité d'hommes de silex promise par Sarcolem serait au camp à l'aube…

La nature angoissée d'Astarée faillit dissiper l'exaltation qu'elle ressentait dans tous ses membres. Mais il ne fallait pas. Après une nouvelle séance de communication télépathique avec Sarcolem, une lecture dans son cristal de poursuite et, surtout, la découverte de l'objet contenu dans le panier en osier, elle avait de quoi être sereine.

Les deux Midoniens écartèrent les pans de la tente qui servait de prison et s'effacèrent avec respect.

Hérissé de piquets, l'espace à l'intérieur de cette tente avait des allures de fosse. Le tissu fixé sur les armatures en étain était volontairement sombre et plus épais que celui utilisé pour les autres abris. Une ouverture circulaire, pratiquée au sommet des piliers entrecroisés, laissait entrer l'air du dehors. De temps en temps, une fine poignée de sable tombait par cette unique anfractuosité, accrochant la lueur ténue des brûloirs figés en terre, saupoudrant les cheveux coupés ras du prisonnier assis au pied du mât principal.

Agenouillé sur une couverture, les coudes ligotés dans le dos, Gorth avait la tête penchée sur le côté droit. Nu jusqu'à la taille, le torse bandé à la hauteur de l'estomac, il paraissait sommeiller.

Mais Astarée se doutait qu'il s'agissait d'une ruse. Sous cette apparence volontairement désinvolte, tous les sens du soldat devaient être en éveil.

Le sergent Lupia se tenait en retrait dans l'ombre. Il salua la jeune cristalomancienne avec déférence.

— Je suis bien aise de vous revoir, seigneur! commença-t-il.

Astarée hocha la tête, l'air de dire que le plaisir était partagé – ce qui en la circonstance était loin d'être le cas. Elle posa son panier sur le sol et montra le côté droit de Gorth.

— Je vois que le médecin personnel de Balcusor est venu soigner l'estafilade reçue par notre ami.

Lupia ne broncha pas. Depuis qu'il avait rejoint les rangs d'Astarée dans l'oasis des Baïbans, il avait entendu parler de ce Gorth. Gorth par ci, Gorth par là. À dire vrai, la réputation du capitaine lui venait de plus loin encore, de plus haut.

Et il avait grincé des dents en silence chaque fois qu'il avait entendu prononcer son nom. À présent, ce loyal capitaine qui avait bénéficié par le passé de la confiance de tous, était accusé de haute trahison et était passible de la peine capitale.

Lupia contemplait Astarée. Celle-ci tournait autour du prisonnier tel un chacal. Le sergent connaissait bien l'homme. Mais il savait aussi reconnaître une femme démangée par le désir de vengeance.

— Capitaine, je vais être franc avec vous, déclara brusquement Astarée. Malgré nos désaccords, j'ai toujours apprécié… vous avoir à mes côtés.

Lupia nota l'hésitation dans la voix de la jeune femme après le verbe « apprécier ». Il dut aussi convenir qu'il était déçu par son ton doucereux et par l'intensité de son regard. Réprimait-elle quelques sanglots consécutifs à sa colère d'avoir été si lâchement abandonnée et trahie par son officier subalterne? La tension qui statufiait ses traits était-elle due à la rage?

Astarée souleva sa quiba et s'agenouilla près de Gorth. Le tissu du long pello remonta sur ses cuisses, retomba mollement sur sa chair délicate.

— Je sais que votre parole est sacrée, capitaine, souffla-t-elle. Jurez-moi de nouveau fidélité et je vous libère de vos liens.

De longues secondes s'égrenèrent dans le silence ponctué par les assauts du vent et la fine pluie de sable qui tombait toujours du plafond sur le prisonnier.

Afin de montrer au traître que sa situation était désespérée, Lupia prit sur lui d'avancer d'un pas. La lame arquée de sa lourde hache entra dans un rayon de lumière.

Astarée fronça les sourcils, mais ne défendit pas au sergent de lever son arme au-dessus de la nuque du capitaine.

— Vous avez toujours été un fidèle soldat du roi Sarcolem, reprit-elle, la gorge nouée.

Elle revoyait Gorth, fièrement placé aux côtés de Torance et de Shanandra lors de ce sermon à ciel ouvert prononcé dans les ruines d'Orma-Doria. Il était devenu leur ami, celui qui se chargeait de leur protection. Que s'était-il passé dans sa tête pour qu'il change ainsi d'allégeance? Et comment le lui demander, là, dans cette tente sordide qui puait la transpiration et la peur?

L'ex-homme de silex n'avait toujours pas bougé. À peine avait-il soulevé les paupières quand Astarée était entrée. Son attitude restait nonchalante, son souffle régulier.

Il ne craint pas la mort, se dit Lupia, à la fois agacé et impressionné.

Astarée allait-elle faiblir devant la rébellion silencieuse du capitaine?

Forçant la voix, elle répéta :

— Votre serment, capitaine, ou votre vie?

Lupia eut la sensation que la cristalomancienne n'était pas totalement honnête envers elle-même. La moiteur de l'air était intolérable. Il resserra néanmoins sa prise sur le manche de sa hache.

Poussée dans ses extrêmes limites, Astarée avait, elle aussi, du mal à respirer.

J'ai besoin de lui! s'emporta-t-elle mentalement en haïssant se savoir aussi dépendante et en refusant, même, d'en chercher les raisons secrètes.

À l'aube, Balcusor lancerait ses troupes contre la cité retranchée de Midon. Dans quelques heures à peine, les hommes de silex promis par Sarcolem allaient abattre les murailles et tuer quiconque se mettrait entre eux et le roi Elk Sifoun.

Demain, se promit Astarée, je vais remettre la main sur Torance et sur Shanandra. Dans la mêlée des combats, ils ne pourront pas utiliser leurs dons pour me résister ou pour fuir. Je dois savoir si je peux compter sur Gorth pour m'épauler.

Puisque le capitaine feignait toujours la plus complète indifférence, Lupia lui donna dans les omoplates un coup de talon qui le fit basculer en avant. Offrant sa nuque à la lame de sa hache, Gorth allait payer le prix de sa félonie. Le sergent guetta l'approbation d'Astarée, mais celle-ci restait immobile. La lame oscilla au-dessus de ses épaules…

— Attendez! glapit soudain la cristalomancienne. Le traître a le droit de mourir dignement.

Elle sortit des plis de son pello un court sabrier à la lame épaisse taillée en triangle. Lupia recula en reconnaissant le *cerbès,* l'arme traditionnelle d'autoflagellation des hommes de silex. Il avait entendu dire qu'un homme de silex qui trahissait son serment de fidélité envers son maître, autrement dit envers le roi Sarcolem, avait le choix de se suicider en utilisant cette lame qu'il s'enfonçait d'un coup sec dans le cœur.

Lupia sourit sous son casque. Le spectacle promettait d'être intéressant. Ainsi donc allait se terminer la carrière d'un des officiers qui avait, disait-on, le mieux servi Sarcolem par le passé. Le sergent se rappela les campagnes de Reddrinor, survenues quinze ans auparavant. Une guerre au cours de laquelle les hommes de silex avaient égorgé plus de dix mille civils. Et que dire de l'expédition punitive de Milos et du saccage de cette magnifique cité! En cette occasion, les assassins de silex avaient acquis leur réputation d'hommes sans âme en empilant, aux portes de la ville, les cadavres de plus de vingt mille innocents. Oui, se disait Lupia, Gorth avait bien servi son roi… avant de le trahir bêtement pour suivre deux jeunes dans une quête chimérique.

Astarée dénoua le bras droit du capitaine. Lupia frissonna quand la jeune femme lui remit son cerbès.

— Vous savez ce qui vous reste à faire, lui dit-elle en baissant la voix.

Elle se redressa et, interpellant sèchement le sergent, le dévisagea avec dédain.

— À nous deux, à présent!

Lupia feignit la surprise.

— Seigneur?

— Vous n'avez ni femme ni enfants, avouez!

Le sergent sourit béatement, dodelina de la tête.

— En effet, Seigneur.

— Vous m'avez menti.

Astarée tournait à la fois autour du poteau auquel était attaché Goth, et autour de Lupia qui tenait à présent nerveusement sa hache dans ses mains.

— Montrez-moi... ceci! ordonna-t-elle, farouche.

— Ma chevalière?

Lupia fit tourner machinalement l'épaisse bague de galcite noire entre ses doigts. Puisqu'il ne se décidait toujours pas à lui tendre le bijou, Astarée saisit le panier en osier et le lui lança au visage. Le sergent le rattrapa d'instinct.

Le militaire surveillait et la cristalomancienne et le capitaine qui serrait, sans bouger, le cerbès dans son poing. La bouche du sergent était sèche. Son teint pâlissait. Avait-il commis une erreur?

— Je... balbutia-t-il.

Mais déjà, la curiosité le poussait à vérifiait le contenu du panier. En sortant la main tranchée au niveau du poignet, il cria de stupeur. Le membre était long, osseux et couvert d'une épaisse couche de poils noirs.

— Votre homme s'est trahi, Lupia! cracha Astarée entre ses dents.

Elle désigna de l'index la feuille d'ogrove soigneusement roulée, nouée par un cordon de cuir et encore tenue par la main sectionnée.

— C'est bien là le message signé de votre monogramme personnel, que vous destiniez au roi Sarcolem?

À la fois incrédule et tremblante de rage, la jeune femme avait parcouru la missive dans son bain. Lupia révélait au roi qu'elle était en fait une femme. Que par ses agissements, elle mettait leur mission en danger. Qu'avec elle, la capture des deux messagers n'était plus assurée. Et que, en conclusion, il valait mieux qu'elle soit remplacée au plus vite. Lupia lui-même se proposait pour cette tâche.

Après avoir réfléchi, Astarée avait éclaté de rire. Lupia pensait-il avoir réellement les qualifications et les talents requis pour mener à bien la capture de Torance et de Shandra?

Le fou!

— C'est vous qui aviez prévenu Sarcolem de notre arrivée en Terre d'Ormédon, n'est-ce pas?

Une autre pensée, plus insidieuse, lui vint aussitôt. Et si Lupia n'était qu'un homme de paille? Qu'un subalterne engagé par les cristalomanciens en poste à Goromée? Des cristalomanciens jaloux de son secret et de son influence auprès du roi…

Lupia ne pipait mot. Ses mains étaient toujours crispées sur le manche de sa hache.

— Vous avez également conduit Balcusor devant les portes de Midon. Vous possédez donc quelques notions de cristalomancie. Vous savez utiliser un cristal d'améthyste de poursuite, mais pas un cristal bleu de communication télépathique.

Lupia eut un sourire crispé qui trahit sa profonde satisfaction. Depuis le début, il avait en effet réussi à tromper cette femme qui se prenait pour un maître cristalomancien.

La question était de savoir, à présent, ce qu'il convenait de faire. Les options n'étaient pas nombreuses. Réfléchir n'était même plus de circonstance.

Lupia se ramassa comme un fauve, leva sa hache et fondit sur Astarée. Celle-ci avait mésestimé la fourberie du traître. Elle perdit une précieuse seconde à sortir son fragment de cristal rouge.

La lame de la hache fendit l'air. Aussi rapide qu'un lynx du désert, Gorth bondit à son tour. Un râle s'échappa de la gorge du sergent. Son corps tomba lourdement sur le sable. Hébétée, Astarée vit Gorth retirer son cerbès du cou du cadavre.

Le vent continuait de charrier ses tonnes de sable sur le camp. La lueur tremblotante des brûloirs restait la même. Astarée demeurait hagarde. Ses jambes cédèrent brusquement. Elle tomba assise, mais lucide, vidée de toute énergie. Lorsqu'elle ouvrit les yeux, Gorth était près d'elle et lui tenait les mains.

— Respirez profondément, murmura-t-il en approchant son rude visage du sien.

Après avoir repris son souffle, Astarée tâtonna sous les plis de son pello, en sortit un fragment de roche vert sombre – son cristal de lecture en tourmaline.

— Je dois savoir…

Gorth accepta d'un mouvement de tête. La cristalomancienne posa la pierre froide sur le front du capitaine, puis y appuya le sien. Le contact s'établit aussitôt. Des images fulgurantes jaillirent de la mémoire de Gorth et se déversèrent dans l'esprit d'Astarée.

Elle vit un gamin fouillant dans les poubelles à la recherche de nourriture qu'il partageait ensuite avec ses six frères et sœurs. Un adolescent tout en muscles, vif, cultivé et déterminé à se tailler une place au soleil, en train d'aider à décharger les bateaux de marchandises dans le port de Goromée. Il faisait ensuite sept parts de son maigre salaire pour donner à manger à sa famille. Elle vit ce même jeune traqué par les chasseurs de têtes envoyés dans les bas quartiers de Goromée pour renouveler les effectifs des terrifiants hommes de silex.

Elle revécut la lutte âpre et perdue d'avance du garçon contre ceux que l'on appelait les *matraqueurs;* ces apprentis cristalomanciens qui se chargeaient de laver le cerveau des jeunes recrues. Astarée assista également de l'intérieur au supplice de Gorth, déshumanisé et intégré de force à une unité de soldats sans âme envoyée se battre contre les armées de la reine de Reddrah.

Gorth avait été le plus sanguinaire des hommes de silex, décoré à maintes reprises par le roi lui-même. Après le saccage de la ville de Milos, Sarcolem avait demandé à ses matraqueurs s'il leur était possible d'inverser le processus de déshumanisation. Le roi était-il simplement curieux de voir si la chose était possible? Craignait-il effectivement qu'elle le soit? Toujours est-il que Gorth avait été personnellement choisi par le monarque pour servir de cobaye.

Les résultats de l'opération n'avaient pas été visibles tout de suite. Il y avait eu d'autres missions. Commandant de son unité, Gorth s'était attaqué, toujours sous les ordres directs de Sarcolem, à un clan de Romanchers goréens que le roi soupçonnait du vol de plusieurs temples de Gorum.

Toujours intimement lié à l'esprit de Gorth, Astarée assista à la traque, puis au massacre systématique de tous les adultes.

Soudain, une scène fut isolée des autres. Le son harmonieux d'un tréborêt solitaire s'éleva. Gorth suivait une piste le long d'un rivage froid battu par les vents d'hiver. Son glaive ensanglanté à la main, il fouillait les taillis quand il tomba dans une embuscade. Huit Romanchers armés de haches dérobées à des soldats goréens l'attendaient...

Il les massacra sans encaisser un seul coup.

C'est ensuite qu'il découvrit la fillette qui serrait contre elle le vieil instrument de musique. Gorth leva son glaive, mais resta immobile, le visage baigné de sueur, les bras et les cuisses mouillés de sang.

Le film de ces affreux souvenirs sauta à une autre séquence.

Les compagnons de Gorth arrivaient, encerclaient l'enfant, la menaçaient de leurs lames. Gorth s'était violemment retourné contre eux, sauvant et sa propre vie et celle de la fillette.

C'est à ce moment-là, précisément, que s'était produite la scission entre Gorth le sans-âme et Gorth l'humain.

Peu à peu, les images s'estompèrent. Astarée fit appel à ses propres souvenirs – son étude, entre autres, du rapport lu juste avant que Sarcolem ne lui assigne la tâche de s'emparer des deux messagers de la déesse.

Après cette rébellion, Gorth est resté introuvable pendant de longs mois. Il est réapparu un matin d'automne à Goromée, sous le porche de son ancienne caserne. Il s'est rendu au roi qui, constatant qu'il était redevenu un homme et un soldat, l'a intégré à une unité militaire régulière avec le titre de capitaine.

Gorth et la jeune femme haletaient comme s'ils avaient fourni un énorme effort. Et en effet, tel était bien le cas! Leurs épaules tremblaient l'une contre l'autre. Durant toute cette projection mentale, Astarée avait maintes fois eu l'occasion de faire des comparaisons entre sa propre vie et celle du capitaine. Abus, rejet, dur apprentissage de la vie, trahison, désir de liberté. Une période de l'existence de Gorth restait néanmoins nébuleuse.

— Que s'est-il passé après votre rébellion?

Le capitaine soupira. Sa cage thoracique se souleva. Ses muscles tendirent la peau zébrée d'anciennes cicatrices.

— L'enfant est morte. J'ai réparé le tréborêt et joué pour elle, longtemps, devant l'océan gris et triste.

Chaque mot sortait de peine et de misère. Avec eux sortaient également les dernières traces de regrets, de souffrances, de remords.

— J'ai ramené la gamine chez les siens. J'ai vécu un temps parmi eux, mais…

Astarée imaginait très bien la suite. Cet ancien assassin n'avait pas sa place dans le clan de Romanchers. Aussi était-il reparti. Vivant de la générosité de tout un chacun, il avait erré, fiévreux et solitaire, jusqu'à sa complète guérison.

La jeune cristalomancienne n'osa lui demander si se priver de sa dose quotidienne de drogue n'avait pas été un enfer. Elle savait. Et maintenant qu'elle n'ignorait plus rien de lui sauf la raison de sa fidélité à Torance et à Shanandra, elle sentait monter en elle un autre désir que celui de savoir, plus fort, plus impérieux encore que ce dernier.

La chaleur du corps de Gorth tout près du sien était pour elle un autre genre de supplice. Une vague brûlante déferla dans son ventre. À genoux devant le capitaine, elle posa ses mains froides sur les cicatrices de son visage et commença à l'embrasser.

Il se crispa. Elle supplia :

— Ne dites rien, ne dites rien…

Le tenant fermement par le cou, elle laissa son autre main descendre le long de leurs ventres. Quand elle sentit qu'il était prêt, elle s'installa sur lui et perdit complètement le contrôle de ses sens. Elle savait tout de lui. À présent, elle voulait tout de lui.

Demain, il y aurait une guerre. Demain, elle s'exposerait de nouveau à la défaite peut-être, à la trahison sûrement. Torance et Shanandra devaient à tout prix être sauvés des griffes d'Elk Sifoun et ramenés vivants à Goromée devant Sarcolem. Malgré la tentative d'espionnage de ce dernier, l'enjeu de sa mission était trop important pour qu'elle y renonce maintenant.

Oui, demain…

Astarée gémit de plus en plus fort, heureuse, finalement, d'être redevenue une femme.

Demain.

Mais, en attendant, cette nuit était à eux seuls…

Index des personnages

Alimas* : Marchand d'esclaves et de joailleries originaire de Véronia. Il est membre de la guilde des négociants de Gorée.

Arménite Lupia* : Sergent goréen aux ordres d'Astarée.

Astarée Polok : Cristalomancienne du roi Sarcolem, jeune femme farouche et déterminée, grande mystique, vingt-cinq ans.

Atinoë* : Jeune roi fantoche du royaume d'Atinox.

Balcusor* : Roi conservateur et perfide d'Ormédon, faisant partie de l'alliance secrète formée par Sarcolem, le roi des rois.

Bouamid* : Chef des Baïbans.

Bouamingué* : Sorcier des Baïbans.

Calliope : Reine du royaume d'Élorîm.

Clébos : Souverain autoproclamé d'Élorîm, assassin de la reine Calliope, ancien prince prétendant.

Cristin d'Algarancia : Jeune goroméen, apprenti scribe et érudit des sages de Gorum, compagnon des messagers, seize ans.

Dame Servinia* : Suivante de la reine Calliope.

Elissandre : Dernière fille de la déesse, elle a fondé le royaume qui porte son nom.

Elk Sifoun* : Roi ambitieux et fanatique, souverain controversé de la cité de Midon.

Élorîm : Dite l'aventurière, troisième fille de la déesse, fondatrice du royaume portant son nom.

Elrick Falcomier : Roi de la forteresse d'Orgk et oncle maternel de Shanandra.

Épidorée* : Épouse d'Erminophène, reddrinienne de naissance, femme de tête et de cœur, mère de deux garçons.

Erminophène* : Esclave vorénorien et guerrier libéré par Torance faisant maintenant partie du groupe de ses fidèles.

Gaïa : Déesse-mère, créatrice des Douze Royaumes.

Gorth : Capitaine de l'armée goréenne ayant changé d'allégeance : il accompagne désormais les deux messagers dans leur quête des tablettes de Mitrinos.

Gorum : Fils aîné de la déesse, géant créateur du royaume de Gorée.

Hommes de silex : Soldats rendus insensibles à la douleur, à la peur et à la pitié grâce à l'absorption d'une drogue aux ingrédients mystérieux.

Lolène : Jeune élissandrienne, apprentie guérisseuse, seize ans, amie des deux messagers.

Mérinock : Mage errant, Vénérable d'Évernia, concepteur du Grand Œuvre.

Messina* : Jeune esclave rousse attachée au service du prince Torance lorsqu'il vivait dans le pérismet du palais royal d'Élorîm.

Mitrinos : Héros légendaire, sage et philosophe, chargé par la déesse de récupérer ses Commandements sacrés et de les livrer aux peuples.

Morphoss : Treizième enfant de la déesse Gaïa, souverain malheureux des terres obscures, dont la nature a été déformée par les lamanes de toutes les confessions pour le transformer en une figure démoniaque.

Orma-Doria* : Courtisane légendaire, maîtresse secrète du géant Ormédon.

Ormedon : Dit le puissant, quatrième fils de la déesse, fondateur du royaume qui porte son nom.

Orvion XXVI *: Monarque du royaume d'Orvilé.

Paléas : Aventurier, dix-sept ans, compagnon des deux messagers.

Pélinor : Domestique et esclave ayant appartenu à Astarée.

Phrisus : Souverain du royaume d'Élissandre.

Pirius : Soldat goréen ayant choisi de suivre les messagers dans leur quête.

Rasdharé *: Fidèle compagnon de la géante Élorîm, réputé pour sa beauté et son sens de l'amitié.

Sarcolem : Souverain de Gorée prétendant au titre de roi des rois.

Sévrinus Polok : Maître décédé d'Astarée.

Shanandra Falcomier : Messagère de Gaïa, dix-sept ans, princesse de la citadelle d'Orgk.

Shébah : Prêtresse guerrière chargée d'assassiner Mitrinos, mais qui devient sa complice, puis sa compagne.

Torance d'Élorîm : Messager de Gaïa, dix-sept ans, ex-prince prétendant au titre de roi d'Élorîm.

*Nouveaux personnages.

GLOSSAIRE

Baïban : Peuple tribal vivant sur les rives de la mer intérieure d'Élorîm.

Barbousier : Arbre exotique (arbuste sous certaines latitudes) donnant des petites fleurs orange ainsi qu'un fruit juteux, la barbouse, dont la pulpe légèrement acidulée est utilisée dans la cuisine baïbanne et élorienne.

Bourmouq : Pièce de tissu traditionnelle qui, chez les Baïbans, cache le front et tombe sur les reins. Le bourmouq est utilisé, entre autres, dans le cadre de la cérémonie de Rasdharé ainsi que pour les épousailles des jeunes Baïbans. En Terre d'Ormédon : voile de soie bleue maintenu sur le front par une fine couronne en cuir.

Cyclamèdre : Mandala de pouvoir, l'œil de la déesse enclavé dans le nœud sans fin de l'amour et de la dévotion, lui-même englobé dans le serpent Ouroboros de la perpétuité. Symbole du Grand Œuvre et du Mage errant.

Cerbès : Court sabrier rituel à lame triangulaire utilisé par les hommes de silex pour se suicider lorsque l'un d'eux est reconnu coupable de trahison envers le roi Sarcolem.

Cérémonie de Rasdharé : Tradition baïbane empruntée à la cosmogonie gaïenne qui consiste à organiser une fête pour accueillir un ami ou un frère. Rasdharé était le compagnon de la géante Élorîm. Par extension chez les Baïbans, cette cérémonie est également un prétexte pour souligner les épousailles entre jeunes des tribus.

Chakra : Petite roue d'énergie située sur les corps subtils, entre autres le long de la colonne vertébrale. Elle capte l'énergie divine pour la faire circuler en l'homme, mais aussi en toute chose.

Cristalomancie : Art occulte générique de divination et de guérison basé sur la lecture ou sur l'usage de certains cristaux. Déclinaison et utilisation (non exhaustive) des différents cristaux de base dans le cadre d'une application militaire : Le lapis-lazuli (bleu) – dit cristal de communication télépathique. Le grenat (rouge) – dit cristal de force ou de pouvoir. Il sert entre autres à projeter son énergie mentale sur un adversaire. La tourmaline (vert) – dit cristal de lecture des morts. L'améthyste (mauve) – dit cristal de poursuite. Le carbonèse (noir) – dit cristal d'empoisonnement. La cornaline (jaune ou mordoré) – dit cristal-espion. Le quartz goromite (blanc) – dit cristal de protection.

Cristalomancien(ne) : Mystique qui pratique l'art de la cristalomancie, la guérison, la divination et la magie morphique grâce aux pouvoirs de certains cristaux.

Cryptorum : Phrases à saveur liturgique, prophétique, religieuse ou philosophique énoncées en exergue au début d'un texte ou d'un chant.

Égoyier : Arbre faisant partie de la famille des palmiers dont on tire une huile ainsi qu'un alcool entrant dans la composition de diverses boissons traditionnelles.

Élissandre : Royaume du continent central, héritage de la géante Élissandre.

Éloria : Capitale du royaume d'Élorîm, lieu de la deuxième initiation de Torance et de Shanandra, temple du *bas.*

Élorîm : Fille de la déesse, mais aussi royaume du même nom situé à l'est de la Gorée. Terre natale du prince messager Torance.

Éphron d'or : Volatile de grande envergure (jusqu'à six mètres) au corps de lion, à la tête d'aigle, munit de puissantes mâchoires de saurien et d'ailes dorées taillées en triangle. Dans la tradition gaïenne, l'éphron d'or est associé au géant Ormédon qui en possédait deux : Ousthard et Isthard, les éphrons d'or dits respectivement du levant et du couchant.

Évernia : Montagnes dites d'Évernia, chaîne montagneuse qui sépare le continent central en deux parties. Mais aussi, traditionnellement, vallée mystique qui constitue l'entrée principale des royaumes célestes de la déesse. La légende prétend que treize Mages y vivent et dirigent de manière occulte les destinées humaines au nom de la déesse.

Évrok : Mastodonte de la famille des mammouths, muni de deux trompes et de solides défenses, vivant dans les montagnes d'Évernia. L'évrok sert souvent d'animal de charge, mais aussi de monture guerrière chez les peuples montagnards.

Galcite : Minerai noir, gris ou marbré dont on tire des blocs pour la construction de stèles, de statues, de sanctuaires, de temples ou de bâtiments à caractères administratifs. Un dérivé de la galcite sert également, en joaillerie, à la confection de broches, de pendentifs, de bagues.

Galva : Sandale à semelle de corde munie de lanières nouées sur les chevilles et les mollets.

Gorée : Puissant royaume du continent central, héritage du géant Gorum, fils aîné de la déesse, où règne le roi Sarcolem.

Goromée : Métropole millénaire, capitale du royaume de Gorée.

Grand Œuvre : Plan mystérieux ourdi par le Mage errant et impliquant les deux messagers et leurs compagnons.

Gréfoum : Singe et animal de compagnie attribué, dans la tradition midonienne, au géant Ormédon.

Hémaflore : Fleur à l'agréable parfum sucré.

Kaftang : Manteau de peau protégeant du froid et des vents lors des grandes transhumances. Parement de cérémonie de certaines ethnies nomades des déserts de l'est.

Kaïbo : Arme séculaire de ceux qui pratiquent l'art martial du srim-naddrah. Long bâton en bois précieux parfois composé de deux morceaux encastrables, aux pointes recouvertes de cuivre ou d'argent, dont le manche est orné de mandalas, de monogrammes et/ou de symboles gravés.

Kénoab : Arbre sacré. Il en existe sept variétés. Chacune d'elles possède des propriétés thérapeutiques et magiques spécifiques.

Lamane : Prêtre de la religion gaïenne et du culte des géants.

Les Douze Royaumes : Nom générique donné aux douze Terres formant originellement la sphère de Gaïa. Chacune des Terres a été offerte aux fils et aux filles de la déesse, pour que chacun y instaure la paix et les commandements de la mère. Les rois et les reines actuelles sont reconnus comme étant les descendants directs de ces géants légendaires.

Matraqueur : Apprenti lamane au service du roi Sarcolem dont la tâche est de laver le cerveau des jeunes orphelins ou sans-abri recrutés de force pour servir dans les rangs des hommes de silex.

Midon : Cité légendaire érigée dans le désert situé au cœur du royaume d'Ormédon.

Morphique : Mot dérivant du Morphoss, le treizième fils de la déesse, géant exclu et maudit par les siens.

Morphique désigne tout ce qui est mal et malsain dans et pour l'homme.

Mythologie gaïenne : D'après les textes sacrés, la déesse a eu du mystérieux Seigneur des hautes sphères du Ciel douze enfants, appelés les « géants ». Un treizième enfant, mort-né, connu sous le nom du Morphoss, règne en maître sur les terres obscures, les grottes, les souterrains et les grands espaces septentrionaux où le jour ne se lève jamais.

Nivène : Cité-État marchande indépendante très ancienne, sise sur un plateau des montagnes d'Évernia. Lieu de la première initiation de Torance et de Shanandra, temple de *l'intérieur.*

Ogrove : Sorte de papyrus souple et spongieux obtenu grâce à la pulpe végétale de la plante du même nom et utilisé par les scribes.

Orgk : Forteresse montagnarde du Seigneur Elrick, oncle de Shanandra.

Orma-Doria : Ruines légendaires, lieu de la quatrième initiation de Torance et de Shanandra, temple de l'élément *terre.*

Ousthard et Isthard :Éphrons d'or sacrés du géant Ormédon, respectivement, dans la tradition, oiseaux du levant et du couchant.

Palétunier : Arbre exotique de la famille des palmiers.

Papayas : Arbuste exotique aux branches tenaces qui s'enroulent autour des troncs des autres végétaux pour survivre.

Pello : Manteau de laine ou de coton épais, mi-long, aux manches évasées, noué traditionnellement sur le côté droit et tombant en pans sur les cuisses. Vêtement d'hiver utilisé dans les pays traditionnellement chauds ou tempérés.

Pérismet : Ensemble de pièces ornées de hautes colonnes, réservées à l'usage des jeunes nobles à l'intérieur d'un gymnase.

Pierre du destin : Ou « larme de la déesse », gemme bleu foncé aux pouvoirs mystérieux, implantée dans le sternum de Torance, servant de clé utilisée pour réactiver chacun des temples visités par les deux messagers.

Quiba : Coiffe traditionnelle couvrant la tête et les épaules, souvent brodée ou cousue de pierres précieuses.

Ravagna : Plaine de transhumance située sur les côtes du royaume d'Atinox où se trouvent les magnifiques chutes d'Atinor.

Reddrinor : Capitale du royaume nordique de Reddrah.

Romanchers : Peuple nomade aux mœurs étranges n'appartenant à aucun royaume, bons musiciens et danseurs, mais réputés voleurs, ombrageux et menteurs.

Sabrier : Arme de poing, situé entre le stylet et le sabre, dont la lame est à double tranchant.

Scri-ri maté : Lait de coco clair exhalant un doux parfum de fruits.

Sécralum : Cylindre en bois fermé par un bouchon de liège, souvent peint, artistiquement décoré de savantes enluminures et protégé par un mandala, utilisé pour transporter ou pour contenir des rouleaux d'ogrove ou de parchemins.

Serpents de lumière : Courants d'énergies naturelles invisibles à l'œil nu. D'après les textes relatifs à l'art du srimnaddrah : souffle sur lequel voyage le « sri », l'énergie primale de la déesse.

Servant : Homme attaché au service du Mage errant d'Évernia.

Shrivandra : Selon certaines croyances : nom traditionnel donné aux enseignements philosophiques et religieux issus du srim-naddrah.

Sri : Nom traditionnel désignant l'énergie primale de la déesse qui imbibe et entoure toute chose et tout être.

Srim-naddrah : À l'origine, danses sacrées, saccadées et sensuelles, servant à entrer directement en contact avec l'âme de la déesse. Par la suite, ces mouvements ont servi de base à l'élaboration d'un art martial redoutable qui est lui-même à l'origine d'un système complexe de croyances d'ordres philosophiques et religieuses.

Temple aquatique d'Atinor : Lieu de la troisième initiation de Torance et de Shanandra, temple de l'élément *eau.*

Tréborêt : Instrument de musique à cordes ressemblant à une cithare.

Véronia : Cité goréenne à vocation marchande, lieu renommé pour la vente d'esclaves, située à la frontière entre la Gorée et les montagnes d'Évernia.

Table des matières

100%

Ce livre a été imprimé sur du papier contenant 100 %
de fibres recyclées postconsommation, certifié Écolo-Logo
et Procédé sans chlore et fabriqué à partir d'énergie biogaz.